Ihre berühmte Romanschwester Lotte hat ihr oft zu schaffen gemacht: Charlotte Kestner (1753-1828), geborene Buff, Tochter des Deutschordensamtsmannes und für einen Sommer die große Liebe von Johann Wolfgang Goethe. Noch im Alter erinnerte sich der Dichter: »Die heiterste Luft wehte in ihrer Umgebung.«

Goethe nahm sie zum Vorbild für seine Romanfigur Lotte aus ›Die Leiden des jungen Werther‹. Das Buch wurde zum Bestseller und aus Charlotte Kestner eine Berühmtheit. Sie war zu einem »wandelnden literarischen Denkmal« geworden. Doch wie war Charlotte wirklich? Behutsam zeichnet Ruth Rahmeyer den nicht immer einfachen Lebensweg der Goethefreundin nach. Eine bislang unbekannte Lotte tritt aus dem Schatten der Romanfigur heraus: eine faszinierende und kluge Frau, die im Rahmen ihrer Möglichkeiten ihr Leben nach eigenen Vorstellungen gestaltet hat und die Familie Kestner zu einer der angesehensten Familien Deutschlands machte.

insel taschenbuch 2272
Ruth Rahmeyer
Werthers Lotte

Porträt der Charlotte Kestner, geb. Buff.

Werthers Lotte

Goethes Liebe für einen Sommer
Die Biographie der Charlotte Kestner

Von Ruth Rahmeyer

Mit zahlreichen Abbildungen
Insel Verlag

insel taschenbuch 2272
Erste Auflage 1999
Insel Verlag Frankfurt am Main und Leipzig
© Fackelträger-Verlag GmbH Oldenburg
Alle Rechte vorbehalten, insbesondere das der Übersetzung,
des öffentlichen Vortrags sowie der Übertragung
durch Rundfunk und Fernsehen, auch einzelner Teile.
Kein Teil des Werkes darf in irgendeiner Form
(durch Fotografie, Mikrofilm oder andere Verfahren)
ohne schriftliche Genehmigung des Verlages reproduziert
oder unter Verwendung elektronischer Systeme verarbeitet,
vervielfältigt oder verbreitet werden.
Hinweise zu dieser Ausgabe am Schluß des Bandes
Vertrieb durch den Suhrkamp Taschenbuch Verlag
Umschlag nach Entwürfen von Willy Fleckhaus
Satz: Hümmer GmbH, Waldbüttelbrunn
Druck: Nomos Verlagsgesellschaft, Baden-Baden
Printed in Germany

1 2 3 4 5 6 – 04 03 02 01 00 99

Inhalt

Ein Brief Charlotte Kestners an ihren Sohn August
vom 13./14./15. März 1820 11

Erstes Kapitel: Vom Leiden an »Werthers Leiden« ... 15
Die Wirkung des ersten Goethe-Romans »Die Leiden des
jungen Werthers« auf die Öffentlichkeit und seine Bedeutung
für das Ehepaar Charlotte und Johann Christian Kestner

Zweites Kapitel: Die »hübschen Familien« und
der Zeitgeist 36
Die junge Familie Kestner in der gesellschaftlichen Struktur
Hannovers, ihre Freunde und die Einflüsse des Zeitgeistes

Drittes Kapitel: Eine Familie in der Bewährungs-
probe 74
Charlotte Kestner im Jahrzehnt nach dem Tode Johann
Christian Kestners, die Solidarität der Freunde und das
Prinzip der Familienräson in schwerer Zeit

Viertes Kapitel: Friedenszeiten und Begegnungen
mit Goethe 117
Hannovers Befreiung von Fremdherrschaft (1813), der
Aufstieg zum Königreich (1815), Georg Kestners Karriere
zum Archivrat und Privatbankier und die Begegnungen
einzelner Familienmitglieder mit Goethe: August und
Theodor 1815, Charlotte und Tochter Clara 1816

Fünftes Kapitel: Charlotte Kestners letztes Lebens-
jahrzehnt und Tochter Clara 153
Eine Charakterskizze der Tochter Clara und ihr Zusammenleben mit der Mutter in deren letztem Lebensjahrzehnt

Sechstes Kapitel: August Kestner und Goethe 1830
und der Widerstand der Familie gegen die Edition
der »Goethe-Werther«-Briefe 180

Die besondere Beziehung August Kestners zu Goethe und sein
Bemühen, gegen den heftigen Widerstand der Geschwister den
Briefwechsel Goethes mit den Eltern Kestner herauszugeben

Siebentes Kapitel: Kinder und Enkel – eine europäische
Familie 214

Die sich über drei Generationen entwickelnde europäische
Familie Kestner in ihren Wirkungszentren Hannover, Rom,
Basel, im Elsaß und in Paris

Genealogische Übersicht 245
Anmerkungen 250
Bildnachweis 268
Ein Wort des Dankes 269

»... man sieht in wunderliche Zustände hinein.
Deswegen wird mir auch meine Sammlung von
eigenhändigen Briefen bedeutender Menschen immer
interessanter, ja zuweilen furchtbar; man wird in ein
gegenwärtiges Leben versetzt und wird verleitet, das
Gegenwärtige als ein Vergangenes anzusehen.«

Goethe an C. L. v. Knebel
17. März 1817

W. H.
dem Autographensammler
und
Goethefreund
gewidmet

Mein bester August!

Diesmal ist es freilig lang daß du von meiner Hand nichts sahest; allein wen ich Dir sage, daß Clara schon über 5 Wochen an heftigem Kopfübel krank ist, fast nicht aus dem Bette kommt, so wirst du mein Schweigen nicht allein begreifen, sondern auch entschuldigen. Immer wardete ich um bessere Nachrichten geben zu können, im ganzen ist es auch besser, weil die Heftigkeit des Schmerzes nachgelassen hat, aber auf das Reine sind wir noch nicht. Stieglitz verspricht indessen bald bessere Aussichten. Ich nenne die Krankheit ein Kopfübel, Stieglitz nennt sie gar nicht; u hielt auch vom Anfang die Sache nicht so bedeutent wie ich es gleich fand. Es fing mit heftigem Zahnweh an, u weil er vor Schmerz keine große Achtung hat, so meinte er andere hetten eben so arge Zahnschmerzen gehabt. Wie es sich aber zeigte, daß weder Senfbäder, eine Menge Senfpflaster, 3. bis 4. Spanischfliegen, 19 Bludjigel pp. alles nicht helfen wolte, daß sie so herunter kam, nicht auf ein Bein treten konte, der Schmerz sich aber auf den Kopf warf, u nur Opium Ruhe schafte, da glaubte er den an eine Krankheit. 13 Recepte haben wir schon verbraucht – Endlig wird es ia wohl werden. Heut ist sie etwas aufgestanden, u hat es ertragen. Dieses Schiksal trift uns nicht allein, es sind viele Menschen krank, u gefährlig krank, viele gestorben. Gott Lob! alles Nähere ist bis iez verschohnt: daher darf man nicht klagen, wen Gott eine Krankheit zuschickt. Wir haben auch ein sonderbares Jahr, im Sommer Sicilische Hize, u im Winter Rusische Kälte.

Den 14ᵗ Abens – So weit kam ich gestern Abend, u diesen Morgen hatte ich die Freude Deinen Br. vom 14 ten v. M.,

Nr. 1. zu empfangen. Wie freue ich mich Eures Wohlseins, Eurer Freude an Blumen an Brokoli pp. bey uns ist es noch nicht freudig, doch hat es vorige Nacht zum ersten mal nicht gefrohren. Hermann soll Dir die Wetterbeobachtungen mittheilen, er hat darauf geachtet. Mich freuet, daß Du endlig etwas über unsere Reise sagst. Es lag mir sehr am Herzen Carl u Lotte auch Eduard einmal in ihrem Wesen zu sehen, u ihnen ihren sehnligsten Wunsch meines Hinkomens, zu befriedigen. Meiner Gesundheit thut imer eine Reise wohl, wie hat mich ieder nach der Weimarschen verendert gefunden u Clara – die bedarf gewis alles was nach Cur, als Traubencur auf dieser Reise, aussieht. Besonders wird auf diesen bößen Winter, u unruhiges Frühiahr, eine Reise gut würken. Hermann schreibt Dir über den Haußkauf, des Rudlofschen Haußes mehr, ich kan nur dies sagen, daß Georg höchst vortreflich sich gezeigt hat, u daß, da Rudlof das Hauß einmal nicht behalten konte, es für uns eine glücklige Begebenheit ist: obgleich es doch meiner Empfindung in Absicht Rudlofs Mühe macht. Schreibe doch gleich an Georg, er ist empfindlich, er hatte Dir so einen langen Brief geschrieben, u Du hattest ihm noch kein Wort darauf geantwortet, da er doch von Anderden schon aus Neapel Antwort hatte. Du weist was ihm ein Brief kostet, ich will lieber zurück stehen, schreibe ihm nur.

[*An dieser Stelle, Ende der ersten Briefseite, wird im Original ein mit Bleistift geschriebener Zusatz lesbar, vermutlich aus der Hand des Sohnes August:* »Diese Ungeduld war nicht gerecht, da mein Brief v. 22. Febr. ist u daher der seinige nur in die 3te Woche unbeantwortet liegen blieb.«]

Ich danke Dir recht freundlig für die Mittheilung Euers Weinachtens u Carnevals, so wie für die Abrechnung der O. Erbschaft, alles hat mich sehr interesirt. Die Sage von Dei-

nem Buch über Kirchengeschichte, hat sich dahin aufge-
klärt, daß es noch einen August Kestner gibt, der Bücher
schreibt. Worauf Du mir noch nicht geantwortet hast lieber
August, ist, ob Du nicht in unseren schöhnen Plan hinein
gehst, den großen Wilhelm mit Mrs Kerbi zu verheiraten.
Der Vater ist nun gestorben, u sie müssen doch notwendig
einen Mann in der Familie haben. Du glaubst nicht, wen
dieses glückte, wie glücklig es die gute Feldmarschallin u
Deine liebe Mama machen würde. Mich freuet daß Du die
kleine Plom gern hast, das Kind machte mir auch so einen
angenehmen Eindruck; es ist so gut u so freundlig. Die älteste mag ich auch wohl. Mit dieser Post kommt die Recen-
sion von Goethe über Dein Buch, Georg hat es mit Mühe
komen lassen. Gute Nacht für heut, es ist bald 12

Den 15ᵗ.
    Zum Schluß mein bester August erzähle ich Dir noch
was mir der G. Ju. Rath, Hoppenstedt vor einiger Zeit in
Geselschaft sagte. N. B. Ich versäume niemals die Gelegenheit ihn zu sprechen, u nach den Römischen Angelegenheiten zu fragen, wo er den auch ganz offenherzig ist. Er meinte
nehmlig, die Sache würde nicht beendigt werden, wo auch
gar nichts an läge. Reden würde nicht lange mehr dableiben,
Du aber, ich fragte für imer?* Du köntest ia zwischendurch
1/2 Jahr Urlaub bekommen, u vielleicht schon diesen nächsten Herbst, mit uns, von Tann hierher reisen. Dies war das
Resultat der Unterhaltung. Ich bin recht gut Freund mit
Hoppenstedts, obgleich wir uns wenig sehen. Sie sind ein
mal bey mir in Geselschaft gewesen. Sie geben nichts anders
als Herren Essen, u weil ich nun kein Herr bin auch nicht
einmal gerne ausesse, so komme ich nicht zu ihnen.
    Im Anfang des Briefes sagte ich, daß kein Todesfall uns

---

* er sagte [s. o. linker Rand der zweiten Briefseite]

neher getroffen hatte, nicht denkent, an den Tod des guten Karl Diez, welcher in Dalmazien am Nervenfieber im Novbr. gestorben ist, worüber ich mich gants recht herzlig betrübt habe. Von hiesigen Dir Bekanten, vor längerer Zeit der Comerz Rath Heise, *hier* der Oberjägermeister v. Voß, der jüngere Sost, dessen Stelle der Kriegs Secretaire v. Hattorf erhalten hat. Zu den froheren Begebenheiten gehört, Daß Wilhelm Rudlof seine Frau einen gesunden Sohn hat.

Alle Freunde fragen nach Dir, u grüeßen, so wie Clara, die diese Tage eben nicht weiter gerückt ist. Leb wohl u grüeße alles was Redens heist, mit Einbegrif von Therese, von Deiner treuen Mutter Charlotte Kestner.

Charlotte Kestner an ihren Sohn August
Hannover, 13.-15. März 1820
(unveröffentlicht, Privatbesitz)

Erstes Kapitel

Vom Leiden an »Werthers Leiden«

Den Liebhaber bedeutender Autographen und Goethe-freund rührt diese Handschrift besonders an, weiß er doch den Namenszug auf dem dünnen Papier ohne Zögern einzu-ordnen als zugehörig einer unsterblichen Figur der Weltliteratur, in allen Kultursprachen bekannt als »Werthers Lotte« und so genannt nach der weiblichen Hauptfigur in Goethes erstem Roman *Die Leiden des jungen Werther*. Der Adressat, dem die nun 67jährige an drei aufeinanderfolgenden Abenden 1820 ihre Sorgen, Gedanken und letzte Neuigkeiten aus ihrer Umgebung mitteilt, ist ihr vierter Sohn, seit drei Jahren das am weitesten entfernt lebende ihrer zu diesem Zeitpunkt zehn Kinder, 33 Jahre alt, kgl. hannoverscher Legationssekretär beim Päpstlichen Stuhl in Rom, unverheiratet. Freunde nennen ihn verhohlen und liebevoll »Werthers Leiden« – angesichts seiner zartgliedrigen Gestalt und anfälligen Konstitution. Auch der schon vor zwanzig Jahren verstorbene Vater, der Hof- u. Archivrat Johann Christian Kestner, trug unter Freunden einen beziehungsvollen Namen, den man ihn aber besser nicht hören ließ. Sie nannten ihn »Albert« nach der Gestalt von Lottes Verlobtem im Goetheschen Roman.

Es ist kaum noch nachzuempfinden, welche Aufregung es 1774 bewirkte, daß ein zunächst anonymer Autor auf der Herbstbuchmesse in Leipzig einen Roman mit dem Titel *Die Leiden des jungen Werthers* erscheinen ließ, in dessen Titelfigur man schnell Johann Wolfgang Goethe erkannte, während die vom Romanhelden geliebte »Lotte« sich als Charlotte Buff, Tochter des Deutschordensamtmanns in Wetzlar, und ihr Verlobter »Albert« als der kurfürstlich

Lotte
Illustration zu »Die Leiden des jungen Werthers«.
Kupferstich von D. N. Chodowiecki, 1777.

braunschweigisch-lüneburgische Legationssekretär Johann Christian Kestner aus Hannover herausstellten. In der Wertherfigur des zweiten Teils dieses monologischen Briefromans ließ sich, mindestens zunächst für in Wetzlar ansässige Leser, unschwer der junge braunschweigische Gesandtschaftssekretär Karl Wilhelm Jerusalem, einziger Sohn des angesehenen Hofpredigers und Konsistorial-Vizepräsidenten Jerusalem beim Herzog von Braunschweig, herauslesen, der wie Kestner zum Reichskammergericht in Wetzlar abgeordnet worden war. Seine unerwiderte Liebe zur Gattin eines Amtskollegen hatte ihn in tiefste Verzweiflung gebracht, so daß er sich am 29. Oktober 1772 erschoß, aparterweise mit Pistolen, die ihm Kestner nichtsahnend für eine angeblich beabsichtigte Reise geliehen hatte. Das Ereignis hatte weit über Wetzlar hinaus erhebliches Aufsehen erregt. Goethe verknüpfte in seinem Roman das Geschehen, das er sich von Kestner detailliert hatte schildern lassen, mit dem Schicksal seiner Hauptfigur Werther und übernahm zudem wesentliche Passagen aus Kestners schriftlichem Bericht, wie er auch Gesprächspartien zwischen ihm, Lotte und Kestner erkennbar verwendete. Sein eigenes Erleben aus vier glücklichen Monaten in Wetzlar, an deren Ende er auf die Erfüllung seiner Liebe zu Charlotte Buff verzichten mußte, verwob er mit der Tragik des Karl Wilhelm Jerusalem in einem »unschuldigen Gemisch von Wahrheit und Lüge«[1], von dem er hoffte, daß beide Kestners es als solches verstehen und akzeptieren möchten.

Johann Christian Kestner sah sich und seine Frau, die ihm 1773 angetraute Charlotte Buff, jedoch übel decouvriert und mochte wohl ahnen, was ihnen beiden da mit der Veröffentlichung des Romans bevorstand. Er verbarg seinen Unmut keinesfalls:

»Euer Werther würde mir großes Vergnügen machen können, da er mich an manche interessante Szene und Bege-

»Die Leiden des jungen Werthers«.
Original der Erstausgabe, 1774.

benheit erinnern könnte. So aber, wie er da ist, hat er mich in gewissem Betracht schlecht erbaut. Ihr wißt, ich rede gern, wie es mir ist. – Ihr habt zwar in jede Person etwas Fremdes gewebt oder mehrere in eine geschmolzen... Aber wenn Ihr bei dem Verweben und Zusammenschmelzen Euer Herz ein wenig mit raten lassen, so würden die wirklichen Personen, von denen Ihr Züge entlehnet, nicht dabei so prostituiert sein...«[2]

Zwar fand Kestner das literarische Porträt seiner Frau im ganzen wenig zu tadeln, aber sich selbst in Albert höchst ungern wieder. Diese Figur hätte nach seinem Selbstverständnis warmherziger sein können, vor allem aber seien verschiedene Umstände doch zu sehr der Wahrheit entsprechend dargestellt, als daß man nicht ihn und seine Frau darin hätte erkennen sollen. Für den zweiten Romanteil gar befürchtete er, die Leser möchten die Dichtung weitestgehend für die Wahrheit nehmen, eine keinesfalls übertriebene Sorge, wie sich herausstellen sollte. Beschwichtigungen und die Tiefe einer aus innigem Zusammenleben *à trois* während des Wetzlarer Sommers entstandenen und erhaltenswerten Freundschaft ließen schließlich Kestners Großmütigkeit siegen, indem er einem vertrauten Freund schrieb: »Goethe hat's gewiß nicht übel gemeint; er schätzte meine Frau und mich dazu zu hoch.«[3]

Nicht nur dieser Wetzlarer Sommer und die unerfüllte Liebe des 25jährigen Goethe zur 19jährigen Charlotte hatten in dem Roman ein literarisches Denkmal gefunden, er beinhaltete zugleich weit mehr als eine rührende, tragische Liebesgeschichte oder den Zauber einer »echt deutschen Idylle«[4]. Man bewunderte nicht nur das junge Mädchen, von dem der alternde Goethe noch zu rühmen wußte: »Die heiterste Luft wehte in ihrer Umgebung«[5] und das, ohne es recht eigentlich zu wollen oder Arges dabei zu denken, dem so unkonventionellen, genialischen Jüngling, obwohl bereits einem anderen versprochen, den Kopf verdreht hatte. Da wurde Werther selbst zur Idolfigur einer Generation, der Roman zu einer unerhörten Provokation, zur Bedrohung geltender Moral und Verhaltensnormen.

Im Zeitalter aufgeklärter Vernunft, der Einordnung des Individiums in ständisch begrenzte und festgelegte gesellschaftliche Regeln bis hin zur Kleiderordnung und des Verzichts auf Selbstverwirklichung bedeutete die im *Werther* sich ausdrückende Verherrlichung subjektiver Rechte, sein selbständiges freies Denken, Leben und Lieben eine Herausforderung allererster Ranges, sein Selbstmord einen Rechts- und Glaubensfrevel. Noch in seinem siebten Lebensjahrzehnt wunderte sich Goethe, »wie ein Mensch noch 40 Jahre in einer Welt hat aushalten können, die ihm in früher Jugend schon so absurd vorkam ...«[6], von ihm auch so geschildert worden war. Im Schicksal des Werther-Jerusalem hatte er ungeschminkt eine Gesellschaft dargestellt, deren so viel später noch erinnerte Absurdität darin lag, daß sie höchste sittliche Tugenden pries, aber dem Menschen seit geraumer Zeit nicht mehr erlaubte, menschlich zu fühlen und zu handeln, ihn einengte bis zum seelischen Erstickungstod und dabei dem Spießbürgertum unerträglichen Vorschub leistete.

Das regierende, tonangebende Establishment wehrte sich dann auch entprechend gegen diese kaum noch verborgene Rebellion des Autors und seinen Einfluß auf die jüngere Generation, indem es die Mittel absolutistischer Obrigkeit dagegen einsetzte. So verbot der Rat der Stadt Leipzig schlichtweg den Verkauf des Büchleins, und theologische Fakultäten wetterten gegen die literarische Anfechtung. Jedoch bewirkte der Sturm offizieller Entrüstung lediglich ein unerhörtes Anschwellen der Verkaufsziffern, ganz zu schweigen von den Leserscharen, die ihr kostbares Exemplar oder einen der zahllosen Raubdrucke – in 13 Jahren allein 20![7] – von Hand zu Hand weitergaben. Auch in Wetzlar kursierte ein einziges Exemplar. *Werther* hatte der überfälligen Emanzipation des Bürgertums von Staat und Kirche, namentlich in der jüngeren Generation, einen Anschub gegeben und literarisch der künftigen Empfindsamkeitswelle eine willkommene Rechtfertigung. Das Buch gedieh zum ersten Bestseller deutscher Literatur, es lag nicht nur im Trend, wie wir das heute ausdrücken würden, es bestimmte ihn. Rezensionen in Zeitungen und Zeitschriften verbreiteten den Ruhm und förderten in wenigen Jahren die Übersetzung in alle Kultursprachen. Ein »Werther-Fieber« brach aus: Nachdichtungen, Umdichtungen, Satiren, Illustrationen hielten das Feuer am Glimmen, allen Protesten zum Trotz. Besonders eindrucksvolle Szenen des Romans gab es als Ballett, als Theater, im Bänkelsängerlied und in Wien sogar als Feuerwerkstitel zu sehen. Der berühmte Kupferstecher Chodowiecki sowie später der Maler v. Kaulbach illustrierten die Schlüsselszene der ersten Begegnung zwischen Werther und Lotte und andere sich anbietende Genrebilder aus der Phantasie des Lesers. Junge Männer bekannten sich zu Werther, indem sie sich kleideten wie er und übrigens Goethe selbst auf seiner ersten Schweizerreise im darauffolgenden Jahr: blauer Überrock, gelbe Hose und Stiefel mit braunen Stulpen. Die jungen Mädchen wollten »Lotte« heißen und das weiße Kleid mit blaßrosa Schleifen tragen, das sie aus dem Roman kannten. Lottes Silhouette zierte Regenschirme, Fächer und Kaffeetassen; auf banalsten Haushaltsgeräten fand sich das literarische Liebespaar wieder. Den »Werther-Kult« begleitete ein keinesfalls geringerer »Lotte-Kult«. Noch Schlimmeres geschah: junge Menschen in vermeintlich ähnlicher »Werther-Verzweiflung« begingen Selbstmord, wenn auch anscheinend nicht in so großer Zahl, wie häufig angenommen wird, doch deutlich die Statistik bewegend. Goethe fühlte sich veranlaßt, der zweiten Auflage 1775 im ersten und zweiten Teil ein Vierzeiler-Motto voranzustellen, mit dem er warnte, es dem Werther-Jerusalem etwa nachzutun. Weder stoppte das die Werther-Hysterie, noch erleichterte es den Kestners in Hannover, wohin Lotte und Johann Christian kurz nach ihrer Heirat 1773 gezogen waren, das Leben.

Zu allem Überfluß erschien auch noch anonym eine *Berichtigung der Geschichte des jungen Werther's*, die sich als eine Art Dechiffrierbüchlein erwies. Der Autor schien die Wetzlarer Verhältnisse und die Personen des Romans sehr gut zu kennen und ließ seine Leser über nichts länger im Zweifel, im Gegenteil – nun gedieh *Werther* erst recht zum Schlüsselroman.[8] Wenngleich der Verfasser ganz offensichtlich besonders Lotte davor hatte schützen wollen, mit den Konstellationen im zweiten Teil des Romans identifiziert zu werden, so trug er doch kräftig dazu bei, sie zu einer Person öffentlichen Interesses zu machen und die Frage des Publikums nach der hintergründigen Wirklichkeit des Romangeschehens nicht einschlafen zu lassen. Charlotte Kestner, geborene Buff aus Wetzlar, war über Nacht eine Berühmtheit geworden.

Es muß gerade in den ersten Jahren ihrer Ehe weder für Charlotte noch für Johann Christian Kestner ein Vergnügen gewesen sein, als wandelndes literarisches Denkmal in der Gesellschaft herumgereicht und auf Reisen erkannt zu werden, auch wenn der Vergleich mit dem Romanspiegelbild für Charlotte stets vorteilhafter ausfiel als für ihren Mann. Nach einer gewissen Zeit schien sie sich daran gewöhnt zu haben, daß aller Blicke sich auf sie richteten, wenn im geselligen Kreis von Goethe die Rede war, und sie hatte auch recht bald begriffen, daß die Assoziation ihres Namens mit dem des berühmtesten Dichters Deutschlands auch kleine Vorteile im gesellschaftlichen Verkehr haben konnte. Für Johann Christian Kestner blieb es zeitlebens unangenehm, als

»Albert« abgestempelt zu sein. In Hannovers strenger Beamtenhierarchie mußte es für einen aufstrebenden Registrator und Archivsekretär seine Peinlichkeiten haben, mit einer literarischen Figur identifiziert zu werden, der in der Öffentlichkeit das Odium leidenschaftslosen Spießbürgertums anhaftete, sofern es sich um die eigene Generation handelte, und bei weniger werthereuphorischen Menschen der älteren Generation als Inbegriff weichlicher, ja verweichlichter Männlichkeit zu gelten. Ersterer Tadel traf seinen anerkannterweise leistungsbereiten Ehrgeiz und Fleiß, letzterer verletzte ihn tief und ließ womöglich Erinnerungen in ihm hochkommen an eine Kindheit, in der er gegen seinen Willen von den vier älteren Schwestern aus der ersten Ehe seines Vaters wegen seines mädchenhaft zarten Körperbaus als eine Puppe angesehen worden war, mit der man im Schulzimmer des Elternhauses spielen konnte. Es hatte großer Willensanstrengung bedurft, um diesem Erscheinungsbild aus eigener Kraft entgegenzuwirken durch »Holzsägen und -hauen, Graben im Garten, Ringen und Laufen«, womit er seinen Körper zu kräftigen suchte, um schließlich im Verein mit frühzeitiger geistiger Bildung und disziplinierter Selbsterziehung über 15 Geschwister zu dominieren. Noch zwischen dem 12. und 13. Lebensjahr hatte ihn eine schwere Blatternerkrankung mit häufigen und anhaltenden Ohnmachten in diesem Bemühen zurückgeworfen und in Lebensgefahr gebracht.[9] Kestner hatte sich die ihm unter Freunden und späteren Kollegen nachgesagte Charakterfestigkeit und Prinzipientreue zu einem gewissen Teil selbst anerzogen. Seine frühen schriftstellerischen Etüden waren beileibe keine von Emotionen durchzogenen Phantasieprodukte gewesen, sondern Essayversuche zu philosophischen und historischen Themen, Rezensionen zu gelesenen Büchern und dergleichen Studien für die eigene Schublade. Im Kreise der in zweiter Ehe des Vaters so rigoros angestiege-

Johann Christian Kestner.
Lithographie von Giere nach dem Ölporträt
eines unbekannten Malers.

nen Geschwisterschar war ihm erstaunlicherweise doch schon bald eigene Verantwortung zugewachsen, und aus ihm war schließlich ein ernster junger Mann geworden, der nun bei Erscheinen der *Leiden des jungen Werthers* um seine Reputation besorgt sein mußte. Wir wissen nicht, ob ihm selbst oder seinem berühmten Sohn der auf dieses Ereignis zurückgehende heimliche Rufname jemals bekanntgeworden ist. In seinen Gebrauch mischte sich jedoch spürbar immer auch ein gewisses Mitleid. Noch fast 100 Jahre später hätten die Kestners in keinem Geringeren als Theodor Fontane einen engagierten Verteidiger ihrer Lage finden können, der in einer Rezension schrieb: »So darf man nicht verfahren. Auch das größte Genie hat kein Recht, derartige bittere Verlegenheiten zu schaffen und den Ruf einer liebenswürdigen Frau mehr oder minder zu schädigen. Die Empfindlichkeiten des Kestnerschen Paares waren nur allzu gerechtfertigt.«[10] Der Ruf Charlottes indes befand sich weit weniger in Gefahr als der ihres Mannes, auch wenn der sich bereits im November 1774 mit dem nun einmal Geschehenen abzufinden und die Folgen öffentlichen Geredes in einem Brief an seinen engsten Freund zu verdrängen schien: »Übrigens kann uns die Geschichte bei denen, die uns nur halb kennen, nicht schaden. Der Augenschein ist zu sichtbar für uns, da unser gutes Verständnis unter einander bekannt ist.«[11]

Zehn Jahre später, als Goethe sich zur Neubearbeitung des *Werther* für die erste Gesamtausgabe seiner Werke anschickte, teilte er Johann Christian Kestner mit, daß es seine Intention sei, »Alberten so zu stellen, daß ihn wohl der leidenschaftliche Jüngling, aber doch der Leser nicht verkennt. Dies wird den gewünschen Effekt tun. Ich hoffe, Ihr werdet zufrieden sein.«[12] Kestner zeigte sich dankbar für die Möglichkeit, »das Anstößige darin wenigstens gemildert« zu sehen, und er hoffte seinerseits darauf, Goethes »jugendliches Feuer sich in 10 Jahren etwas gemildert« erwarten zu können. Er besaß zu seinem Bedauern das »Werther-Exemplar« der ersten Stunde nicht mehr, und es stimmt doch nachdenklich, daß er zugeben mußte, es von anderen auch nicht erbitten zu mögen, um nicht »bemerklich zu machen, daß ich von der vorhabenden Umarbeitung gewußt habe«. Sollen wir Rücksichtnahme auf den Freund oder mehr eigene Empfindlichkeit darin vermuten, die ihn hinderten, erneut halbwegs schlafende Hunde zu wecken? Jedenfalls nannte er vorsorglich zwei Änderungswünsche, wie sie ihm gerade einfielen, z. B.: »... die Ohrfeigen, welche Lotte austeilt, waren uns beide anstößig ... Meine Lotte wenigstens wäre nie imstande gewesen, sich so zu benehmen.« Sie habe trotz allen Mutwillens immer »die weibliche Delikatesse« beibehalten, und sie habe übrigens auch nicht gleich auf dem Ball zu verstehen gegeben, daß sie »schon engagiert sei«. Er und Charlotte seien doch eigentlich nie wirklich versprochen gewesen. Daran sei wohl eine »gewisse Eigenheit oder Caprice« seinerseits schuld gewesen. Trotz stillschweigender Übereinkunft hätte man sich jederzeit noch trennen können.[13] In der Tat hatte ja keine offizielle Verlobung stattgefunden, und erst wenige Tage vor der Hochzeit hatten sich Charlotte Buff und Johann Christian Kestner vor einem Rechtsanwalt in Wetzlar als Verlobte offiziell zu erkennen gegeben, um einen Ehevertrag zu schließen.

1787 erschien nun die zweite Fassung des Romans. Goethe hatte manches geändert, gestrafft, gemildert – so auch Alberts Ansehen gehoben – und neue Szenen hinzugefügt, aber Kestners angemeldete Bedenken nicht berücksichtigt. Beide beanstandete Szenen, von Kestner subjektiv überbewertet, dienten schließlich der Dichtung als Mosaiksteinchen zum Charakterbild der Lotte wie des Werther, sie hatten für den Autor eine unverzichtbare Funktion. Kestner konnte also keinesfalls zufrieden sein, obwohl Goethe ihm doch versichert hatte: »Wenn ich noch lebe, so bist dus dem ichs dancke – bist also nicht Albert –«.[14] Am Debakel der naiven Vorstellung, Goethe könne den Roman im Kestner-schen Sinne umschreiben und dadurch den vier Wetzlarer Monaten quasi ihre Unschuld in einer Art literarischer Apo-theose zurückgeben, wenn sie denn überhaupt eine literari-sche Form hätten annehmen müssen, hatte sich nichts geändert. Goethes Freunde wie er auch selbst mußten fortan mit ihrem Spiegelbilde leben und dazu mit der nie aufhören-den Frage des Publikums, wie es denn eigentlich wirklich gewesen sei. Goethe fühlte sich von dieser Penetranz schon auf seiner Italienreise verfolgt und in schiere Verzweiflung versetzt. Sein Sarkasmus, auch in Indien würde ihn die Neu-gier wohl erreicht haben, bleibt nachzulesen in der Korre-spondenz des zweiten römischen Aufenthaltes, und im 17. Venetianischen Epigramm fragte er schließlich, was es ihn denn schon gefördert habe, »daß auch sogar der Chinese / Malet mit ängstlicher Hand, / Werthern und Lotten auf Glas?« Zu den von ihm 1795 noch nicht veröffentlichten *Römischen Elegien* gehört sein Aufatmen, endlich Ruhe vor den Nachstellungen der feinen Welt gefunden zu haben, die den Dichter des Werther kennenzulernen wünschte:

Fraget nun, wen ihr auch wollt, mich werdet ihr
                              nimmer erreichen,
Schöne Damen, und ihr, Herren der feineren Welt!
Ob denn auch Werther gelebt? Ob denn auch alles
                              fein wahr sei?
Welche Stadt sich mit Recht Lottens, der einzigen,
                              rühmt?
Ach, wie hab' ich so oft die törichten Blätter verwünschet,
Die mein jugendlich Leid unter die Menschen
                              gebracht![15]

Auch ein verspätetes Schuldbekenntnis half nun nichts mehr. Goethe blieb für seine Zeitgenossen vorrangig der Dichter des *Werther*, Charlotte Kestner aber »Werthers Lotte«, und als solche lebte sie mit dem Datum des hier vorgestellten Briefes aus ihrer Hand seit fast einem halben Jahrhundert in der Hauptstadt des Kurfürstentums, seit 1814 des Königreichs Hannover.

Zwischen der Anrede »Mein bester August« und der Schlußformel »Leb wohl und Grüße alles ... von Deiner treuen Mutter Charlotte Kestner« erleben wir eine Frau, der mehrfache literarische Manifestationen beschieden waren.

Goethe hielt nicht nur im ersten Teil seines Jugendromans das Erlebnis seiner stürmischen Liebe zur 19jährigen Charlotte Buff fest. Noch 38 Jahre später setzte er im 12. Buch seiner Lebenserinnerungen *Dichtung und Wahrheit* ihr erneut ein literarisches Denkmal und gestand damit indirekt, in ihr den Prototyp einer jungen Frau gesehen zu haben, wie er sie sich als die Mutter eigener Kinder an seiner Seite hätte vorstellen können.

Daß Charlotte nur wenige Jahre nach Erscheinen dieses Teils seiner Memoiren im Jahre 1816, nunmehr verwitwete Hofrätin Kestner aus Hannover, den Jugendfreund in Weimar wiedersah, nahm in unserem Jahrhundert schließlich Thomas Mann zum Anlaß, seinem Roman *Lotte in Weimar*, Fazit lebenslanger Beschäftigung mit dem großen Schriftstellerkollegen, den Rahmen zu geben. Wennleich auch diese methodische Prämisse nahezu sämtliche Faktoren, den Wahrheitsgehalt der Episode, verfremdete und der Fiktion anheimstellte, so wurde doch Charlotte Kestner, geb. Buff, nach 175 Jahren erneut, wenn auch deutlich vordergründiger, die Zentralfigur eines vielübersetzten Buches der Weltliteratur und für den Autor das Medium, um in ironischer Brechung sich mit Goethes Werk wie Person auseinanderzusetzen.

Silhouettenblatt Eltern Kestner und fünf Söhne.
Das Ehepaar Kestner schenkte dieses Blatt Goethe.

Welcher Goethefreund fühlte sich nicht erinnert an Goethes Wort, das man nun auf Charlotte Kestner bezogen sehen möchte: »... nicht insofern der Mensch etwas zurückläßt, sondern insofern er wirkt und genießt und zu genießen anregt, bleibt er von Bedeutung.«[16]

1985 gelangte der hier vorangestellte Brief Charlotte Kestners aus dem Jahre 1820, gerichtet an ihren Sohn August, in die Autographensammlung eines Goethefreundes und erlaubt dem Leser unserer Zeit einen Blick in »wunderliche Zustände«, in das Leben der Charlotte Buff-Kestner *nach* der Wertherperiode ihrer Jugend.

Ein Frauen- und Familienleben, von Bedeutung im goetheschen Sinne, erschließt sich uns. Allein sieben der genannten zehn Kinder Charlottes finden in dem Brief Erwähnung, dazu werden etliche Freunde und Bekannte genannt, die im Umfeld der Kestnerschen großen Familie einen gewissen Stellenwert besaßen, und die besondere Beziehung August Kestners zu seiner Mutter wird hinter den Zeilen erkennbar, die zu Goethe wird angesprochen.

Die Kestners hatten die Besonderheit ihrer Goethebeziehung stets mit Anstand und Würde ertragen, aber ihr Schutzpatron hatte sie auch nie verlassen.

Natürlich gebührte Goethe die Patenschaft für das erstgeborene Kind ihrer Ehe, den Sohn Georg, der übrigens gerade ein halbes Jahr vor dem 1820er Brief seinen Patenonkel in Karlsbad selbst hatte kennenlernen können.[17] Zwischen 1774 und 1779 hatte Charlotte in schneller Folge fünf Söhne geboren, deren geschnittene Silhouetten man stolz an Goethe schickte, der sie sein ganzes Leben hindurch aufbewahrte.[18]

Die Familie Kestner hingegen und ihre Erben bewahrten bis in unsere Tage wie einen Talisman die Originalwidmung zum Büchlein *The deserted village* von Oliver Goldsmith auf, das man damals in Wetzlar gemeinsam gelesen und das

Goethe am 28. August 1772 dem Freunde Johann Christian Kestner zu ihrer beider Geburtstag gleichen Datums geschenkt hatte. Der zwei Jahre zuvor erschienenen Elegie einer ländlichen Idylle hatte Goethe einen beziehungsreichen Vierzeiler handschriftlich vorangestellt:

Wenn einst nach überstandnen Lebensmüh und
                                        Schmerzen
Das Glück dir Ruh und Wonnetage giebt,
Vergiß nicht den, der ach! von ganzem Herzen
Dich, und mit dir geliebt. Goethe.

Das kostbare Beweisstück einer außergewöhnlichen Freundschaft scheint nach der Eroberung Berlins im zweiten Weltkrieg von Unbekannten aus dem Safe einer deutschen Bank entwendet worden zu sein und ist seitdem unauffindbar.[19]

Allein 97 Briefe Goethes an Johann Christian und Charlotte Kestner aus den Jahren 1772 bis 1816, ungeachtet der an August und Theodor Kestner gerichteten, erlauben noch heute einen aufschlußreichen Blick in das freundschaftliche Verhältnis, dessen sich die Kestners über viele Jahrzehnte hinweg erfreuen konnten. Grüße aus dem Haus am Frauenplan erreichten die Kestners zuweilen auch aus dem Munde durchreisender Besucher.[20]

Wenngleich die überlebenden Kinder Charlottes sich fast ein Vierteljahrhundert nach dem Tode der Mutter nur schwer entschließen konnten, ihrem inzwischen weit über 70 Jahre alten Bruder August die beabsichtigte Veröffentlichung der Briefe Goethes an die Eltern zu erlauben, so daß dieser, inzwischen pensionierter Legationsrat und Ministerresident in Rom, die Drucklegung zwar noch in die Wege leiten, aber nicht mehr erleben konnte, durfte die Öffentlichkeit sich doch endlich, acht Jahrzehnte nach Erscheinen des *Werther*, von der Herzlichkeit dieser Freundschaft ihrer Eltern mit Deutschlands größtem Dichter überzeugen.[21]

Gerade die fünf erstgeborenen Söhne hatten wohl noch miterleben können, wie sehr die Berühmtheit ihrer Mutter das Ehe- und Familienleben zuweilen strapaziert hatte. Sie standen dem Phänomen Goethe nicht kritiklos gegenüber, aber sie dürften auch wie ihre Mutter gewußt haben, welche nachweislichen Vorteile im weitesten Sinne die Familie von dieser Beziehung genossen hatte. Goethe war immer ansprechbar gewesen, wenn sein Rat oder sein Einfluß hilfreich erschien. Noch vor seiner Italienreise hatte er den Verlobten von Charlottes jüngster Schwester, Dr. Cornelius Ridel, bei einem Besuch in Weimar kennen- und schätzengelernt. Er verschaffte ihm die Stelle eines Erziehers beim Erbprinzen von Sachsen-Weimar, so daß beide 1791 heiraten konnten. Nur zwei Jahre später setzte sich Goethe dafür ein, daß Charlottes zweiter Bruder, Wilhelm, die Substitution eines weimarischen Anwalts und Prokurators beim Reichskammergericht in Wetzlar erhielt, wo dieser es schließlich bis zum Hofrat brachte, während Dr. Ridel in Weimar als Prinzenerzieher nach einigen Jahren ausschied, aber als tüchtiger Verwaltungsbeamter am Ende die Stellung eines Kammerdirektors einnahm,[22] zeitweilig auch Meister vom Stuhl der Freimaurerloge »Anna Amalia« war, der auch Goethe angehörte.

Im Oktober 1803 schließlich hatte Charlotte, seit drei Jahren Witwe, Goethe um seine Empfehlung beim Rat der Stadt Frankfurt gebeten, wo ihr Sohn Theodor, den er zu dieser Zeit bereits persönlich kannte, sich als Arzt niederlassen wollte, wozu eine zusätzliche Prüfung seiner medizinischen Qualifikation und der Erwerb der Bürgerrechte nötig war. Goethes Mutter, die nebst anderen einflußreichen Freunden die Bemühungen Charlottes unterstützt hatte, konnte im Juni des darauffolgenden Jahres ihrem Sohn melden, daß der »Doctor Kästner ist gleich Examiniert und sodann rezipirt und Bürger geworden – dir hat Er es also zu verdancken«.[23]

Es scheint, daß Goethe auch nach seiner Rückkehr aus Italien für die Kestners sich empfehlend oder vermittelnd einspannen wollte, und zwar diesmal für den Freund selbst. In einem Brief an Johann Christian Kestner vom 10. November 1788 nahm er einen offenbar älteren Gedanken wieder auf: »Ihr habt mir einmal wegen einer Präsentation beym Cammergerichte geschrieben. Schreibt mir doch ob Euch noch daran gelegen ist und wie man die Sache einfädlen könnte. Ich bin zwar meist ausser politischen Relationen, doch kann ich vielleicht etwas würken.« Ein Vierteljahr später, am 2. Februar 1789, heißt es dann: »Ich habe Euren Wünschen die Zeit oft nachgedacht und mich hie und da erkundigt, habe aber nichts gefunden daß Euch direct befriedigen könnte. Doch bin ich auf einen Gedanken gekommen, der vielleicht würckt. Schreibt mir durch welchen Weg ich mich näher erklären soll.«[24]

Die Angelegenheit, von der wir sonst nichts wissen, muß sich wohl zerschlagen haben, läßt aber annehmen, daß die Kestners durchaus auch nach 15 Jahren in Hannover noch einen Wohnortwechsel akzeptiert hätten, wenn das der Karriere Johann Christians dienlich gewesen wäre.

Freilich, ob es richtig gewesen war, den Kestners schon 1777 zu raten: »bleibt wo ihr seyd«[25], als diese mit einer möglicherweise aufstiegsgünstigeren Amts- und Wohnsitzveränderung nach Celle spekulierten, was sie dann, Goethes Empfehlung folgend, aufgaben, kann heute nicht mehr eindeutig beurteilt werden. Kestner scheint damals irritiert und verärgert gewesen zu sein, weil er seinen beruflichen Aufstieg in Hannover gebremst fand. In der Tat wurde er niemals Erster Archivar, obwohl er mit nie erlahmendem Fleiß und Pflichtgefühl das gesamte calenbergische und cel-

Deutschordenshof in Wetzlar.
Dienst- und Wohnsitz des Amtmanns H. A. Buff,
Charlotte Kestners Elternhaus. Silberstiftzeichnung
von Carl Stuhl, um 1850.

lische Archiv des Kurfürstentums gebrauchsfähig erschloß, auf der Basis von Archivdokumenten im Auftrag der Regierung Gutachten entwarf und auch das undankbare Amt eines Lehnsfiscals[26] verantwortungsbewußt versah. Zumal diese Aufgaben mit vielen Reisen verbunden waren, die ihn von der Familie oft über Tage entfernten, konnte es schon verlockend sein, in Celle als juristischer Konsistorialrat oder beim Wetzlarer Reichskammergericht als Assessor eine Chance zu erhalten. Eine Vorstellung, die ganz besonders den innigsten Wunsch des Schwiegervaters darstellte und sicher auch den Charlottes. Allein, es fügte sich beides nicht, und die Kestners blieben in Hannover, wo die Stellung des Vize-Archivars eine berufliche Endstation darstellte, lediglich verbrämt durch den Kanzlei- und Hofratstitel, dessen er sich erst fünf Jahre vor seinem Tode und im 23. Dienstjahr bedienen konnte. Erstaunlich genug, wenn man bedenkt, daß Kestner immerhin 1790 und 1792 für würdig und geeignet empfunden worden war, als Erster Legationssekretär, also protokollführend, die kurhannoversche Deputation nach Frankfurt zur Kaiserproklamation zu begleiten; übrigens neben der Galauniform und Charlottes Einkaufswunschzettel im Gepäck auch ihr Heimweh mit sich nehmend, führten doch beide Reisen über Aufenthalte in Wetzlar ans Ziel.[27] Bis zu diesem Zeitpunkt hatte sie nur zweimal die Heimat, das Elternhaus, den Vater, auch einige ihrer Geschwister wiedersehen können, und dabei war es dann in 27 Ehejahren geblieben.

Zweites Kapitel

Die »hübschen Familien«
und der Zeitgeist

Man muß sich zu den familiären auch die gesellschaftlichen
Verhältnisse in Hannover vergegenwärtigen, um zu verstehen, wie schwer es der jungen Frau Kestner geworden sein
muß, den Gedanken an eine vielleicht mögliche Rückkehr in
die Heimat schließlich zu verdrängen. Der Ortswechsel von
einer Freien Reichsstadt in eine fürstenabhängige Residenzstadt hatte sich schon bald als eine ebenso starke Zäsur wie
der Rollenwechsel von der Tochter zur Ehefrau erwiesen.
Nicht, daß Charlotte hätte befürchten müssen, der Organisation eines kinderreichen Haushalts und der Verantwortung für das Wohl einer zu erwartenden großen Familie
etwa nicht gewachsen zu sein. Darauf war sie durch Erziehung, Vorbild und Praxis im Elternhaus geradezu glänzend
vorbereitet, hatte sie doch zusammen mit 15 Geschwistern
das Glück einer unkomplizierten Kindheit und gleichzeitig
die Prägung ihres Charakters durch liebevolle Eltern genossen, war viele Jahre hindurch im fast überdimensionalen
Gutshaushalt des Deutschordenshofes zu allen ihr zukom-
menden Arbeiten angehalten worden und hatte nach dem
frühen Tod der Mutter noch zwei Jahre bis zu ihrer eigenen
Verheiratung diesem Hauswesen zu des Vaters Entlastung
vorgestanden. Wie perfekt sie damals sich in dieser Rolle
bewegt hatte, wußte Goethe noch vier Jahrzehnte später zu
bezeugen, indem er wiedergab, was alle Freunde des Elternhauses hätten unterschreiben mögen, nämlich, »daß sie ein
wünschenswertes Frauenzimmer sei«.[28] Johann Christian
Kestner war sechs Jahre im Hause des Ordensamtmanns
wie viele junge Sekretäre vom Reichskammergericht zum

Mittagstisch aus und ein gegangen, hatte schnell Familienanschluß gefunden und schon um die 15jährige Charlotte
geworben, deren Vorzüge er nicht oft genug zu loben wußte,
nicht zuletzt, als sie die Haushaltsführung übernommen
hatte: »An sie wandte sich alles, auf ihr Wort geschah alles
und jedes folgte ihrer Anordnung, ja ihrem Wink; und was
das Vornehmste war, es schien, als wenn die Weisheit der
Mutter ihr zum Erbteil geworden wäre. Bis diese Stunde
[18. Nov. 1772] hat sich solches erhalten; sie ist die Stütze
der Familie, die Liebe, die Achtung derer die dazu gehören,
und das Augenmerk derer, welche dahin kommen. Ich sage
Ihnen, es ist ein halbes Wunderwerk, unerachtet weder sie
selbst noch die Familie es merkt, und jedes meint, es müßte
so sein.«[29] Wahrscheinlich vertraute Kestner nach so langer
Bekanntschaft mit gleicher Selbstverständlichkeit und des
eigenen Urteils zu selbstsicher auf die hauswirtschaftliche
Perfektion, Intelligenz und Anpassungsfähigkeit seiner um
zwölf Jahre jüngeren Frau, als daß er sich nun in Hannover
hätte vorstellen können, die neuen Anforderungen möchten
Charlotte irgendwann einmal überfordern oder vielleicht
gar in eine Ehekrise führen. Der Keim zu solcher Anfechtung lag jedoch zum einen in der absolut gegensätzlichen
Mentalität der Ehepartner, auch in Johann Christians häufiger Abwesenheit begründet, zum andern ebenso in der
gesellschaftlichen Struktur Hannovers.

Seit 1714 befand sich das Kurfürstentum Hannover,
kurz *Kurhannover* genannt, in Personalunion mit dem
Königreich Großbritannien. Die ehrgeizigen Welfen aus
dem Hause Braunschweig-Lüneburg hatten sich ein Jahrhundert zuvor mit der Kurfürstenwürde schmücken können, Hannover (Herrenhausen) zur Residenz erhebend, und
trugen nun die englische Krone gleichzeitig. Dem Welfenhaus wurde damit ohne Zweifel für die Dauer von sechs
Generationen Glanz verliehen, Kurhannover und seiner

Residenzstadt jedoch kein Gefallen getan.[30] Während England sich zur Weltmacht entwickelte, London wirtschaftlich und kulturell prosperierte, geriet Kurhannover in die Position eines Satelliten, dessen Bedeutung vor allem darin lag, daß sich auf ihn einschoß, wer immer England auf dem Kontinent treffen wollte, wozu der Siebenjährige Krieg bereits reichlich Gelegenheit und der Residenzstadt Hannover französische Besatzung beschert hatte. Die Folgen dieses Krieges, hohe finanzielle Belastungen, ein starker Bevölkerungsrückgang und nachfolgende europaweite Agrarkrisen, hatten ein inflationäres wirtschaftliches Klima geschaffen, dessen Auswirkungen die Kestners bei ihrem Eintreffen in der Stadt noch zu spüren bekamen. Nahrungsmittel und Wohnraum waren knapp und teuer, Armenspeisungen für Hunderte von Menschen bei rund 15 000 Einwohnern in Alt- und Neustadt an der Tagesordnung, in den umliegenden Dörfern der Umgebung starben erheblich mehr Menschen als geboren wurden. Nicht nur die notwendigen Sparmaßnahmen der Regierung und des Stadtregiments bremsten die Entwicklung einer positiven Gemeinwirtschaft, die schwerfällige Verwaltung tat ein übriges. Das Prinzip des Absolutismus verlangte zu seiner administrativen Effizienz grundsätzlich die Anwesenheit des regierenden Fürsten in seiner Residenz und seinem Land. Waren Georg I. und Georg II. noch vergleichsweise häufig in Hannover und Herrenhausen anzutreffen gewesen, so setzte der nun regierende Georg III. nicht ein einziges Mal seine Füße auf kurhannoverschen Boden. Im Gegenteil, im Jahr der Ankunft des Ehepaars Kestner in Hannover erschütterte die sogenannte *Boston-Teaparty* die Kolonial- und Seemacht England, der amerikanische Unabhängigkeitskrieg bahnte sich an, englische Interessen standen beim König und Kurfürsten eindeutig im Vordergrund. So verließen 1775 fünf kurhannoversche Bataillone gegen englischen

Sold das Land in Richtung Gibraltar und Menorca, um dort britische Truppen für den Krieg in Amerika abzulösen. Für alle politischen, militärischen und rechtlichen, wirtschaftlichen und administrativen Entscheidungen des Kurfürstentums und seiner Residenzstadt blieb nach der gültigen Verfassung der Fürst in London die letzte Instanz, oft auch die erste. Dafür gab es in der englischen Hauptstadt die *Deutsche Kanzlei*, direkt im St. James Palace, und an ihrer Spitze, nur dem König verantwortlich, einen Minister aus dem landsässigen Adel des Kurfürstentums. Dieser kurfürstliche Regierungsapparat transferierte Wünsche, Meinungen, Entscheidungen des Landesherren an ein Geheimes Ratskollegium in Hannover, was in aller Regel acht Tage in Anspruch nahm. In gefährlichen Situationen durften daher die Geheimen Räte, vier an der Zahl und im Ministerrang als Chefs der Regierungsbehörden Kurhannovers, selbständig einstimmig gefaßte Beschlüsse in eigener Verantwortung durchsetzen, was sie begreiflicherweise nicht gern taten. Um die Präsenz absolutistischer Macht aufrechtzuerhalten, blieben trotz nahezu beständiger Abwesenheit des Fürsten der Hofstaat und das Oberhofmarschallamt in der Residenzstadt funktionsfähig, übte der Hofadel einen prägenden Einfluß auf Staat und Gesellschaft aus. Der so für Regierungsamt und Repräsentation des Staates allein privilegierte alte Adel bildete die Spitze einer gesellschaftlichen Pyramide, die tonangebende erste Klasse in allen Regierungszentren Kurhannovers und in der Residenzstadt selbst. Nur aus dieser Schicht, möglichst des Uradels, rekrutierten sich die Anwärter für die höchsten Regierungsämter. Durch Erziehung und Bildung, ein Universitätsstudium der Jurisprudenz oder Kameralistik voraussetzend, waren ihre Mitglieder von früher Jugend an darauf vorbereitet, ihre Fähigkeiten dem Staatsdienst zur Verfügung zu stellen. Im Gegensatz zum Hofadel, der »Schickeria« ihrer Zeit, fanden sich die Namen der aus dem Uradel kommenden Minister, Appellationsgerichtspräsidenten, Landräte, Amtsvögte (Droste), Diplomaten, Berghauptleute und Offiziere oft seit Generationen in gleichen Positionen wieder, in ihrer Existenz vom Landesfürsten unabhängig, treu und loyal dienend, wenn es das Gewissen erlaubte, nie Fürstenknechte, gelegentlich sogar recht unbequem. Kein absolutistischer Staat konnte auf ihre Dienste verzichten, solange es aus dem Bürgertum noch kaum gleiche Qualifikationen in hinreichender Zahl gab. Das so problematisch mit der englischen Personalunion seines Landesherrn belastete Kurhannover befriedigte deshalb seinen hohen Bedarf an Verwaltungsbeamten in der Exekutive aus dem Reservoir der ältesten Geschlechter und vornehmen Bürger seiner Städte, die sich ebenfalls seit Generationen des Vorrechts staatlicher »Bedienung« sicher sein konnten. Dieser zweite Stand stellte die Geheimen Sekretäre und Legationsräte, Justizräte, Archivräte und war in seiner Geschlossenheit ein Staatspatriziat, dessen mit dem ersten Stand übereinstimmende loyale Dienstauffassung auch freundschaftliche Kontakte zwischen beiden Ständen ermöglichte. Auf der Basis des gleichen Berufsethos und einer gewissen anerkannten Respektabilität begegnete man sich im großen und ganzen mit ausgesuchter Höflichkeit. Waren sie auch in der Mehrzahl nicht adeliger Abstammung, so kamen sie doch aus den »hübschen Familien« und fügten sich im Beruf dem gleichen Leistungsprinzip. Trotz bevorzugter Berechtigung zum Staatsdienst mußten sie ihre Qualifikation nach absolviertem Studium in einer Probezeit als Auditor oder in einer Advokatur zuvor nachweisen, ehe sie eine Bestallungsurkunde in Empfang nehmen konnten. Um ihrer Verdienste willen konnten sie zuweilen auch geadelt werden, aber Heiraten fanden stets nur innerhalb der jeweils eigenen Klasse statt.[31]

Johann Christian Kestner gehörte diesem hannoverschen zweiten Stand, dem Staatspatriziat an, von dem man übrigens sagte, es werde im Kurfürstentum Hannover vergleichsweise gut bezahlt. Als Freunde etwa um 1790 ihm nahelegten, um die Erhebung in den Adelsstand einzukommen, soll Kestner das jedoch abgelehnt haben mit dem Begründen, daß er es nicht nötig habe und die Notwendigkeit für seine Kinder sich noch nicht beurteilen lasse. Eine Einstellung, die, wie wir wissen, Goethe in Weimar nicht einnehmen wollte und wohl auch nicht vertreten konnte, da er die sogenannte Hoffähigkeit brauchte und ohnehin der Meinung war, diese Standeserhebung halte im gesellschaftlichen Leben doch so manchen Puff ab.[32]

Die hannoversche Linie der Kestners verstand Thüringen als das Stammland der Familie, während gleichzeitig eine schaumburg-lippische Linie nachweislich im 17. und 18. Jahrhundert existierte und die Herkunft der Kestners in der Pfalz angenommen wird.[33] Grundsätzlich handelte es sich wohl um eine aus dem süddeutschen bzw. mitteldeutschen Raum nach Norddeutschland eingewanderte Familie, deren Väter und Söhne ausschließlich ihren jeweiligen Landesherren, meist juristisch vorgebildet, als Amtsadvokaten, Syndikus, Sekretär, Amtmann oder Rat dienten, im lippischen Zweig auch als Bürgermeister tätig waren. Johann Christians Großvater wird in der Genealogie als gräflicher Vogt in Heiden (Lippe-Detmold) geführt, sein Vater als Geheimer Kanzlist in Hannover. So studierte Johann Christian folgerichtig in Göttingen von Michaelis 1762 bis Ostern 1765 Jura, jedoch ohne Abschluß oder Promotion, ging 1767 als Subdelegationssekretär nach Wetzlar und rückte 1773 auf seinen Antrag hin und mit Fürsprache eines bereits im hannoverschen Staatsdienst tätigen älteren Bruders in eine freigewordene Stelle als Archivregistrator mit dem Titel eines königlich großbritannischen und kurfürstlich hannoverschen Sekretärs nach. Die Entscheidung über seine Einstellung und über die 350 Reichstaler des ersten Gehaltes fiel – in London, wie schon bei seinen Brüdern und wie später auch bei seinen Söhnen. Eine Formalität, die geeignet ist, den bürokratischen Umstand der Personalunion zu veranschaulichen.[34]

Während seiner Studienzeit hatte Kestner ein alphabetisches Verzeichnis der ihm bekanntgewordenen Kommilitonen angelegt, in dem man noch heute die Namen bedeutender hannoverscher Geschlechter des ersten und zweiten Standes finden kann, deren Söhne Johann Christians Vorgesetzte oder Kollegen wurden. Irgendwo im hannöverschen Staatsdienst traf man sich wieder, wenn man in Göttingen Jura studiert hatte. Man befand sich damit in einem gesellschaftlichen Zirkel, der sich seiner Bedeutung für den Staat bewußt war und von dem es hieß: »Tatsächlich regieren die Sekretäre das Land, da sie den Vortrag vorzubereiten und oft auch zu halten hatten, aufgrund dessen vom adligen Kollegium entschieden wurde. Die geistige Vornehmheit dieser Männer, dreifach genährt durch ihren Einfluß, ihren Stand und ihren Zusammenhang mit der großen Welt des britischen Reiches, erhielt überdies eine verklärende Weihe durch viele ausgezeichnete Frauen, welche in diesem seltenen Kreise nicht fehlten...«[35]

Die männlichen Mitglieder dieser staatstragenden Schicht beschäftigten sich außerhalb ihres Dienstes fast durchgängig mit auserwählten Liebhabereien, indem sie sich als bedeutende Sammler von Kostbarkeiten gaben, die man in ihren privaten Bibliotheken, Münz- oder Naturalienkabinetten betrachten konnte, sie gehörten häufig einer Freimaurerloge an, trafen sich in Clubs und betätigten sich sehr oft schriftstellerisch. Auch Johann Christian Kestner, literarisch vorzüglich gebildet und den Mitgliedern des *Göttinger Hainbundes*[36] nahestehend, pflegte dergleichen Ambitio-

nen. Frühe historische Interessen und die Verfügbarkeit des
Calenberger Archivs ließen ihn im Juli 1786 eine Geschichte
des Kurfürstentums Braunschweig-Lüneburg auf der Basis
der vorhandenen Geschichtsergebnisse und in erzählender
Form planen.[37] Seine ständige Arbeitsüberlastung und zu
diesem Zeitpunkt schon arg strapazierte Gesundheit verhinderten wohl die Realisierung. Auch die versteckte Kritik eines Freundes und Kollegen mag ihn neben eigenen
Zweifeln zurückgehalten haben.[38] Der Rat, der erzählen-
den Form doch besser eine aktenmäßig und mit Fakten gut
belegte Darstellung vorzuziehen, dem Leser die eigenen Gedanken vorzubehalten, entsprach Kestners bekannter Ar-
beitsweise. Bei allem Respekt hatte ihm der Freund in höf-
licher Umschreibung die freie erzählende Stilform ausreden
wollen und vermutlich auch an Kestners gelegentlich von
Freunden bezeugte gedankliche Naivität gedacht. Von den
zahlreichen lyrischen, essayistischen und rezensorischen
Versuchen Kestners, von denen sich noch heute Spuren in
seinem Nachlaß befinden, kam nichts an die Öffentlichkeit.
Der eigene literarische Ruhm ließ sich nicht erzwingen,
die Gloriole, dem großen Goethe nahezustehen, mußte ge-
nügen.

Von den Frauen des Staatspatriziats erwartete man, daß
sie, ohne die Allüren etwa des Hofadels anzunehmen,
treu liebende, verständnisvolle Ehefrauen und vorbildliche
Mütter sowie Hausfrauen seien, nicht zu hochgestochene,
aber doch gewisse geistige Ansprüche befriedigten, mit Geschmack kultiviert sich kleideten und gesellschaftlich im
Kreise ihrer Klasse sich zu bewegen wußten. Charlotte erfüllte diese Voraussetzungen perfekt; wo es ihr vielleicht
einmal an der im Hannoverschen üblichen Zurückhaltung
fehlte, weibliche Eitelkeit sich spontan und unbewußt erkennen ließ, geriet sie zwar in den unvermeidlichen Klatsch,
genoß aber doch schließlich den völlig unzerstörbaren Bo-

nus, »Werthers Lotte« zu sein. An der unabdingbar geforderten Gottesfurcht und Frömmigkeit ließ sie es wahrlich nicht mangeln. Es gibt kaum einen Brief aus ihrer Hand, der nicht eine Passage naiven, auch anerzogenen, jedoch tief in ihre Charakterstruktur einbezogenen Respektes vor Gottes Unanfechtbarkeit enthielte, wie der uns vorliegende aus dem Jahre 1820: »... daher darf man nicht klagen, wen[n] Gott eine Krankheit zuschickt.« In unreflektierter christlicher Demut selbst aufgewachsen, gab sie ihre grundsätzliche Lebenseinstellung auch an ihre Kinder weiter, so daß sich mit Recht auch für ihre Person das Fazit ziehen läßt: »Ein unerschütterlicher Glaube, ein kindliches Vertrauen in Gottes Allmacht und Güte wappnete die Seelen dieser Frauen mit Gelassenheit und erfüllte sie mit unüberwindlichen Kräften.«[39] Solche wuchsen Charlotte in dem Maße zu, als sie, zunächst zögerlich, jedoch gegen Ende der 80er Jahre spürbar, die Spielregeln dieser Gesellschaft zu akzeptieren gelernt und sich selbst zur literarischen Reputation und zum klassenbewußten Prestige aus der beruflichen Position des Ehemannes die eigene menschliche Anerkennung hinzuerworben hatte.

Die junge Ehefrau wie auch Kestner erfüllte es mit stolzer Befriedigung, in der Residenzstadt künftig zum Staatspatriziat zählen zu dürfen. Hörte Goethe, zu der Zeit seine eigene weimarische Zukunft noch nicht ahnend, aus einem Bericht der Kestners über ihre ersten gesellschaftlichen Avancen bereits Gefahren heraus, so daß er warnen zu müssen glaubte? Schätzte er den Karriereehrgeiz und die Prestigebedürftigkeit seiner Freunde als so gravierend ein, daß er fast moralphilosophisch besorgt argumentierte:

»Ich kann euch nicht tadeln dass ihr in der Welt lebt, und Bekanntschafft macht mit Leuten von Stand und Pläzzen. Der Umgang mit Grossen ist immer dem vortheilhaft der ihrer mit Maas zu brauchen weis. Wie ich das Schiespulver

Charlotte Kestner, geb. Buff.
Pastellbild von unbekannter Hand, um 1779.

ehre dessen Gewalt mir einen Vogel aus der Lufft herunter-
holt, und wenns weiter nichts wäre. Aber auch sie wissen
Edelmuth und Brauchbaarkeit zu schäzzen, und ein junger
Mann wie ihr muss hoffen, muss auf den besten Platz aspi-
riren. Sakerment und wenn ihrs nur eures Weibes willen
tähtet. Was die häuslichen Freuden betrifft, die hat dünckt
mich der Canzler so gut als der Sekretarius, und ich wollte
Fürst seyn und mir sie nicht nehmen lassen. Also treibts in
Gottes Nahmen nach eurem Herzen und kümmert euch
nicht um Urteile und verschliesst euer Herz dem Tadler wie
dem Schmeichler.«[40]

Noch im Sommer 1773, also vor Erscheinen des Goetheschen Romans, dürfte Kestner seine Frau mit den Spitzen
seiner Gesellschaftsklasse, Kollegen und Vorgesetzten be-
kanntgemacht haben, wobei anzumerken bleibt, daß »man«
selbstverständlich mit dem Dritten Stand aus selbständigen
Handwerkern, Apothekern, Kaufleuten und etwa sonstigen
Gewerbetreibenden »gesellschaftlich« nicht verkehrte, und
den Vierten Stand aus Dienstboten, Tagelöhnern, Soldaten,
Armen und Arbeitslosen gar nicht erst erwähnenswert fand,
obgleich die Hälfte der Einwohnerschaft dieser Unter-
schicht angehörte, und die bürgerliche Elite aus dem Zweiten Stand zusammen mit dem Adel noch keine zehn Prozent
erreichte.[41]

Eine aufschlußreiche Quelle für das gesellschaftliche Leben und die freundschaftlichen Beziehungen unter den Familien der jungen Sekretäre besitzen wir im Briefwechsel
Heinrich Christian Boies mit Luise Mejer aus den Jahren
1777-1785.[42] Wir erfahren aus ihm, welch gefährliche Un-
ebenheiten das glatte Parkett der »hübschen Familien« haben konnte, wie schwierig es für Charlotte Kestner sich
anließ, darauf einen festen Stand zu gewinnen, und wie
janusköpfig ihre inzwischen gewonnene literarische Berühmtheit sich auswirkte. Erleichterte dieser Nimbus einer-

seits die zwischenmenschlichen Kontakte, so entwickelte er doch auch eine Anziehungskraft, die ihr mehr Verlegenheiten einbrachte, als ihrer Ehe recht sein konnte.

Boie, von 1775 bis 1781 als Sekretär der Militärverwaltung tätig, dürfte die Kestners gleich bei seiner Ankunft in Hannover aufgesucht haben. In seiner Eigenschaft als Mitbegründer des *Göttinger Hains* und Herausgeber des ersten deutschen Musenalmanachs hatte er im Oktober 1774, eben nach Erscheinen des *Werther*, in Frankfurt Goethe besucht, der ihm an zwei Tagen aus dem *Urfaust* vorgelesen und seine weitere Mitarbeit am Almanach zugesagt hatte. Über diese Verbindung und anläßlich des aktuellen literarischen Ereignisses wird er auch von den Kestnerschen Beziehungen zu Goethe erfahren haben. Boie gehörte nicht nur zu den begehrten Junggesellen seiner Couleur in der Residenzstadt, sondern wurde auch ein treuer und verständnisvoller Freund der Kestners, bei denen er Luise Mejer kennenlernte, eine Cousine des Kammersekretärs Mejer (Meyer), der schon im Juni 1774 bei einem Besuch in Frankfurt mit seiner Frau den jungen Goethe bei sich zu Gast gehabt hatte. Die Kestners hatten sich diesem Ehepaar angeschlossen und Grüße an den Freund ausrichten lassen.[43] Luise, sieben Jahre älter als Charlotte und unverheiratet, gereifter und ernster durch den bitteren Verlust beider Eltern, des älteren Bruders, der Schwägerin sowie der engsten Freundin, die sie fast alle ausnahmslos am Krankenbett bis zu deren Tode gepflegt hatte, fand sich schnell angezogen vom heiteren Temperament und der herzlichen Offenheit Charlottes, so daß sie ihr eine gerngesehene, jedoch nicht unkritische Freundin wurde. Boie und Luise Mejer heirateten 1785, jedoch starb Luise schon bei ihrer ersten Entbindung.

Der Kanzleisekretär Nieper und seine Frau (geb. Böhmer aus Göttingen und ab 1784 Schwägerin der Caroline Michaelis-Böhmer-Schlegel-Schelling) erweiterten den engeren

Kollegen- und Freundeskreis der Kestners. Sommertags traf man sich zu Ausflügen in die Umgebung, wintertags zur gegenseitigen häuslichen Geselligkeit, zu Kartenspiel und Tanz im Club oder zu angeregter Unterhaltung beim berühmten kgl. Leibarzt und Hofrat Dr. Zimmermann.

Ist Charlotte in diesem Kreise das »liebe, fromme Weibchen«, rührend besorgt um die Freunde und von diesen wiederum herzlich bedauert ob ihrer häufigen Geburten, so sieht man in Johann Christian Kestner vorwiegend »Albert« und findet ihn bei aller Anerkennung schätzenswerter Eigenschaften einfach unausstehlich, strapaziert seine spröde Umständlichkeit doch die Nerven auch der wohlwollendsten Freunde.

Gern vertrieb Boie der »armen kleinen Frau«, beispielsweise an Weihnachten 1777, die einsamen Abende, an denen Kestner dienstlich in Celle weilte, wie übrigens mehrmals im Jahr einige Wochen. Als Boie hingegen zwei Jahre später sich selbst auf Reisen befand, sah es Kestner als Freundespflicht an, Luise Mejer mit seinem Besuch zu trösten, erntete jedoch ein deutlich eingeschränktes Lob dafür: »Er meint es herzlich gut, der Albert, aber Gott weiß es, wenn er mich auf vierundzwanzig Jahre Kranksein vorbereiten will, dann ist meine Geduld am Ende. Ich fühle immer lange den Nachhall von solchen Ermahnungen, sie machen mutlos...«[44]

Zu diesem mit mancherlei Briefzitaten belegten Wesenszug Kestners und der Nachricht von einer Fehlgeburt Charlottes (Briefe vom 4./5. Juni 1779 und 16. Juli 1781) fügt es sich dann zu erfahren, daß beide Kestners »immer grämlicher« werden, und es wird vorstellbar, daß Charlotte den flirtenden Junggesellen-Kollegen ihres Mannes auch als 28jährige Mutter von inzwischen fünf Söhnen offenbar nicht ungern zuhörte.

Da kann Ernst Brandes[45] nicht übersehen werden. Fünf

Jahre jünger als Charlotte, kehrte er 1778 von beendetem Jurastudium aus Göttingen zurück und begann noch im gleichen Jahr seine Karriere im Staatsdienst als Auditor in der Geheimen Kanzlei, übernahm 1791 als Nachfolger seines Vaters die Aufsicht über Angelegenheiten der Universität Göttingen, wurde 1801 Kommerzrat, 1805 Geheimer Kabinettsrat und galt im Kurfürstentum als einer der Einflußreichsten. Als er 1810 starb, wurde er von Charlotte Kestner tief betrauert. Sie hatte einen treuen, engen Freund verloren, dem sie viel zu verdanken hatte, wobei sie mehr an ihre für damalige Verhältnisse als hoch einzuschätzende Witwenpension, an Rat und Beistand nach dem Tode ihres Mannes wie auch vordem, sofern es die Erziehung der Kinder oder eigene Probleme anging, gedacht haben mochte, als an die Galanterien des jungen Herrn um 1780 herum. Sein Unterhaltungswert war gewiß nicht zu unterschätzen, hatte er sich doch als Literat, Theaterkritiker und Essayist einen anerkannt hohen Ruf erwirkt, galt nach längerem Englandaufenthalt auch als kompetenter Kenner des englischen Demokratieverständnisses und pflegte geradezu allumfassende Interessen. Seine Familie gehörte seit Generationen zum alteingesessenen Kern der regierenden Beamtenschaft, sein Elternhaus verriet allein schon durch die mit 30000 Bänden größte Privatbibliothek der Stadt das Ambiente eines anspruchsvollen Bildungsbürgertums. Er befand sich anscheinend gern auf innerstädtischer Kavalierstour. So brachte er der Gattin von Luise Mejers Vetter, ihr selbst und Charlotte Kestner zuweilen ohne ergründbaren Anlaß geschmackvolle Geschenke mit, unter anderem von einer Reise kostbare Souvenirs, deren Wert die Beschenkten bei allem Entzücken in Verlegenheit setzte, für Charlotte beispielsweise »ein paar ganz allerliebste Schlösser zu Armbändern« (Brief vom 13. August 1783).

Ebenfalls noch unverheiratet, Studienfreund von Brandes

und zunächst Auditor beim hannoverschen Hofgericht, rückte auch Basilius v. Ramdohr, vier Jahre jünger als Charlotte, in die Rolle eines Hausfreundes, den Charlotte offenbar zuweilen gegen Brandes auszuspielen versuchte. Mochte es auch Charlottes vielzitierter Eitelkeit schmeicheln, sich hofiert zu sehen von den kultivierten namhaften Herren der Gesellschaft, so konnte das doch dem braven Ehemann kaum gefallen. Es gab wohl ernsthafte Störungen der häuslichen Harmonie, unerfreuliche Eheszenen, bei Johann Christian Kestner mehrfach bezeugte Eifersucht und auch zuweilen Bitterkeit, wenn es stimmt, was Luise Mejer aus seinem Munde wörtlich zitierte: »In den jetzigen Zeiten muß man nicht mehr heiraten, denn die Weiber sind nur höchstens auf einige Jahre dem Manne treu, dann verdrängt ihn ein anderer.« (Brief vom 22. April 1782) Das war nun gewiß eine Kestnersche Übertreibung, denn von wirklicher Untreue konnte nicht die Rede sein, ganz abgesehen davon, daß nahezu alle Kollegengattinnen sich umschwärmen ließen von den lebenslustigen Junggesellen ihres eng begrenzten »Circles«; schließlich befanden sie sich fast ausnahmslos in Versorgungsehen und fanden darin bei weitem nicht die Freuden, die sie sich vielleicht erhofft haben mochten. Zu Ehescheidungen hätten solche Verhältnisse fast nie geführt, resümiert die Herausgeberin unseres als Quelle dienenden Briefwechsels immerhin beruhigend. Wenn Kestner sich auch über mangelnde Aufmerksamkeit von seiten seiner Frau beklagte, so mußte er sich doch auch berechtigterweise von wohlwollenden Freunden wie Boie nachsagen lassen, »so gar nicht liebenswürdig« zu sein und in seiner Ehe mehr zu fordern, als selbst zu geben. Luise Mejer, zuweilen hart im Urteil, aber eine gute Menschenkennerin, entschuldigte dagegen Charlotte: »Freude ist ihre Nahrung; wo sie die nicht findet, ist sie ungern.« Wurden sie jedoch da nicht eingeladen, wo Freude zu erwarten gewesen wäre, etwa zu einer Tanzparty im Kreise der »hübschen Familien« (Brief vom 29. November 1783) und mußten sie zudem eine gesellschaftliche Zurücksetzung vermuten, so reagierten beide Kestners deutlich ungehalten. Für Charlottes besonderes Wohlbehagen an der Anerkennung durch hochgestellte »Leute vom Stand« läßt sich mit zahllosen Briefsequenzen aus ihrer eigenen Feder ebenso ein Beleg finden wie aus dem Boie/Mejer-Briefwechsel.[46]

Ihr wurde dergleichen als Eitelkeit und gar Neid ausgelegt, aber es ist auch nicht zu verkennen, daß die Begrenztheit der klassengebundenen Cliquen den Klatsch reichlich nährte und Charlotte in ihrer besonderen Position eigentlich nichts unternehmen konnte, ohne kritisiert zu werden. Als sie 1783 bei der sechsten Geburt erstmals von einem Mädchen entbunden worden war, nahm »die Medisance« Anstoß an der Vielzahl der Taufnamen, und anläßlich der siebten Geburt im Jahr darauf – es war der sechste Sohn – verübelte man ihr die Gevatternwahl (Briefe vom 7. April 1783 und 7. Juli 1784). Ein Blick in das Register der Schloßkirche zu Hannover verrät in der Tat das Bestreben des Ehepaares, möglichst solvente Patenschaften zusammenbringen[47], wobei nicht vergessen werden darf, daß Patenschaft infolge religiös-moralischer Verbindlichkeit einen absolut notwendigen Schutz für das Kind darstellte. Nur allzu schnell konnten in damaliger Zeit Kinder zu Waisen werden oder in gefährliche Notlagen gelangen. Charlottes zwölf Kinder bekamen jeweils zwei bis sieben Paten, darunter fanden sich hohe Staatsbeamte aus dem Hessischen oder Niedersächsischen, Goethe selbst für den ersten Sohn und Goethes Mutter für die zweite Tochter sowie mehrfach die Damen aus dem befreundeten Bankhaus Bethmann in Frankfurt.

Auch wenn wir annehmen müssen, daß 1784 und 1785 die Ehe der beiden Kestners noch nicht wieder frei von Turbulenzen war, Charlotte soviel litt wie nie zuvor – im letzten Jahr hatte sie das so ersehnte Töchterchen Charlotte verloren und wußte sich bald darauf zum achten Male guter Hoffnung –, so können wir doch für die zweite Hälfte der 80er Jahre eine deutlich positive Wende im Familienleben der Kestners annehmen.

In der Aegidienstraße Nr. 5 hatten die jungen Eheleute Kestner, nach vorangegangenen zwei Jahren im elterlichen Hause Johann Christians, die erste eigene Wohnung bezogen, noch zweimal das Quartier gewechselt und endlich im Oktober 1784 die standesgemäße und zugleich der stetig größer werdenden Familie angepaßte Bleibe in der Aegidienvorstadt gefunden. 1820 teilte Charlotte Kestner ihrem viertältesten Sohn August den Kauf des Rudloffschen Hauses, Aegidienstraße 4, mit. Es handelte sich um das Nachbarhaus ihrer Erstwohnung, das ihr ältester Sohn Georg vom Geheimen Hof- und Kabinettsrat Rudloff, einem alten Freund der Familie, gekauft hatte, und in das die Mutter mit der Tochter Clara noch im Frühjahr 1820 einziehen würde.

Rudloff, sechs Jahre älter als Charlotte, gebürtiger Mecklenburger und seit 1772 im hannoverschen Staatsdienst, hatte sich nach Studium in Halle und Göttingen, Promotion und Habilitation, schon im Alter von 20 Jahren zu einem bedeutenden Staatsrechtslehrer herangebildet, ehe er im Hannöverschen eine viel bestaunte Karriere begonnen hatte. Im Volksmund war er zum *Roi d'Hanovre* aufgestiegen, der die Reichs- und auswärtigen Angelegenheiten des Geheimen Ratskollegiums zu verantworten hatte und somit das unmittelbare Verbindungsglied zur Deutschen Kanzlei und London darstellte. Erst als 1806 die Zusammenarbeit mit dem dortigen Minister, Graf Münster, auch im persönlichen Bereich sich als schwierig entwickelte, hatte Rudloff um seinen vorzeitigen Abschied gebeten und sich ins Privat-

Wohnhaus Charlotte Kestners, geb. Buff,
von 1820 bis 1828, Große Aegidienstraße 4.
Fotografie 1889.

leben zurückgezogen. Länger als ein Jahrzehnt war er nun schon Witwer und offenbar bemüht, belastenden Besitz abzustoßen.

Georg Kestner, dem die Mutter anerkannte, sich bei den Verkaufsverhandlungen »höchst vortreflich« gezeigt zu haben, wird den Vertrag mit dem bewährten Freund, Whist- und Bostonpartner der Mutter und einstigen Vorgesetzten etlicher Familienmitglieder, taktvoll ausgehandelt haben. Nachdem nur noch die 27jährige, unverheiratete Schwester Clara bei der Mutter wohnte, schien es an der Zeit, den Hausstand zu verkleinern, aber das würde auch den Abschied von einer langen Lebensphase bedeuten, die Charlotte Kestner als die erfüllteste ihres Lebens empfunden haben dürfte. Etwas über 35 Jahre hatte die Familie hier gewohnt, fünf Geburten hatte Charlotte hier überstanden und schließlich, als Johann Christian den Hofadelstitel bekam, elf Kinder um sich gehabt.

Ein Tischlermeister hatte sich damals in der Großen Wallstraße 355 ein Eckhaus zum Georgsplatz hin errichtet, seine Werkstatt im Untergeschoß, während er die erste und zweite herrschaftliche Etage an den kgl. Rat und Archivsekretär Kestner, zu der Zeit bereits mit sieben Kindern gesegnet, vermietete. Die Wohnung – heute etwa auf dem Platz vor der Niedersächsischen Landesbank, zwischen Georgsplatz und Aegidientor zu denken – erfreute sich einer bevorzugten, repräsentativen Lage. Heute Startpunkt von Hannovers Flaniermeile, der Georgstraße (»Schorsengasse« genannt), entstand hier in jenen Jahren ein neuer, zwar kleiner, aber feiner Stadtteil, die Aegidien-Neustadt, als ein vornehmes Anhängsel im Südosten der sonst durch die Leine in Alt- und Neustadt geteilten Residenzstadt, ein fast reines Beamtenquartier. Der Bürgermeister Iffland, Bruder des berühmten Schauspielers und ausgesprochener Verehrer Charlottes, wohnte *vis-à-vis* zur Frontseite der Kestners.

Blick auf Hannover von Süden.
Ölbild von J. G. Schwab, 1820.

Gartengrundstück der Kestners,
Vor dem Aegidientore.
Aquarell von George Laves, 1845.

Er sorgte, nur wenige Schritte entfernt, dafür, daß unmittelbar vor dem Haus für »Werthers Lotte« eine Bank aufgestellt wurde, die ihr den Blick über den Stadtwall erlaubte. 1810 heiratete der zweitälteste Sohn der Kestners, Wilhelm, die Tochter Luise des Bürgermeisters Iffland. War man somit in verwandtschaftliche Nähe gerückt, entwickelte sich zur andern Seite eine lebenslange nachbarliche Freundschaft mit den Rudloffs. Besser als in diesem Neubaugebiet konnte »man«, als dem zweiten Rang zugehörig, kaum noch wohnen, es sei denn in Schloßnähe. Die alten Festungsanlagen waren Zug um Zug abgetragen worden, Wall- und Parkanlagen an ihre Stelle getreten. Ihre Nähe zog die gutbetuchte Beamtenschaft an.

Kestners bewohnten in jedem Geschoß zehn Zimmer und hatten auch auf die Qualität des Rohbaus mit eigenen Wünschen erheblichen Einfluß nehmen, beispielsweise eine schalldämmende Decke zwischen Tischlerwerkstatt und erste Wohnetage erlangen können. Wenngleich wir uns alle Zimmer kleiner vorzustellen haben als heute üblich, so blieb doch Platz für ein dem Geschmack der Zeit entsprechendes Wohnzimmer, dessen Wände mit Tapeten versehen waren und den ein eiserner Ofen mit Porzellanaufsatz ebenso wärmte wie schmückte. Zwei weitere Öfen der gleichen Art befanden sich noch in anderen Räumen, und außerdem wurden die Fenster zur Straßenseite hin mit böhmischem Glas versehen, die Türen erhielten Kastenschlösser und Messinggriffe. Ein Pferdestall mit Futterboden und eine Räucherkammer für das Selbstgeschlachtete komplettierten die Komfortwohnung, die man zunächst für 145 Rtl. pro Jahr und auf zwölf Jahre mietete. Die Familie fühlte sich in diesem Domizil im Laufe der Jahre so wohl, daß man den Vertrag noch zweimal verlängerte.

Für Charlotte wurde jedoch der gleichzeitige Erwerb eines großen Gartengrundstückes vor dem Aegidientor (heute etwa Lavesstraße an der Einmündung zum Gutenberghof) zu einer freundlicheren Weichenstellung ihrer Lebensbahn. Ihr Wetzlarer Elternhaus war als landwirtschaftlicher Betrieb des Deutschen Ritterordens einem mittelgroßen Landgut vergleichbar gewesen und hatte die Familie Buff wirtschaftlich autark gehalten. Dieses Ziel strebte Charlotte Kestner nun für ihre eigene Familie an, und in der nahe gelegenen Gartengemeinde vor der Aegidien-Neustadt ergab sich die Gelegenheit, eine Sommerwohnung mit viel Freiraum für die Kinder und eine Art Wirtschaftsdependance auf großem Gartengelände zu erwerben. Das auf dem Grundstück stehende zunächst noch kleine Haus wurde im gleichen Jahr umgebaut, ein Anbau für die Wirtschafterin kam hinzu, Stallungen für Schweine und ein bis zwei Kühe ebenfalls, und natürlich legte Charlotte umfangreiche Obstbaumkulturen an. Früchte und Gemüse, Blumen, Kräuter und Mohnöl, Fleisch, Butter und Milch kamen nun aus eigenen Erträgen, sogar Seife und Kerzen konnte man selbst herstellen. Hier lebte Charlotte Kestner wie befreit auf und bewegte sich munter und sicher wie die Fische im später noch hinzugepachteten Teich in ihrem ureigensten Element, eine fröhliche, lebenszugewandte Frau, die sich in unerschütterlichem Gottvertrauen den Erfordernissen ihres Tagewerks gewachsen wußte. Hier arrangierte sie Geburtstagsfeiern und sommerliche Gartenfeste, und hier traf sich in späteren Jahren die ganze Familie unter der einst selbst gepflanzten Akazie, und das waren nur zwei Jahre über unser Briefdatum hinaus bereits zusätzlich sechs Schwiegertöchter und zwölf Enkel. Auf einem Aquarell, wie es George Laves, Sohn der ältesten Enkelin, und der Maler Georg Busse später als ein gepflegtes Anwesen im Bild festhielten, erkennt man heute noch mit Bewunderung ein stattliches zweistöckiges Landhaus in einem fast parkartigen Gelände nebst Teich, dessen Größe durchaus eine Kahnpartie erlaubte.[48] Zwei

Generationen Kestner hatten in dieser Idylle ihre Kindheit verbracht und aus dem anfänglichen Nutz- und Wirtschaftsgarten einen herrschaftlichen Landsitz entstehen lassen. Für Kinder und Enkelkinder verband sich schon 1820 mit dem Gedanken an diesen Sommersitz vor den Wällen der Stadt stets das Bild ihrer sommertags in Weiß gekleideten vielgeliebten Mutter und Großmutter, von der August Kestner, einige Wochen nach ihrem Tode angesichts des wiedererwachenden Frühjahrs 1828 zu sagen wußte, »daß ihre unvergängliche Jugend an jedem Blatte Freude hatte...«.[49] Wie oft schickte nicht gerade er die Samen seltener Pflanzen aus Italien an die Mutter in Hannover, die dann fast immer von Erfolgen in der Aufzucht zu berichten wußte und auch aus dem Hause Bethmann in Frankfurt gern Pflanzenkinder in ihre Pflege nahm.

Zu den Aufgaben einer umfänglichen Hauswirtschaft gesellte sich für Charlotte infolge der häufigen Abwesenheit ihres Mannes durch Dienstreisen die erhöhte und oft alleinige Verantwortung für die Kindererziehung. Der bei einer so großen Familie sich schnell entwickelnde Pragmatismus läßt uns annehmen, daß Charlotte Kestner sowohl wie ihr Mann weitestgehend unbeeinflußt blieben von den vieldiskutierten Thesen Rousseaus, dessen Erziehungsroman *Emile*, 1762 erschienen, die Pädagogik zum populärwissenschaftlichen Modethema gesellschaftlicher Konversation für das ausgehende 18. Jahrhundert machte. Etwa Eigeninteressen eines Kindes, seine Individualität zum Prinzip häuslicher Erziehung zu erheben fand in der Erfahrung der eigenen Jugend beider Kestners keine Entsprechung, denn der aus der Elterngeneration übernommene und als selbstverständlich empfundene religiöse Primat bestimmte ihre konservative grundsätzliche Einstellung. Verständlicherweise dominierten daher ökonomische Tugenden wie Fleiß, Sparsamkeit, Gewissenhaftigkeit und Pflichtbewußtsein und gehörten moralische Grundwerte wie Treue, Ehrlichkeit, Bescheidenheit, Barmherzigkeit und Gehorsam gegenüber den Eltern zu den höchsten häuslichen Erziehungsprinzipien. Aus der Tradition der Elternhäuser Buff und Kestner ergab es sich außerdem, daß man mit Nachdruck bemüht war, den sozialen Status der Familie zu erhalten, woraus nicht nur folgte, die eigenen Lebensumstände wie Wirtschaft und Wohnung den Gewohnheiten der hannöverschen Beamtenklasse anzupassen, sondern vor allem den Söhnen eine qualifizierte Bildung und Ausbildung zu ermöglichen. Keiner von ihnen besuchte die städtische Hohe Schule, sie wurden von Hauslehrern auf das Universitätsstudium vorbereitet. Sie sowohl wie die Enkel bewiesen mit ihrem Lebensweg die Qualität der Erziehungsprinzipien von Charlotte und Johann Christian Kestner. Sie wurden vornehmlich Beamte, aber auch Ärzte oder Fabrikanten und fanden sich im neuen Jahrhundert gesellschaftlich fest verankert im wohlhabenden Bildungsbürgertum und in der gerade erst entstehenden Industriebourgeoisie. Bildung, und zwar ausschließlich akademische, erlaubte fast im gesamten 19. Jahrhundert den Aufstieg in Funktionseliten, deren fachliche Kompetenz jeder Staat brauchte. Da war schließlich immer weniger die Rede von unerläßlicher Adelszugehörigkeit und auch nicht von Persönlichkeitsentfaltung, eher von Leistung und Leistungswissen und vom Erhalt des sozialen Status und den aus ihm allein resultierenden Privilegien.

Noch immer verstand es sich in dieser Gesellschaftsschicht aber auch fast von selbst, daß der soziale Rang einer Familie ausschließlich vom alleinverdienenden Ehemann ausging und deshalb Kriterien des Erziehungs- und Bildungszieles gleichzusetzen waren mit Herausforderungen an die Söhne. Töchter waren daher erheblich weniger kostenintensiv, im Gegenteil für einen so auf weitestgehende wirtschaftliche Autarkie gestellten großen Haushalt wie dem Kestnerschen eher wünschenswerte zusätzliche Hilfen für Garten- und Hausarbeit. Wenn auch die heute statistisch angenommenen zwei Drittel weiblicher Analphabeten dieser Zeit vorwiegend sich im dritten und vierten Stand befanden, so genügte es doch, für die Töchter der oberen Stände eine religiös manifestierte ethische Grunderziehung bereitzustellen, sie die Kulturtechniken des Lesens, Schreibens und Rechnens zu lehren, Singen, Tanzen und zuweilen auch das Zeichnen üben zu lassen, vor allem aber den höchstmöglichen Grad hauswirtschaftlicher und handarbeitlicher Perfektion anzustreben. Ansonsten mußte man sie lediglich gut, und das hieß standesgemäß, verheiraten, eine Perspektive, die nach der jeweiligen Konfirmation die Mütter bereits umtrieb. Mit den Erziehungsprinzipien für die Söhne teilten die Töchter die Gewöhnung an eine anspruchslose Lebensführung, die absolute Respektierung des elterlichen Willens im Sinnes des christlichen vierten Gebotes und die Unterordnung eigener Wünsche unter die als selbstverständlich erwartete familiäre Solidarität.

Die Anrede der Eltern in der dritten Person, mindestens in der Öffentlichkeit und im Briefwechsel, gehörte bei den Kestners bis zum Tode der Mutter zu den familiären Gepflogenheiten, elterliche Autorität durch betonte Distanz unterstreichend. Den Rohrstock sahen Besucher durchaus in Griffnähe, wenngleich Strenge als Disziplinierungsmittel wohl eher in der Konsequenz nichtkörperlicher Strafen sich ausdrücken mochte. Den Kestnerschen Kindern blieb jedoch ausnahmslos, aus mancherlei Briefen belegbar, eine fröhliche Kindheit in Erinnerung, und das können wir vornehmlich Charlotte als Mutter anrechnen, deren Liebe für jedes einzelne nie in Frage stand, deren von Grund auf heitere, lebensfrohe süddeutsche Liebenswürdigkeit, im Sprachlichen von hessischer Klangfarbe begleitet, eine wohltuende herzliche Atmosphäre schuf, ausgleichendes Element zur norddeutschen kühlen Korrektheit und Umständlichkeit des Vaters. Beide Elternteile trafen sich allerdings in der Übereinstimmung ihrer Lebens- und Erziehungsphilosophie, die außerdem in den Ansichten der Freunde und Zeitgenossen aus gleicher sozialer Schichtung eine Entsprechung fand. Was Ernst Brandes, schriftstellerisch außerordentlich produktiv, in Zeitschriften oder als umfangreiche Einzelschrift zur Stellung der Frau in der Gesellschaft, zu Erziehungsfragen oder über die Folgen der Französischen Revolution und den Zeitgeist in Deutschland am Ende des 18. Jahrhunderts vehement und engagiert veröffentlichte,[50] fand ohne Zweifel die Zustimmung der Kestners. Auch in den Publikationen des ihnen ebenfalls befreundeten und weit über Hannover hinaus viel beachteten zeitkritischen und philosophischen Schriftstellers und späteren Geheimen Kabinettrats Rehberg zu dergleichen Themen[51] konnten sie sich nur bestätigt fühlen.

August Wilhelm Rehberg, Angehöriger einer der »hübschen Familien« Hannovers, seit seiner Göttinger Studienzeit eng befreundet mit dem Freiherrn vom Stein, aber auch mit Ernst Brandes, v. Ramdohr und noch anderen einflußreichen hannöverschen exponierten Staatsbeamten, übrigens von Goethe sehr geschätzt, hatte 1792 ein Büchlein mit dem Titel *Prüfung der Erziehungskunst* veröffentlicht. Charlotte hatte es vom Autor selbst erhalten und es ihrem Manne während dessen zweimonatigen Aufenthalt in Frankfurt nachgeschickt mit der Empfehlung, es nach Belieben an die Frau Bethmann weiterzugeben, aber »Vorher muß es... erst Mutter Goethe lesen. Ihr Sohn kricht zwar was ab, indessen wird er auch gelobt.«[52] Rehberg, wie Brandes entschiedener Gegner des aus der Französischen Revolution einströmenden Gedankenguts von allzuviel demoralisierender und darum staatsgefährdender Liberté, erwies sich folgerichtig auch als solcher gegenüber Rousseaus Vorstellungen von Erziehung, die gerade modern waren und mit der Faszination von Freiheit – Gleichheit – Brüderlichkeit einhergingen. Gewiß, so vertrat Rehberg seine Antithese, sei nur das am Menschen wirklich gut, was aus seinen natürlichen Anlagen sich entwickeln lasse, aber im wahren Naturzustand belassen, sei der Mensch doch eben nur Tier und gäbe es für ihn »keine Freundschaft, keine Liebe, keine Familie, kein Vaterland, keine Mitbürger«, während doch erst aus diesen Verhältnissen des Menschen, die Rousseau als Zivilisationsübel bekämpfe, die wahre Glückseligkeit resultiere.[53] Im *Contrat social* scheine er die im *Emile* so verhöhnte bürgerliche Gesellschaft schließlich wohl doch für notwendig zu erachten. *Emile* sei zwar eine anregende, auch geniale Schrift, aber »keine Vorschrift zur Erziehung von Menschen, die in unserer Welt leben können«. Außerdem sei das von Rousseau so betonte Recht auf Leidenschaftlichkeit und freie Liebe am allerverderblichsten für das weibliche Geschlecht, das mehr an Anstand, Schicklichkeit und Achtung zu verlieren habe als Männer und durch Eitelkeit eher in die Gefahr des Verlustes sittlicher Werte gerate. Gerade die neuere Literatur – und nun rüttelte Rehberg offenbar zu Charlotte Kestners Vergnügen am Thron Goethes – habe sich mit der Verbreitung eines leidenschaftlichen Tons schuldig gemacht. Den Leiden Werthers könne zwar ein durchaus erhabener Charakter nicht abgesprochen werden, aber es sei schließlich eine gewisse Verzärtelung des Herzens, die sein ganzes Wesen lähme. »In anderen Werken dieses großen Dichters sinkt der Charakter tiefer«, konstatierte Rehberg und spielte auf Goethes *Stella. Ein Schauspiel für Liebende* an, in dem er »ungebundene Neigung, Befriedigung freier Begierden«, durch Leidenschaft entschuldigt, nicht billigen konnte. Mit dieser Ansicht stand er keineswegs allein, denn in Hamburg hatte es aus Gründen der Unmoral für die hier zur Debatte stehende Fassung von 1775 bereits Aufführungsverbot gegeben. Rehberg resümierte dann: »Wenn wir die Welt immer nur als ein ungeheures Chaos physischer und moralischer Kräfte ansehen, die gegeneinander wirken, auf gegenseitige Zerstörung arbeiten, einander verschlingen, und nach keinem anderen Gesetze, als nach den Verhältnissen des Stärkeren und Schwächeren beurteilt werden dürfen; so verschwindet alle Vorstellung von einem das Ganze beherrschenden, rein vernünftigen und sittlichen vollkommenen Geiste. Wer in sich nur das wilde Streben mächtiger Begierde und mannigfaltiger Kräfte fühlt, erkennt keine Sittlichkeit und Weisheit im Ganzen der Schöpfung.« Die wahre Freiheit, so Rehberg, verschaffe dem Menschen nur ein vernünftiger Wille zur Selbstbeherrschung seiner Leidenschaften und Begierden; diese Kräfte zu stärken, erkennt der Leser der Schrift als Rehbergs antipodisches Erziehungsziel, von Charlotte Kestner kommentiert: »Wollte der Himmel daß es recht beherzigt würde.«

Sollte sie jemals ernsthaft in der Verlegenheit gewesen sein, leidenschaftlicher Versuchung nachzugeben, so konnte sie doch nun in den Schriften der gelehrten Freunde ihre eigenen Lebens- und Erziehungsprinzipien anerkannt und bestätigt, ihren Verzicht belohnt finden.

Rehberg und Brandes, die ausgeprägtesten und schriftgewandtesten Vertreter ihres Standes in Hannover, kompetent durch Wissenschaft, Bildung und kraft ihrer Ämter in administrativen wie politischen Funktionen, können in ihrem Einfluß auf die konservative bürgerliche Bevölkerungsschicht, mithin auch auf die Kestners, nicht hoch genug eingeschätzt werden. Das belegt nicht nur Charlottes Stellungnahme zu der zitierten frühen Rehbergschen Schrift, sondern indirekt auch eine Begebenheit wie die ihrer geradezu überschwenglichen Anteilnahme an der Aufstellung einer Leibniz-Büste in Hannover 1789. Zwei Jahre hindurch hatte ein kollegialer Freundeskreis mit Brandes und Rehberg eine Art Leibniz-Renaissance in Gang zu setzen versucht und die Aufstellung eines offenen Tempels mit der Marmorbüste des großen Gelehrten in Nähe des Archivs in Auftrag gegeben. Brandes gab mit 4000 Rtl. aus dem Vermögen eines aufgelösten studentischen Ordens das Grundkapital. Eine Subskriptionsliste ergab schließlich von 350 Personen 4576 Rtl., und die Büste konnte im Hause von Rehberg betrachtet werden, solange der Tempel noch nicht gebaut war.[54] Charlotte fühlte sich veranlaßt, ihren Kindern das historische vaterländische Ereignis nahezubringen. Ihr erster Biograph zitierte ihren enthusiastischen Bericht an Johann Christian Kestner, der gerade wieder einmal abwesend war: »...ich habe Leibnitz gesehen! Was ähnliches von Schönheit habe ich in meinem Leben nicht gesehen! Alle Kinder waren mit, und mich freut ihr Interesse.« Der Kollege Ramdohr solle mit Extrapost kommen, um die Büste zu sehen, und Eduard (fünf Jahre alt!), der sie sogar umarmt und geküßt habe, freue sich schon auf des Vaters Rückkehr, um mit ihm den Besuch wiederholen zu können.[55]

In Kunst- und Theaterkritiken, gesellschaftskritischen und philosophischen Essays, in Buchrezensionen oder eigenen umfangreichen Publikationen wirkten Ernst Brandes und August Wilhelm Rehberg unmittelbar und gezielt meinungsbildend in einer Zeit, die noch keine politischen Parteien, wohl aber politische Richtungen kannte, gedruckte Periodica wie den vielgelesenen *Staatsanzeiger* des berühmten Göttinger Professors Schlözer oder das *Hannoversche Magazin*. Auch namhafte überregionale Zeitschriften und Verlage standen ihnen, mit Ramdohr, Zimmermann und anderen im Gefolge, jederzeit zur Verfügung[56] und ließen sie zu den prononciertesten Verfechtern konservativen Gedankengutes, ja zu härtesten Gegnern liberaler Staatstheorien und Denkweisen werden, wie die Französische Revolution sie auch nach Hannover brachte.[57]

Schon seit Beginn des Jahrhunderts hatte es in Kurhannover eine Vorzensur gegeben für alles, was ein Landesbürger im In- oder Ausland drucken lassen wollte, und auch ein Druckverbot für Manuskripte von Autoren des nichthannoverschen Europa, worunter doch auch die über 150 deutschsprachigen Duodezfürstentümer des alten Kaiserreichs zu verstehen waren, von wirklich ausländischen Publikationen, etwa Übersetzungen aus dem Englischen oder Französischen, zu schweigen. So war gesichert, daß revolutionäre Staatsideen die breite Masse nur schwer erreichten, obschon die Zensur gerade im Hannöverschen anfangs vergleichsweise liberal gehandhabt wurde. Besonders der *Staatsanzeiger* genoß bis zu seinem recht willkürlichen Verbot 1794 den Schutz der Befreiung aller Professoren der Universität Göttingen von der Vorzensur und konnte daher eine erstaunlich objektive Berichterstattung und kritische Kommentierung pflegen.

Das Jahrhundertereignis, die Französische Revolution 1789, entwickelte jedoch eine unerwartete Eigendynamik, die auch deutsche Landesfürsten spätestens zu dem Zeitpunkt nervös werden ließ, als in Frankreich der Dritte Stand die Köpfe des Adels und der Priesterschaft rollen ließ, die Privilegien der regierenden Klassen abschaffte, die Legislative des Volkes gesetzmäßig verankerte. Paris wurde zum »Wallfahrtsort« für eine Art Revolutionstourismus, an dem Vertreter der intellektuellen Elite aus vielen deutschen Kleinstaaten sich beteiligten, um die sensationelle Entwicklung vor Ort hautnah zu beobachten,[58] ließ es sich doch erahnen, daß diese Ereignisse Epoche machen würden. Man befand sich im Epizentrum eines soeben stattgehabten politischen Erdbebens, spürte den Boden unter den Füßen noch vibrieren und berichtete zu Hause begeistert, irritiert oder auch besorgt skeptisch, je nachdem, ob die Erklärung der Menschenrechte, der Übergang zur konstitutionellen Monarchie oder das Jakobinertum, der Fortschritt der Menschheit oder die chaotischen Auflösungserscheinungen einer Großmacht mehr faszinierten. Die Begeisterung, die der Sieg staatsphilosophischer Erkenntnisse zunächst ausgelöst hatte, und die Euphorie, in welche Deutschlands Schriftsteller, Dichter, Philosophen und potentielle Reformpolitiker gerieten, schlug mit der Hinrichtung des französischen Königspaares, der Jakobinerherrschaft und mit den Niederlagen der gegen Frankreich verbündeten österreichischen und preußischen Heere in den sogenannten Koalitionskriegen 1792 und 1794 gründlich um, auch der Anblick des Schicksals französischer Emigranten bewirkte ein Umdenken der geistigen Elite Deutschlands. Er sei vollkommen überzeugt, urteilte Goethe noch Jahrzehnte später, daß eine große Revolution nicht Schuld des Volkes sei, sondern der Regierung. »Revolutionen sind ganz unmöglich, sobald die Regierungen fortwährend gerecht und fortwährend wach sind, so daß sie ihnen durch zeitgemäße Verbesserungen entgegenkommen und nicht so lange sträuben, bis das Notwendige von unten her erzwungen wird.«[59]

Mochte die Situation in den deutschen Staaten im allgemeinen vielleicht nicht mit der in Frankreich vor Ausbruch der Revolution vergleichbar sein,[60] ihre Verbesserungswürdigkeit stand außer Frage. Zumindest fanden sich die Fürsten und ihre Regierungen nun aufgefordert, »fortwährend wach« etwaigen revolutionären Anfängen sich entgegenzusetzen. Auch im Kurhannöverschen riefen willkürliche Steuern und Abgaben, Rekrutenaushebungen ohne sichtbaren Verteidigungszwang und ein nicht endenwollender Mißbrauch besonderer Rechte der privilegierten Stände, z.B. Steuerfreiheit oder das Jagdrecht, den Unmut namentlich der bäuerlichen Bevölkerung hervor. Da ihr Knurren wenig fruchtete, begannen Bauern und Bürger kleinerer Gemeinden sich mit anderen zu solidarisieren und ihre Beschwerde unter Umgehung des Dienstweges, also der Behörden, direkt den Ministern in Hannover vorzulegen. Die Amtsvorsteher und Bürgermeister meldeten seit 1790 immer häufiger des Eindringen revolutionären Gedankenguts in die bäuerliche Gesellschaft, aber auch in die Herbergen der Handwerksgesellen und in die Studentenschaft. In Göttingen trugen Studenten provozierend die französische Kokarde, und an zentralen Gebäuden fanden sich Schmähschriften, die den Sturz des Adels forderten, in den Gildeversammlungen wurde ganz offen die Abschaffung der verhaßten Kopfsteuer verlangt. Sie war zwar nur eine von vielen, aber die offenkundig ungerechteste, denn sie verlangte von jedem Einwohner über 14 Jahre, gleichviel ob arm oder reich, monatlich drei Mariengroschen, einst zur Tilgung der Schulden aus dem Siebenjährigen Kriege eingeführt und nun schon im dritten Jahrzehnt quälend. Als 1792 Handzettel an den Häusern betuchter Bürger und Mitgliedern der Ritterschaft diese aufforderten, solidarisch die Steuerzahlung zu verweigern, und man sie andernfalls sogar mit dem Laternenpfahl bedrohte, baten die hannoverschen Minister in London um die Möglichkeit militärischer Hilfe bei der Eintreibung dieser Steuer. Der Aufruf des Bürgermeisters von Münder, Georg Friedrich Moller, zur »Abschaffung alter verjährter Mißbräuche und offenbarer Ungerechtigkeiten, zur Wiederherstellung der wahren Rechte des Menschen und Bürgers«, der ziemlich unverblümt eine Änderung der Landesverfassung forderte und die Bürgerschaften und Gilden im Calenberger Land hinter sich wußte, hatte seine bekannten Vorläufer in den revolutionsfreundlichen populären Schriften des Freiherrn Adolph v. Knigge und den Reformplänen des unbequemen Hofrichters, Land- und Schatzrates Friedrich Ludwig v. Berlepsch, dem man schon lange vorwarf, daß er die Bauern geradezu prozeßsüchtig mache. Gewiß zeichnete sich das Geheime Ratskollegium (Minister) nicht durch kluge Flexibilität aus, sondern war infolge der unglücklichen Personalunion zusätzlich handlungsgelähmt und in den Strukturen einer veralteten absolutistischen Verfassung bereits erstarrt, aber lebendig wurden sie, wenn es galt, die drohende Gefahr revolutionärer Aushebelung der Verfassung abzuwehren und die reformfreudigen Vertreter der Landstände, Knigge und v. Berlepsch als Beispiele, zurechtzuweisen. Knigge, von regierungsamtlicher Schikane zermürbt und schwer krank, ging nach Bremen; mit der Entlassung von v. Berlepsch 1795 wurde erstmals ein Vertreter der Ritterschaft und des sich bereits artikulierenden Reformkurses hart getroffen.[61] Es mag richtig sein, daß seine disziplinare Abqualifizierung nicht ausschließlich das Werk der Sekretarienherrschaft in Kurhannover war, sein überliefertes Wort von der »Sekretarien-wut« erscheint dennoch angemessen, wenn man zusammenfaßt, was diese – an ihrer Spitze der uns als befreundeter Kestner-Kollege schon bekannte und Geheime Kanzleisekretär Höpfner – sich zu Recht vordergründiger Bekämpfung revolutionärer »Gärung« einfallen ließen, obwohl nicht einmal im vierten und fünften Stand von wirklicher Revolutionsbereitschaft ernsthaft die Rede hätte sein können. Das Mißtrauen der Regierenden war geweckt, und so regnete es von 1792 bis 1794 in auffälliger Gedrängtheit verschärfte Kontrollen einreisender Kaufleute, Frachtfuhrleute, Handwerksburschen, Observationen revolutionsverdächtiger Personen und Lokalitäten, Verbote gegen geheime Ordensgesellschaften, gegen das Kokardentragen, gegen das Absingen »Unruhe erregender Lieder«, verstärkte Zensurbestimmungen für Theater, Lesegesellschaften und Bibliotheken. Verweise, Pfändungen, Geldbußen und Gefängnishaft drohten bei

Steuerhinterziehung. Schließlich genügte es, Freunde oder Verwandte unter den französischen Emigranten oder in den vom französischen Revolutionsheer besetzten deutschen Städten zu haben, um die Energie staatlicher Instanzen auf sich zu lenken. Denunziantenhilfe nahm die Regierungsadministration gern an und bezahlte sie aus den Einnahmen der Geldstrafen. Als Krönung der ganzen Kampagne, die lediglich Symptome zudeckte, aber keine Ursachen aus der Welt schaffen konnte, reagierte man, sozusagen medienwirksam, mit einem regierungseigenen Blatt, der *Hannöverischen politischen Nachrichten*, die ab dem 1. Januar 1793 zweimal wöchentlich mit vier bis acht Seiten in einer Auflage von etwa 900 Exemplaren erschienen. Politische Einzelnachrichten und Berichte, regierungsamtliche und kulturelle Informationen erhielten kein Autorensignum, aber jeder Leser erkannte die regierungsfreundliche und frankreichfeindliche Tendenz und mußte über das verantwortliche Herausgeber- und Redaktionsteam nicht erst belehrt werden: Geheimer Kabinettsrat Rudloff und die Geheimen Sekretäre Höpfner, Brandes, Rehberg. Die Verbreitung des Blattes außerhalb Hannovers und die Aufmerksamkeit, die es sogar im Ausland erweckte, ist belegbar.[62] An die Seite dieses Presseorgans trat das *Neue Hannöversche Magazin*, dessen Herausgeber, der Geheime Kanzleisekretär Friedrich Arnold Klockenbring, einen betont hemdsärmeligen, demagogischen und gehässigen Ton in die Presse brachte. Er gab als Redaktionsbüro das *Königlich-Churfürstliche Intelligenzcomptoir* an, also ein staatliches Pressebüro, aus dessen Publikationen der Leser nun erfuhr, was er von den Nachrichten aus Frankreich, den französisch besetzten linksrheinischen Gebieten oder den neuen Vereinigten Staaten von Amerika zu halten hatte. Hier veröffentlichte August Wilhelm Rehberg zahlreiche Artikel und Rezensionen von Büchern zur Zeitgeschichte. Konkurrenz brauchten diese Blätter bald nicht mehr zu fürchten, weil »anstößige« Zeitungen, Zeitschriften und Bücher verboten wurden, und anstößig war, was die Meinung und Gesinnung der Untertanen aufwiegelte oder die Obrigkeit verunglimpfte. Abonnenten von auswärtigen politischen Zeitschriften wurden in einer Liste geführt, so daß man jederzeit über einen Vorrat verdächtiger Adressen verfügte.

Die Freiherren v. Knigge und v. Berlepsch, August Ludwig v. Schlözer ebenso wie August Wilhelm Rehberg und Ernst Brandes, hochgebildete, durchweg auslandserfahrene und verantwortungsbewußte Mitglieder des Staatspatriziats, hatten schließlich, so gegensätzlich ihre dienstliche Stellung und persönliche politische Einstellung sie handeln und argumentieren ließen, eines gemeinsam: keiner von ihnen war wirklich Revolutionär. Wenn Schlözer in seinem letzten, dem 18. Band des Staatsanzeigers sich verabschiedete mit der Bemerkung, nirgendwo in der Welt sei die wahre Aufklärung auf höherem Niveau angesiedelt und weiter verbreitet als in Deutschland, so daß »von sachten und sanften Abänderungen« sicher über kurz oder lang einiges zu erwarten wäre, und die Quintessenz zog: »Reformen brauchen wir Deutsche, unmöglich kans immer beim Alten … bleiben. Aber vor Revolution bewar uns, lieber Herr Gott!«, so baute er nicht allein den Regierenden goldene Brücken über die mitreißende Strömung der Zeit, sondern auch die führenden Köpfe der Sekretarien hätten das unterschreiben können, ohne ihrer Gesinnung untreu zu werden. Sie vereinte im Grunde ein politisch-moralischer Konservativismus, dessen Darstellung durch Rehberg und Brandes in die heutige Forschung über diesen Zeitraum als *Hanoverian School* Eingang gefunden hat.[63] Auf der Ebene administrativer Reaktion bekam das Ganze, die Sekretäre Höpfner und Klockenbring par exemple, Züge von hektischem politischen Verfolgungswahn, ertrank in einer Woge der Aufgeregtheit, *law and order* um jeden Preis bewahren zu müssen, wozu Höpfner seit 1792 auch noch die *General-polizei* und *Stadtpolizeiexpedition* der Fürstentümer Lüneburg und Calenberg neben dem schon erwähnten Pressebüro unterstand.

Für eine grundlegende zeitgemäße Reform des Finanzwesens und der staatsbürgerlichen Rechte fehlte den Geheimen Räten wie ihren Sekretären das Format eines führenden Kopfes, mithin eines Mannes, dessen Kompetenz und Durchsetzungsvermögen die nötige Autorität einzusetzen vermocht hätten. So blieb es noch lange bei der Schizophrenie, daß der Souverän des Landes als König von Großbritannien sich und seine Rechte eingebunden fand in ein bereits etabliertes parlamentarisches Zweikammersystem und eine strenge Gewaltenteilung von Legislative und Exekutive, aber als Kürfürst von Hannover weitgehend absolutistisch über Krieg und Frieden, Außenpolitik, Heer und Finanzen entscheiden konnte, die Landstände ziemlich rigoros ihr Steuerbewilligungs- und Verwaltungsrecht wahrnahmen und ihre Privilegien hüteten, während ihre Deputierten gleichzeitig hohe Regierungsämter ausüben konnten.

Wir haben uns so ausführlich mit den Auswirkungen der Französischen Revolution auf die kurhannoverschen Verhältnisse beschäftigt, weil im Zusammenhang mit dem Lebensumfeld von Johann Christian Kestner, dem Archivrat, und seiner Ehefrau Charlotte doch zu bedenken bleibt, daß fast alle in diesem Exkurs genannten Personen als Vorgesetzte, Kollegen und Freunde, ja sogar als Paten ihrer Kinder eine Rolle spielten.[64] Wir dürfen annehmen, auch wenn uns unmittelbare Zeugnisse dafür fehlen, daß Kestner die politischen Ansichten der Männer teilte, mit denen er tagtäglich zu tun hatte und zuweilen noch abends im Club, in Gesellschaft, familiär oder nachbarschaftlich, ein freieres Wort wechseln konnte. Im Grunde mußte er wohl Höpfner dankbar sein, der vermutlich durch die bereits erwähnte indirekte Kritik das Erscheinen einer Landesgeschichte aus Kestners Feder verhindert hatte. Im Höpfner vorgelegten Plan hieß es am Ende mit einiger hörbarer Naivität: »Übrigens habe ich auch schon eine Probe gegeben, daß ich an unsern Fürsten nicht alles gutheiße oder lobe, sondern sie auch zu tadeln wagen werde, wie solches ein gerechter Geschichtsschreiber thun muß, der allenfalls auch zu bessern wünscht.« Von der »*Probe*« läßt sich nichts mehr auffinden, aber für Kritik wie für Besserungswünsche wäre spätestens ab 1790 in Kurhannover kein geeignetes Klima mehr zu erwarten gewesen; eher empfahl es sich dann doch für einen Familienvater mit elf Kindern, zu schweigen und sich vielleicht der Lektüre des vierten Buches von *Wilhelm Meisters Lehrjahren* aus der Hand des großen Freundes in Weimar zu widmen, in dem er zu seinem Troste lesen konnte, daß es gut sei, »wenn wir die nicht immer kennen, für die wir arbeiten«.[65]

Drittes Kapitel
Eine Familie in der Bewährungsprobe

Charlotte Kestner verfügte über die so nützliche Gabe, sich jeder noch so mißlichen Situation anpassen zu können. Die völlig unerschütterliche Gewißheit, stets Gottes Willen unterstellt zu sein, und das vielleicht unbewußte Vertrauen in die eigene Tatkraft verschafften ihrer Seele in hohem Maße eine viel bewunderte Immunität gegenüber schwersten Attacken des Schicksals, deren Heftigkeit an ihrer Gelassenheit und ihrem Mutterwitz abprallen konnte. Natürlich würde sie auch in der 1820 zu erwartenden neuen Wohnung schnell wieder ihren eigenen Lebensrhythmus finden, und natürlich kam ihre Erfahrungsdiagnose den Beschwerden der mit ihr lebenden 27jährigen Tochter Clara näher als des Leibarztes Dr. Stieglitz 13 Rezepte. Nachdem 1795 Dr. Zimmermann gestorben war, hatte Stieglitz die Nachfolge als Hofarzt übernommen und war ein guter Freund des Hauses Kestner geworden. Zwar avancierte er 1820 noch zum Hofrat, aber das konnte auch nicht seine Unfähigkeit beheben, ein mehrwöchiges »Kopfübel« in den sicheren medizinischen Griff zu bekommen. Das wiederum mußte ihn jedoch nicht kränken, denn gegen Zahnweh oder etwa Migräne war noch kaum ein anderes »Kraut« gewachsen als das seit wenig mehr als einem Jahrzehnt übliche Morphium, ein Opiumalkaloid. Überhaupt konnten fast ausschließlich Symptome einer Krankheit medizinisch behandelt werden, Ursachen blieben weitestgehend diagnostische Rätsel, so daß der Effekt sich vorwiegend in Linderung der Schmerzen, weniger als Heilung der Krankheit dokumentieren ließ.

Auch Johann Christian Kestners an Häufigkeit und Heftigkeit zunehmende physische Zusammenbrüche waren in den letzten Jahren des 18. Jahrhunderts mehr oder weniger unzureichend behandelt worden, von Charlotte und den älteren Söhnen jedoch mit Sorge beobachtet. Im Nachlaß findet sich ein Brief vom 20. Oktober 1795, den der damals 21jährige älteste Sohn Georg für den Vater an den Oberappellationsrat v. Pestel in Celle geschrieben hat, vermutlich um Kestners Fernbleiben von einem dienstlichen Termin zu entschuldigen. Die körperliche Schwäche des Vaters wird darin beschrieben mit Erbrechen, Magenkrämpfen, Rückenschmerzen, Fieber, Schlaflosigkeit und »katharrhalische Folgen«, man habe dem Patienten Blutegel gesetzt, Einreibungen und Bäder vorgenommen sowie »entleerende Medizin« verordnet.[66] Ähnliche Zustände, deren Ursache nicht beizukommen war, die jedoch Kestner jeweils erheblich schwächten, hatten seine Widerstandskraft bereits deutlich reduziert. Georg erinnerte sich nach dem Tode des Vaters daran, daß dieser schon jahrelang kaum jemals ohne Schmerzen gewesen sei.

Das mochte den von Freunden bezeugten und auch den letzten Briefwechsel mit Goethe durchziehenden grämlichen Unterton mit verursacht haben, der den Verkehr mit Johann Christian Kestner so erschweren konnte, auch wenn Respekt und Mitleid überwogen. Im Juni, Juli und Oktober 1798 war es nach mehrjähriger Pause noch einmal zu brieflichen Kontakten zwischen Kestner und Goethe gekommen, von denen ersterer behauptete, er habe sie längst wieder aufnehmen wollen, aber nachdem er keine Antwort bekommen habe, Zweifel gehabt, »ob es helfen würde?«, und letzterer sich mit der Schnelligkeit der Zeitläufte entschuldigte, schließlich aber in alter Herzlichkeit meinte, bei einem etwaigen Wiedersehen werde man sich schon »dem innern nach« wiedererkennen. Was das Äußere beträfe, sei er da nicht so sicher, und er legte ein Stück Band dem Briefe bei, dessen Länge seinem neuen Leibesumfang entsprach. Kestner erlaubte sich in seiner Antwort den Hinweis, daß er zwar kein Minister sei, aber auch zu tun und die Sorge um seine große Familie habe. Mit ansehnlichem Körperumfang könne er sich so wenig messen wie mit dem des Geistes, nörgelte Kestner, um dann in Erinnerung zu bringen, daß er gern weiterhin die Goetheschen Geistesprodukte erhalten hätte, »die wir so gut, wie das Publicum, zu schätzen wissen«, zumal er sich »ausser dem Hausbedarf« nichts anschaffen könne.

Goethe, in diesen Jahren im engsten Verbunde mit Schiller, intensiv in regierungsamtliche Tätigkeiten einbezogen und vornehmlich naturwissenschaftlich arbeitend, war ohne Zweifel den alten Freunden ein wenig ferngerückt, außerdem lebte er seit zehn Jahren mit Christiane Vulpius und August, dem einzigen Sohn aus dieser glücklichen Lebensgemeinschaft, zusammen. Er machte sich gewiß keine Illusionen über die Einstellung seines so gern moralisierenden Kestner zu seiner »Liebschaft«, die bereits alle Freundes- und Kollegenkreise des weimarischen Ministers mit Gesprächsstoff versorgte. Für Goethe gab es weder Veranlassung noch Notwendigkeit, diese Veränderung seiner Lebensverhältnisse, die er der eigenen Mutter in Frankfurt erst nach fünf Jahren mitgeteilt hatte, alten Freunden etwa früher anzuzeigen. Für Weimar galt ohnehin die Erfahrung:

Es ist, als hätte niemand nichts zu schreiben
Und nichts zu schaffen,
Als auf des Nachbarn Schritt und Tritt zu gaffen,
Und man kommt ins Gered', wie man sich immer
              stellt.[67]

Spätestens seit Charlotte Kestners Schwester Amalie in Weimar verheiratet war, erreichten Weimarer Aktualitäten die

Residenzstadt Hannover in Windeseile. Man war orientiert, man hatte auch eine Meinung, aber das beeinträchtigte nicht die Nützlichkeit guter Beziehung und die Verläßlichkeit alter Freundschaft. So endete Kestner seinen letzten uns bekannten Brief an Goethe mit der Bitte, sich für seinen Sohn Theodor, der in Jena sein Medizinstudium fortsetzen werde, um eine etwa mögliche materielle Unterstützung verwenden zu wollen.[68]

Wir wissen bereits, wie ernst Goethe diesen Appell nahm. Theodor stellte sich ihm in Jena vor und durfte der Förderung durch den Freund seiner Eltern sicher sein, auch als er ihn 1801 in Göttingen, nun schon promoviert, wiedersah. Noch einmal 1815 als Stadtphysikus und mit seinem Bruder August zusammen konnte er Goethe bei einem Besuch auf der Gerbermühle bei Frankfurt ausführlich sprechen, wovon noch zu berichten sein wird. Noch im ersten Heft seiner Zeitschrift *Kunst und Alterthum am Rhein und Main* wies Goethe, wiederum hilfreich um Theodor Kestners Reputation bemüht, empfehlend auf dessen künftige regelmäßige Vorlesungen über Chemie hin.

1799 war es Johann Christian Kestner vergönnt gewesen, den viertältesten seiner Söhne, August, als Auditor in den kurhannoverschen Staatsdienst eintreten zu sehen, in dem Georg sich bereits befand und in den auch Wilhelm, unterstützt von Brandes, 1801 aufgenommen werden sollte.

So begleitete Georg den Vater bereits als Amtskollege im Mai 1800 auf einer Dienstreise nach Lüneburg. Kestner besaß das Recht, neben seinen amtlichen Verpflichtungen auch Privatprozesse zu führen, die gelegentlich sein Erscheinen vor dem Hofgericht in Lüneburg notwendig machten. Am 19. Mai bestätigte er Charlotte in einem kurzen Brief ihrer beider gute Ankunft in Lüneburg im Hause des Senators und Kämmerers Pauli, wo man »sehr wohl aufgenommen« worden sei und grüßen lasse. »Sie ist eine gute Frau,

... ich war bisher wohl, wünsche von Dir ein Gleiches zu hören«[69], fügte er noch hinzu. Mit Georg Friedrich Pauli, nur zwei Jahre jünger als Kestner und im folgenden Jahr zum Bürgermeister der Stadt aufsteigend, verband Kestner eine herzliche Freundschaft aus gemeinsamer Studienzeit in Göttingen, wovon noch einige Briefe im Kestnerschen Nachlaß Zeugnis geben.[70] Nur wenige Tage später wußte Charlotte Kestner, daß dieser knappe Brief das letzte an sie gerichtete Lebenszeichen ihres Mannes darstellte und ihre 27jährige Ehe durch seinen viel zu frühen plötzlichen Tod beendet worden war. Zwar wußte sie auch, daß seine gesundheitliche Verfassung schon lange zu größter Besorgnis Anlaß gegeben hatte und die beschwerliche Reise eine kaum noch zumutbare Strapaze für ihn bedeutete – schließlich hatte man darum die Begleitung durch den ältesten Sohn erwirkt –, dennoch muß sie der Schock fassungslos gemacht haben, als Georg am 27. Mai ihr vom Begräbnis des Vaters berichtete, der drei Tage zuvor einem erneuten Schwächeanfall erlegen war. Selbst wenn seine Mutter die Todesnachricht noch am 24. oder 25. Mai erfahren haben sollte – Belege dafür gibt es nicht –, so ließen doch die damaligen Verhältnisse es nicht zu, daß sie selbst oder eines der anderen Kinder der Beerdigung auf dem St.-Antoni-Friedhof in Lüneburg hätte beiwohnen können.[71]

Georg stand unvermittelt vor der Aufgabe, dem Vater ein würdiges Begräbnis auszurichten und der Mutter nicht nur die erschreckende Nachricht, sondern auch Trost zukommen zu lassen. Er begann einen langen Brief:

»Weinen Sie, beste Mutter, denn nie verdiente ein Vater, mehr beweint zu werden, wie er, der uns jetzt verlassen hat, aber fassen Sie sich. Sie haben schon so manchen harten Schlag des Schicksals erduldet, mit einer Fassung, die alle aufrichtete, die mit Ihnen litten ... Uns ist eine gute, geliebte Mutter geblieben, die uns selbst hierdurch nicht theurer mehr werden kann, als sie uns immer war, die immer unsere gütige Führerin, unsere Ratgeberin war und noch seyn wird, die unser einziger Gedanke und deren Glück unser einziges Bestreben und Hoffnung seyn wird. Ihnen, beste Mutter, ist eine Reihe von Kindern geblieben, die nur auf Sie blicken dürfen, um Kraft und Mut zur Arbeit und Festigkeit im Unglück zu haben... noch nie fühlte ich die Kraft in mir, die mich jetzt belebt; ich bin besser, muthiger geworden, alle meine Seelenkräfte haben gewonnen, seit ich Ihnen näher getreten, seit ich die Vatersorgen über meine jüngeren Geschwister mit den anderen Brüdern theile. Nur für Sie und für diese wollen wir denken, handeln, leben. So soll unser trauriger Verlust für uns alle leichter zu ertragen seyn.«

In seinem rührenden Bemühen, tröstliche Perspektiven für die Mutter zu finden, berichtete er weiter, daß der Vater seit langem kaum einen schmerzlosen Augenblick gehabt habe, wie auch die gänzliche Zerstörung seines Körpers beweise, und unter keinen Umständen länger mehr habe leben können. Sein Tod sei so sanft und ruhig wie eine normale Ohnmacht gewesen, die man anfangs auch vermutet habe, seine letzten Tage sorgenlos und seine Miene so heiter wie lange nicht. Alle nur erdenkliche Hilfe habe er im Hause des Freundes gehabt, und es erfülle ihn mit großer Dankbarkeit, wie diese Familie gegen ihre eigenen Kinder nicht habe gütiger sein können als gegen ihn. So feierlich wie möglich sei der Vater begraben worden.

Auch für den ältesten Sohn bewährte sich nun die aus mütterlichem Vorbild übertragene psychische Spontanreaktion, sich sofort zur Besonnenheit zu zwingen mit dem Gedanken, daß alles ja noch schlimmer hätte kommen können, und wir dürfen ihm glauben, daß er die aus 36jähriger Freundschaft resultierende Anteilnahme der Familie Pauli zu schätzen wußte.[72]

Charlotte Kestner konnte mit Zuversicht ihrem Bruder

Hans in Wetzlar schreiben: »... bey unserm großen Unglück gibt uns Gott noch vielen Trost. Wer so gute Kinder, so gute Brüder und so gute Freunde hat, der müßte undankbar gegen den lieben Gott und gegen alle diese sein, wenn man das nicht erkennen wolte. Also Muth will ich fassen, und Gott wird mir durch Euch mein Unglück erleichtern ...«[73]

Georg war nun gewissermaßen »Chef« des Hauses Kestner und wuchs in diese Rolle umgehend und ohne Tadel hinein. Er übernahm die Studienkosten für August in Göttingen und den Unterhaltszuschuß für Wilhelm, der dessen als angehender Beamter noch bedurfte. Ältere Geschwister nahmen jüngere, Freunde die Halbwüchsigen auf, so daß Charlotte ihren Hausstand verkleinern und durch Vermietung freigewordener Zimmer ihre Pension aufbessern konnte, für die Rudloff und Brandes gesorgt hatten.[74] Sie mochten wohl auch bewirkt haben, daß Georg sofort in die Amtsstelle des Vaters einrücken und August dessen Privatprozesse fortführen durfte; die dienstlichen wie verwandtschaftlichen Beziehungen Brandes' zu Göttinger Professoren trugen außerdem dazu bei, daß Charlotte auf ihren künftigen Reisen ins Süddeutsche und ins Elsaß stets in Göttingen ein gastfreundliches Quartier finden konnte und Menschen, die sich freuten, ja geehrt fühlten, sie bei sich zu haben. Dennoch: ihr Leben erfuhr nun, in ihrem 47. Lebensjahr, erneut eine Zäsur – sie war Witwe.

Schwager Ridel in Weimar teilte es Goethe am 4. Juni mit und vergaß nicht zu erwähnen, daß Charlotte nun mit etlichen Kindern, darunter einige noch unmündig, zurückbleibe; sie lasse sich ihm bestens empfehlen.[75] Hatte Goethe noch vor 15 Jahren zum Tode des ersten Töchterchens seinem Mitgefühl herzliche und bedauernde Worte verliehen,[76] hüllte er sich nun in Schweigen. Wir kennen Goethes Eigenart, sich vor dem Tod zurückzuziehen in selbstbereitete Oasen, die ihn vor Erschütterungen bewahren sollten, und kennen auch die Reaktionen des Unverständnisses in seiner Umgebung. Mit Johann Christian Kestner war zum zweiten Male nach dem Tode seiner Schwester[77] ein Mensch von ihm gegangen, der zu einem existentiellen Faktum seines Lebens geworden war, dem er nach Erscheinen des *Werther* geschrieben hatte: »Wenn ich noch lebe, so bist dus dem ichs dancke – bist also nicht Albert –«[78]; undenkbar, daß dessen früher, unerwarteter Tod und Charlottes Schicksal nicht seine Seele bewegt haben sollten. Wenn es ihm dennoch offensichtlich nicht gelang, Zeilen des Trostes für Charlotte zu finden, so müssen wir uns damit bescheiden, daß Goethes komplizierte seelische Struktur auch wohlwollenden Zeitgenossen Rätsel aufgab und es heute noch schwermacht, »den intimen, den abgründigen und seelisch leidenden Goethe wenigstens am Ärmel zu erwischen«.[79] Wir können unserem Verständnisbemühen lediglich hinzufügen, die Nachricht habe den Jugendfreund ohnehin in einer abermaligen langwierigen Depressionsphase angetroffen, in der zahlreiche Freunde, Besucher und Korrespondenzpartner durchaus auch Anzeichen einer beginnenden *midlfe-crisis* vermuteten, auch wenn sie das zu ihrer Zeit noch anders formulierten.[80]

Charlotte hingegen kannte gewiß besser als viele die Stimmungsambivalenz des so außergewöhnlich Empfindsamen und war im übrigen nicht sentimental genug, das Fehlen eines Echos allzu stark auf sich wirken zu lassen. Als ihr Sohn Theodor nach Jahresfrist in Göttingen dem Freund der Eltern wiederbegegnete, mochte er wohl der Mutter berichtet haben, daß dieser sich auf dem Wege nach Pyrmont zu einer Kur befinde und auf gleicher Strecke zurückzukehren gedenke. Im Auftrage Charlottes richtete er nun am 17. Juni 1801 an Goethe die Anfrage, ob er dabei durch Hannover kommen werde. Seine Mutter werde einen Aufenthalt in der Grafschaft Mansfeld gerne abkürzen, um ihn nicht zu verfehlen. Goethes Antwort überließ es Charlotte, daraus Hoffnung auf ein Wiedersehen zu ziehen oder auch nicht. Er schob seinen Gesundheitszustand vor, der es in der Tat geraten erscheinen lassen konnte, ohne Umweg die in der Kur erreichte Linderung seines Leidens, es handelte sich um ernsthafte Stoffwechselstörungen infolge ungesunden Lebensstils, nach Hause zu bringen. Im folgenden Jahr, bei beabsichtigter Wiederholung einer Kur in Pyrmont, werde er gern die Gelegenheit einer Wiederbegegnung ergreifen.[81] Neue Aufgaben in Weimar, besonders die sehr zeitaufwendige Fertigstellung und Eröffnung des neu erbauten Theaters in Bad Lauchstädt, ließen dann schließlich über Jahre hin keinen Kuraufenthalt mehr zu, und ein Wiedersehen in Hannover fand nicht statt.

Erst im Oktober 1803, als Theodor sich für ein halbes Jahr zu einem Studienaufenthalt in Paris befand und danach seine Approbation als Arzt in Frankfurt am Main zur Entscheidung kommen sollte, ließ sich Charlotte Kestner im Vertrauen auf die Unzerstörbarkeit der alten freundschaftlichen Beziehung Mut zusprechen, Goethe um eine Empfehlung für Theodor zu bitten. Wir kennen bereits den glücklichen Ausgang des Ansinnens, aber uns fehlt noch eine Vorstellung von der bewundernswerten, instinktsicheren Einfühlung Charlottes in den Mann, der, inzwischen 54 Jahre alt, Staatsminister und bedeutendster Dichter deutscher Sprache, als »schwierig« beleumundet war und von dem sie nur eines sicher wußte: daß er vor drei Jahrzehnten an der Unerfüllbarkeit seiner leidenschaftlichen Liebe zu ihr fast den Verstand verloren hätte.

Seit Mitte Mai 1803 und auf zunächst noch unbestimmte Zeit lebte Charlotte mit ihren drei Töchtern und dem jüngsten Sohn im Wetzlarer Elternhaus, ehe sie am 15. Oktober endlich sich überwand, bei dreimaligen Besuchen in Frankfurt gewiß gut beraten von Elise Bethmann und von Goethes Mutter, den Kontakt zu Goethe in Weimar wiederaufzunehmen. Auch ihre Brüder Hans, inzwischen Kammerdirektor beim Grafen v. Solms-Rödelheim, und Georg, Nachfolger ihres Vaters auf dem Deutschordenshof, mögen Zuspruch und stilistischen Rat erteilt haben. Letzteres ist unzweifelhaft spürbar, dennoch behielt der Brief den Duktus ihrer ganz persönlichen Empfindung, wozu beigetragen haben wird, daß sie sich zuvor mit einem Spaziergang an der Lahn den alten Freund wieder nahezubringen versucht hatte, bevor sie sich an ihren Schreibsekretär setzte, um ihn für sich und ihr Vorhaben zu gewinnen, nicht ohne Charme, nicht ohne Koketterie:

»Solte es Ihnen wohl unangenehm seyn, wenn eine Freundin aus den Zeiten Ihrer Jugent einmal ihr Andenken bey Ihnen erneuerte? Mehrere Tage überlegte ich, ob dieser Brief sollte geschrieben werden, es war mir empfindlich, daß Menschen solche Umstände mit einander machen, deren Gesinnungen einst so sehr zusammenstimmten – die blos Verhältniße verschiedener Art auseinander gebracht haben. Da aber nach meinem Gefühl kein Verhältniß das eigentliche oder beßere vom Menschen, deßen Herz und Carakter ändern muß, ich mir auch hierin immer gleich geblieben bin, und auch von jedem, den ich schätzen soll, dieses erwarte, so zweifle ich keineswegs, daß auch mein Andenken Ihnen, obgleich nach einer so langen Reihe von Jahren, dennoch lieb seyn muß.

In die augenblickliche Stimmung, diesen Brief zu schreiben, sezte mich ein eben gemachter Spaziergang, welchen ich ganz allein, da die Sonne seit lange zum erstenmal wieder schien, machte. Ich ging, um mich zu zerstreuen, was ich in meiner jetzigen traurigen Lage sehr bedarf, unsere wunderschöne Gegend durch, kam auf den Weg, den wir so oft zusammen giengen, an der Lahn – uns unseres Daseyn und der schönen Natur freuten, hier dachte ich Ihrer und dieses Briefes. – Wie kränkte mich das Gefühl, wenn Verhältniße wirklich solche Veränderungen machen könnten, daß ich Unrecht hatte, einen Mann wie Sie oder von Ihrer Größe noch nach meinen Empfindungen berechnen zu wollen. – Dem sei wie ihm wolle, ich kann in diesem Augenblick meinem Herzen keine Gewalt anthun, und so berechne ich Sie nach ehemaligen Zeiten, und daher wage ich es nicht allein, an Sie zu schreiben, sondern mir auch einen Rath und Gefälligkeit auszubitten.«

Nach dieser mental wie emotional wohldosierten Einstellung beschrieb sie ausführlich Theodors Pläne und äußerte präzise die Bitte, einige empfehlende Briefe seinerseits an geeignete Herren in Frankfurt, zumal den Schultheiß Moors, den man ihr als bedeutend genannt habe, schreiben zu wollen; auch mit seiner »prächtigen Mutter« habe sie sich schon beraten, wie die Sache am besten anzufangen wäre. Ganz ohne Zweifel kannte Charlotte die innig-respektable Qualität der Mutter-Sohn-Beziehung Goethes und setzte sie im weiteren Text ihres Briefes nicht ohne Absicht ein zweitesmal ein, verhalten und dennoch einen Deut direkter:

»Wollen Sie dies thun, mein theurer Freund, und darf ich Sie so nennen? Verzeihen Sie mir, wenn ich Ihnen durch diese Frage Unrecht thue – allein ich bin durch manche Erfahrungen dahin gewiesen vorsichtig zu seyn. Vielleicht wenn ich Ihnen ehrlich gestehen soll, hätte ich von selbst diesen Brief nicht gewagt, wenn mir nicht ein vernünftiger, guter Mann aus Frankfurt gerathen hätte, mich deshalb an Sie zu wenden. Dieser Mann schrieb mir, wenn Ihr Sohn sein Verehrer ist, so können Ihnen Empfehlungen nicht fehlen. Ihre vortreffliche Mutter hat Ihnen vielleicht geschrieben, daß sie mich bei sich gesehen. Wie erstaunt ich bin über diese Frau! Ihre Kräfte an Geist und Körper sind für ihre Jahre ohne Beispiel. Die Stunden, welche ich bei ihr zubrachte, sind die besten, welche ich seit lange rechne...«

Zum Schluß ihrer Zeilen beschwor sie fast eine späte Werther- und Familienidylle, als sie bemerkte, höchstwahrscheinlich noch einige Zeit nach Frankfurt gehen zu wollen, falls die Angelegenheit mit ihrem Sohn zustande komme. Hier, also in Wetzlar, werde sie

»durch meine jüngeren Kinder gehalten, die ich beständig um mich habe, deswegen ich Sie bitte, alle Zerstreuung meines Vortrags auf die kleine Gesellschaft zu geben, worunter ein achtjähriger Knabe ist, der mir auf der Violine vorträgt. Nehmen Sie nun noch die wärmsten Wünsche für Ihr Wohl und die Versicherung meines immerwährenden Interesses für Sie. Charlotte Kestner«[82]

Nicht besser könne er zeigen, daß ihn ihr Andenken und Zutrauen erfreue, antwortete Goethe wenige Tage darauf, als wenn er ihr vorläufig mitteile, heutigen Tags nach Göttingen geschrieben und von Lehrern und Freunden Theodors »einiges Zeugnis« erbeten zu haben. Sobald er dieses erhalte, werde er es an den Schultheiß Moors schicken: »Wie sehr wünschte ich dadurch etwas zur Erheiterung Ihrer Lage zu wircken, die ich recht herzlich bedaure.«[83] Vom 14. bis 20. des Monats war der ihm befreundete Göttinger Historiker Sartorius sein Gast in Weimar gewesen. Kaum nach Göttingen zurückgekehrt, konnte er Goethe berichten, daß zwei der dortigen Kollegen, teilweise auch von Charlotte selbst angeschrieben, bereits ihre Hilfe zugesagt hätten, drei andere werde er noch darauf ansprechen und, falls Goethe es wünsche, auch vier weitere.[84] Am 23. November, nach nur fünf Wochen, sah sich Goethe dann bereits in der Lage, Charlotte die angekündigte Mitteilung zukommen zu lassen, nun auch den Wetzlarer Passus ihres Briefes ansprechend:

»Die soeben angekommenen Zeugnisse von Göttingen

Theodor Kestner.
Ölbild von Rahl, 1843.

habe ich gleich an Herrn Stadtschultheiß Moors abgesendet, sie klingen vorteilhaft genug und ich wünsche die beste Wirkung. Sie haben mir, liebe Freundin, durch Ihren Brief und diesen Auftrag große Freude gemacht, wie gern versetze ich mich wieder an Ihre Seite, zur schönen Lahn, und wie sehr bedaure ich zugleich daß Sie durch eine so harte Notwendigkeit dahin versetzt worden; doch richtet mich Ihr eignes Schreiben wieder auf, aus dem Ihr tätiger Geist lebhaft hervorblickt. Leben Sie wohl. Gedenken Sie mein, und lassen mich allenfalls durch Ihren Schwager wissen welche Wendung die Angelegenheit Ihres Sohnes nehmen mag. Wiederholt mein Lebewohl! Goethe«[85]

Distanziert, aber doch teilnehmend und vor allem zuverlässig hatte Goethe nach 30 Jahren schnell und effektiv die Freundespflicht angenommen. Das neue Jahr brachte im Juni Theodor Kestner endlich ans Ziel, und er dankte dem Jugendfreund seiner Mutter für dessen »gütiges Schreiben« und die ihm zuteil gewordene Unterstützung, woran ihn besonders freue, daß sie von dem gekommen sei, dessen Schriften und Gedanken seine Bildung als gutes Gewissen begleitet hätten. Dank und Grüße der Mutter, die Theodor für sie ausrichtete, beschlossen mit dieser Verbeugung die spektakulärste und von Charlotte perfekt inszenierte Hilfsaktion zugunsten eines ihrer Söhne.

Im Zeitraum eines und eines halben Jahres – faßt man die Aktivitäten der ersten größeren selbständigen Reise Charlotte Kestners nach dem Tode ihres Mannes zusammen – hatte sie nicht nur die Weichen für die Approbation Theodors in Frankfurt gestellt, sondern während eines vierten Besuches bei der Familie Bethmann schließlich auch die für seine spätere Ehe mit einer Frankfurter Bürgerstochter, für deren Zustandekommen Frankfurter Freunde hatten bürgen müssen, um ihm die Bürgerrechte der Freien Reichsstadt zu ermöglichen.

Charlottes Rührigkeit war es außerdem zu verdanken, daß ihr Bruder Georg noch am letzten Maitag in Hannover die von ihr vermittelte Ehe mit der Tochter Antoinette des gutsituierten Kammermeisters Schlemm eingehen konnte, die in ihrem Haushalt das Wirtschaften und sonstige Hausfrauenkünste gelernt und 1790 wie 1792 Johann Christian Kestner auf seinen Dienstreisen nach Frankfurt begleitet hatte. Nun konnte Charlotte sie, als die Frischvermählten wieder in Wetzlar eintrafen, in den Haushalt des Deutschordenshofes einführen.

Immerhin, im Frühsommer des so überaus ereignisreichen Jahres 1803 hatte Charlotte mit der kränkelnden 12jährigen Luise eine Kur in Bad Ems absolviert, danach ein Familientreffen mit drei Töchtern und drei Söhnen, ihren Brüdern Georg und Hans mit deren Frauen in einem für alle gut erreichbaren Ort bei Friedberg arrangiert, am 28. August schließlich mit den älteren Kindern Johann Christian Kestners und Goethes Geburtstag bei dessen Mutter in Frankfurt begangen. Einige Tage später nahmen Karl und Eduard ihre Schwester Charlotte mit nach Straßburg, wo sie zunächst ein Jahr lang blieb, um der schwer erkrankten Frau des ersteren im Haushalt und bei der Pflege der zwei kleinen Kinder zu helfen. Ihren hannoverschen Haushalt, den ihr Viertältester unter schwierigsten Verhältnissen über Wasser zu halten bemüht war, versuchte die Mutter über die Entfernung hinweg im Griff zu behalten, indem August regelmäßig Bericht erstatten, abrechnen und beispielsweise in ihrem Auftrag handgewebte Servietten und Tafeltücher schicken mußte, die sie in Frankfurt gut verkaufen konnte. Es kam darauf an, während der unsicheren politischen Lage die Nebeneinnahmen in Gang zu halten. Darüber hinaus hatte sie viele menschliche Kontakte wiederbelebt und neue geknüpft, zahllose Briefe geschrieben, in den ersten Wochen seit ihrer Abreise allein 90, und an gesellschaftlichen Einladungen hatte sie in Wetzlar mehr erhalten, als ihr bei aller Kontaktfreudigkeit gegenwärtig der Sinn danach stand.

Kurzum, wenn wir diese eineinhalb Jahre rekonstruieren, so gewinnen wir den Eindruck, daß sie mehr als jemals zuvor in ihrer Ehe alle ihre Fähigkeiten erfolgreich hatte entfalten können. Ihrer Alleinverantwortung für die Kinder war sie durchaus gerecht geworden und hatte es auch geschafft zu verhindern, daß die geographische Verstreutheit der Familie in wirtschaftlich schwieriger Zeit zur Entfremdung der Familienmitglieder untereinander führte. Ihre Tochter Charlotte konnte ein halbes Jahrhundert später erinnernd in einem Brief an die Tochter Schillers bestätigen: »Meine Mutter hatte die Gabe, uns alle in herzlichem Zusammenhang zu halten«[86] – nur gegen die Macht des Todes, hätte sie fortfahren können, war auch für Charlotte Kestner kein Kraut gewachsen. Trotz anfänglich spürbaren Kurerfolges und der späteren ärztlichen Fürsorge durch Theodor nahm ihr der Tod am 18. April 1804 das Töchterchen Luise. Wieder gab es Anlaß, in der Anerkennung von Gottes Ratschluß den eigenen Trost zu suchen, zumal die von Goethe beschworene und bedauerte »traurige Lage« auch eine politisch-historische Perspektive hatte.

Die Machtstrukturen in Mittel- und Westeuropa sowie im Osten hatten sich entscheidend verändert, das revolutionäre Frankreich in zwei Friedensschlüssen 1797 und 1801 seine größte Ausdehnung mit dem Rhein als Grenze erreicht. Polen war durch zwei Teilungen zwischen Rußland, Preußen und Österreich von der Landkarte verschwunden. Seit 1802 stand Napoleon als Konsul auf Lebenszeit an der Spitze Frankreichs und blieb gewillt, nicht nur sein eigenes Land zu konsolidieren, sondern auch eine Neuordnung Europas unter französischer Vorherrschaft anzustreben. Ein Ziel, das England zu seinem Hauptgegner werden lassen mußte. Als am 25. Februar 1803 auf sein Diktat hin im sogenannten Reichsdeputationshauptschluß die geistlichen Herrschaften und die Freien Reichsstädte (außer Hamburg, Bremen, Lübeck, Frankfurt am Main), insgesamt 112 souveräne Stände, aufgelöst wurden und dadurch drei neue Kurfürstentümer sowie stark vergrößerte Mittelstaaten entstanden, entsprach das zwar einem absolut dringenden Bedürfnis nach hoheitsrechtlicher Vereinfachung, also Beseitigung der Kleinstaaterei, brachte aber in Anbetracht französischer Hegemonie auch England in eine Art Zugzwang und damit zur Kriegserklärung an Frankreich am 18. Mai 1803.

Von nun an konnte man sich in Kurhannover an fünf Fingern abzählen, was geschehen würde und dann auch wirklich eintraf: Kurhannover wurde zum Spielball mitteleuropäischer Großmachtinteressen als Folge der unglücklichen Personalunion, ohne daß sein Kurfürst das hätte verhindern können, ganz im Gegenteil: Georg III., seit langem schwer erkrankt und dadurch zeitweise nicht entscheidungsfähig,[87] konnte kaum noch Einfluß auf die englische Außenpolitik nehmen, deren Interessen ohnehin konstitutionell das englische Parlament und damit das erste und zweite Kabinett des Premierministers William Pitt d. J. bestimmten. Nur acht Tage nach der englischen Kriegserklärung erfolgte der Gegenzug Napoleons auf dem europäischen Schachbrett, marschierten französische Truppen unter General Mortier aus den Niederlanden in kurhannoversches Gebiet ein, ohne nennenswerten Widerstand zu finden. Am 3. Juni 1803 unterschrieben die Minister Friedrich v. Bremer, der von ihm hinzugebetene Ernst Brandes, inzwischen Geheimer Kanzleisekretär und Kommerzrat, und der Oberst Georg v. Bock die einer Kapitulation gleichkommende Sulinger Konvention. England war weder bereit noch imstande, das Kurfürstentum Hannover effektiv zu schützen, die Neutralitätserklärungen der hannoverschen Minister verhallten ungehört, und die hannoversche Armee befand sich gegenüber den französischen Truppen in einem bedrückenden wehrunfähigen Zustand. Zwei Tage nach diesem Vertrag rückte General Mortier mit seinen Truppen in Hannover ein. Als Georg III. sich sowohl als König Großbritanniens wie als Kurfürst von Hannover weigerte, die Urkunde von Sulingen zu unterzeichnen, erklärte Napoleon sie für ungültig, worauf die demoralisierten hannoverschen Militärverbände schließlich auf dem linken Elbufer einer sogar noch verstärkten französischen Armee gegenüberstanden. Der hannoversche Feldmarschall v. Wallmoden zog die absolute Kapitulation vor. In dieser sogenannten Elb-Konvention vom 5. Juli 1803 wurde die vollständige Auflösung der hannoverschen Truppen festgelegt, die französischen Truppen besetzten nun auch den lauenburgischen Teil des Kurfürstentums und zogen die Waffen ihrer Gegner ein, die einzeln, wie geschlagene Hunde, in ihre Familien zurückkehrten. Eine größere Demütigung hatte das Kurfürstentum Hannover noch nicht erlitten. Verständlich, daß beide Verträge und der miserable Zustand der Armee über Jahre hin Gegenstand heftiger Debatten in den führenden Schichten der Bevölkerung blieben, von der Besatzungsmacht auch in der Presse unzensiert geduldet, bis die weiteren Ereignisse die Diskussion überrollten. Hannovers Leidenszeit war noch keinesfalls zu Ende. Daß aus der aufgelösten hannoverschen Armee sich einige tausend Mann von ihrem eigenen Souverän in eine Königliche Deutsche Legion nach London anwerben und einschiffen ließen, ehrte diese, konnte aber die Bewohner der Haupt- und Residenzstadt nicht darüber hinwegtrösten, nun französischer Okkupation entgegensehen zu müssen. Wenngleich die Menschen jener Zeit sich kriegerischen Eskapaden ihrer Fürsten häufig genug ausgesetzt sahen, um nicht einen gewissen Gewöhnungseffekt dem Schicksal zu ihrem Schutz abzutrotzen, wenn sie vom bevorstehenden Einmarsch feindlicher Truppen in ihre Stadt erfuhren, so verletzten die politischen Ereignisse der Jahre 1803 und 1804 doch zutiefst das Selbstwertgefühl der Hannoveraner.

Für die Bevölkerung Hannovers brachen ausgesprochen ungemütliche, entbehrungsreiche Jahre herein. Eine historische Epoche hatte ein schmachvolles Ende gefunden. Das dämmerte durchaus den nachdenklicheren, politisch besorgten Bürgern, wenngleich ihr Patriotismus ungebrochen blieb.

Auch das Haus Kestner erlebte die politische Wende als einen dramatischen Einschnitt in die häusliche Organisation, nicht zu vergessen, daß für die inzwischen im Staatsdienst tätigen Brüder eine ungewisse berufliche Zukunft zu erwarten war. Es war durchaus vernünftig, die Mutter mit den Töchtern Charlotte und Luise erst einmal auf unbestimmte Zeit vor heranrückenden feindlichen Truppen und möglicher militärischer Besetzung der Stadt in entgegengesetzter Richtung nach Süden bis Wetzlar ausweichen zu lassen und die Kur für Luise in Bad Ems einzubeziehen in den Reiseplan. August, als einziger noch im Elternhaus lebender Sohn, würde derweil einhüten müssen, was auch heißen konnte, Haus und Eigentum vor Marodeuren zu schützen.

Sein Briefverkehr mit der Mutter während ihrer langen Abwesenheit 1803/04 gewährt uns noch heute nicht nur Einblick in die Situation der bedrängten Stadt, als noch niemand ahnen konnte, nun ein ganzes Jahrzehnt der Fremdherrschaft erdulden zu müssen, sondern beleuchtet auch das besondere Verhältnis der Mutter zu diesem Sohn. Augusts Verhältnis zu den Eltern, soweit es uns aus den Quellen noch vorstellbar ist, zeichnete sich, vergleicht man es mit dem der übrigen Geschwister, ganz offenbar durch größere Flexibilität aus. Es scheint, als hätten die strengeren Erziehungsprinzipien des Vaters, obwohl auch ihn betreffend, ihn doch weniger eingeschränkt, als habe er die Fähigkeit besessen, sich ihnen leichter zu entziehen, ohne es jemals an Respekt und Liebe fehlen zu lassen und ohne direkten Ungehorsams bezichtigt werden zu können.

August, inzwischen 26 Jahre alt, hatte zwar vom Vater die zarte, infektionsanfällige Konstitution geerbt, aber gewiß »vom Mütterchen die Frohnatur und Lust zu fabulieren«, wie er mit Goethe hätte sagen können. Die Sorge um seine geringe physische Belastbarkeit mochte ihn zudem der Mutter schon als Kind nähergebracht haben. Früh litt er an Augenschwäche und häufig unter Erkältungen, die sich ihm auf die Bronchien zu legen pflegten, während er als Mittzwanziger bereits über rheumatische Beschwerden klagte. Diese drei Übel verließen ihn das ganze Jahr nicht, aber auch nicht das heitere Gemüt, das ihn zum Sonnenschein der Familie machte. Ihn mochten alle Geschwister gleich gern, sahen ihm seine kleinen Scherze nach und auch, daß er die zehn Jahre jüngere Schwester Charlotte später ihnen allen vorzog. Ihm konnte man nicht böse sein, er besaß unübersehbar den Charme und das wohlgefällige Wesen wie Aussehen der Mutter. Als die Lernfähigkeit der Schwester augenfällig geworden war, hatte er die literarische Bildung übernommen. In die Ungestörtheit einer Bodenkammer zogen sich beide gern zurück und lasen Goethe, Schiller und Shakespeare. Nach der Lektüre von Shakespeares *Sturm* nannten sie unter sich Charlotte nur noch Ariel, August schlüpfte in die Rolle des Prospero, und der jüngste, zuweilen zuhörende Bruder Fritz (Friedrich) wurde Caliban; Namen, die August und Charlotte, beide blieben unverheiratet, bis in ihr Alter an eine glückliche Kindheit erinnerten. »Vielgeliebter Ariel, genannt Lotte, Wenn man so treu ist, wie wir, wie sollte man je aufhören, die Gewohnheit des Andenkens schöner Tage zu feiern?« schrieb noch der 66jährige aus Rom an die Schwester.[88]

Hermann Kestner-Köchlin stellte 1904 beider Briefwechsel zu einem Buch zusammen, das uns bis auf den heutigen Tag die Ausstrahlung einer einzigartigen Geschwisterliebe erleben läßt. August spielte Gitarre und sang mit angenehmer Stimme dazu, später vertonte er auch selbst Lyrik seiner Zeit für den geselligen Hausgebrauch unter Freunden und sammelte Volkslieder, eine Neigung, die sein Lieblingsneffe Hermann, Sohn seines ältesten Bruders, erbte und fortsetzte.

Augusts anscheinend leichter Sinn schien dem Vater bereits Leichtsinn zu signalisieren; er behandelte ihn streng reglementierend. Man möchte annehmen, daß es den 20jährigen Studenten August in Göttingen wohl Überwindung gekostet haben dürfte, manche Briefe des Vaters überhaupt zu öffnen, war doch zumeist schon abzusehen, was sie enthalten konnten. Als August einmal vergaß, dem Vater einen erbetenen französischen Brief beizulegen, erhielt er einen Verweis mit dem Bemerken: »Von dergleichen Nachlässigkeit kann einmal Glück und Unglück vieler Menschen abhängen. Also künftig mehr Aufmerksamkeit und Akkuratesse, oder ich hoffe von Dir nichts.«[89] Im Januar 1797 fand der Vater es gar nötig, dem Sohn »einen kleinen Sermon zu halten, obwohl ich am Anfang Deines Universitätslebens mir Hoffnung machte, daß Du einmal ein junger Mensch sein würdest, wie es sich bei solcher Erziehung, wie Ihr gehabt habt, gebührte.« Und nun listete Johann Christian Kestner in fünf Punkten auf, was er an ihm bemängeln zu müssen glaubte: Bei seinem Aufenthalt in Hannover habe er in den Chor derer mit eingestimmt, denen es um »Auflehnung gegen Ordnung und dergleichen – Du verstehst mich –« gegangen sei. Er habe ihn erinnert, die Zunge zu zähmen und überhaupt sich solcher Gesinnung zu entschlagen, denn das sei seiner Annahme als Auditor nicht förderlich. Er wiederhole die Erinnerung vorsorglich, »weil Du mir überhaupt ein bißchen weitläufig vorkömmst«. Eine väterliche Belehrung, die uns allein schon deshalb bemerkenswert sein müßte, weil sie erkennen läßt, daß im Umkreis der Familie, namentlich wohl in der jungen Generation und ihrer Freunde, das Gedankengut der Französischen Revolution mehr Fuß gefaßt hatte, als es einer Beamtenkarriere zuträglich sein konnte. Zum zweiten bemerkte der Vater aber, August möge nun endlich bis Michaelis (Herbst) seine Kontoführung nachholen und die dazugehörigen Rechnungen dem Vater vorlegen, »oder ich muß glauben, daß es mit Deinen Ausgaben nicht richtig ist, zumal da Du von Rechnungen schreibst, welche Du stehen hast. Ich sage Dir also, Du bekommst nicht länger etwas weiteres, bis ich Rechnungen habe.« Drittens sei er wenig erbaut, »daß Du von Courmachen von Damens schreibst. Dazu bist Du nicht da, auch nicht, um viel Picknicke mitzumachen, die kostbar sind. Statt nach Weibern und Mädchen zu sehen, gucke Du hübsch in Deine Bücher, daraus Du etwas lernen kannst, damit Du Dich seinerzeit auf solide Art nach Mädchens umsehen kannst.«

Auch gäbe es bei Picknicks viel zu leicht Händel. Im vierten Punkt erinnerte der Vater daran, daß August keine leichte Auffassungsgabe habe, daher also Ursache bestehe, fleißig und kontinuierlich zu arbeiten, statt zuviel Zeit auf Musik zu verwenden, natürlich »mit Schonung Deiner Gesundheit und regelmäßiger körperlicher Bewegung durch Gehen«. Eine Reise nach Wetzlar, wozu Onkel Georg anscheinend eingeladen hatte, komme wegen der allgemeinen Teuerung hier wie dort nicht in Frage, dahin müsse er später als Praktikant ohnehin noch. Überhaupt, fünftens und letztens, schreibe August schon lange »nicht vom Studium und wissenschaftliche Sachen«. Der Schluß des Briefes an den Sohn hatte es dann noch einmal in sich, indem eine indirekte Entschuldigung für den besagten langen »Sermon« sofort wieder hart zurückgenommen wurde. Johann Christian Kestner meinte abschließend, August werde es ihm hoffentlich »wohlnehmen, daß ich Dir ein bißchen gepredigt habe. Jungen Leuten ist das zu Zeiten so sehr nötig wie das liebe Brot ... Ich verbitte alles Widerlegen; denn es kommt hier nicht auf Rechthaberei an. Widerlege aber mit der Tat, so will ich alles gern wieder zurücknehmen.«[90]

Im darauffolgenden Sommer galt es dann für August, die Teilnahme an einem Duell zu beichten. Er hatte einem engen Freund sekundiert und, als dieser immer wütender angegriffen worden war, dergestalt Einhalt geboten, daß er mit seinem Rapier dazwischengefahren war und an der rechten Wange selbst einen Hieb abbekommen hatte. Erstaunlicherweise ging das dann im Elternhause glimpflicher vonstatten, als er wegen der acht Tage Karzer, die ihm sicher waren, gedacht hatte. Vermutlich hatte der Bruder Theodor, der gerade in Hannover weilte, nun für ihn erfolgreich sekundiert. Bald darauf gab es noch eine Einladung zu Freunden auf ein Rittergut bei Stade, und August bat in der Form einer juristischen Darlegung aller Argumente für und wider ein solches Vorhaben um Erlaubnis und Füllung der Reisekasse. Würde uns August nicht von allen Seiten und sein Leben hindurch als ein so gutherziger, mit liebenswürdigem Humor begabter Mann geschildert, könnte man sein Traktat als eine gezielte Persiflage auf den Stil des Vaters halten, wenn er nun *rationes dubitandi* und *rationes decidenti* argumentierte als sein eigener Verteidiger: »Ist doch 1. der Geldaufwand mit dem vielen Nutzen des Vergnügens nicht zu gedenken, den man von einer solchen Reise notwendig haben muß, unseres Erachtens nicht in Erwägung zu stellen, indem der Reisende quaestionis mit dem festen Vorsatze reist, sich die Ökonomien, als eines seiner wichtigsten Studien angelegen sein zu lassen und er weiter nichts als die Hin- und Herreise zu berechnen brauche, maßen ihm sein dortiger Aufenthalt fast nichts als einige Trinkgelder bei der Rückreise kostet, und er sich a) etwas um den Landhaushalt zu bekümmern Gelegenheit hat, welches er bei einer etwaigen Stellung auf dem Lande sehr nützlich verwenden kann …«

August beendete den, wenn nicht satirisch gemeinten, so doch wohlberechneten Spaß, der den Charakter einer perfekten Seminarstudie angenommen hatte: »Sententia: Diesen Gründen zufolge geht unsere rechtliche Meinung dahin, daß man nach allen erwogenen Vernunftsgründen, sich wohl die Einwilligung und Verwilligung der dazu nötigen Kosten von dem patre des Reisenden quaestionis versprechen könne.«[91]

Fühlte sich wohl Johann Christian Kestner mit eigenen Waffen geschlagen? Jedenfalls fand die Reise statt, und der Vater konnte sich zwei Jahre später nicht nur an Georgs Ernennung zum Archivsekretär, sondern auch an Augusts Anstellung zum Auditor beim Hofgericht erfreuen.

August bekam seine erste Bewährungsprobe jedoch weniger im juristischen Fach denn im hauswirtschaftlichen, unfreiwillig zwar, aber er bewegte sich in der ungewohnten Situation eines Hausherrn während der sechzehnmonatigen Abwesenheit Charlottes intelligent, mit erstaunlichem Organisationstalent und beachtlicher Improvisationskunst, gänzlich undogmatisch und mit der unbewußten Sicherheit eines Menschen, der keinem irdischen Zustand ewige Dauer beimißt, ihn deshalb auch nicht größerer Aufregung für wert hält, solange man sich ihm angemessen anzupassen weiß. August jedenfalls schien keineswegs gewillt, sich von den Ereignissen überrollen und die Stimmung verderben zu lassen. Als die Mutter sich auf dem Wege nach Wetzlar aus Marburg meldete, gab er seine gute Laune weiter, indem er antwortete: »Recht herzliche Freude hat mir Ihr lieber Brief aus Marburg gemacht, beste Mutter, und ich hoffe gewiß, daß diese vortrefliche Reise so merveilleuse gut Eigenschaften für Sie hat, daß man wenn Sie zurück kommen nicht weiß, ob Sie unsere Mutter oder Schwester sind, so veriüngt werden Sie sein.« Keiner ihrer Söhne verstand so unkompliziert und liebenswürdig mit der Mutter zu sprechen. Aus allen Briefen seiner Brüder an Charlotte fühlt man einen respektbezogenen Abstand heraus trotz herzlicher Sorge um ihr Wohlergehen. Keiner von ihnen hätte es auch wohl gewagt, dergestalt offen die Mutter zu rügen, wie August es ohne Zögern am 5. August 1803 tat, als er aus einem ihrer Briefe herausgelesen hatte, daß wilde Gerüchte über die Lage in Hannover ihr die Ruhe raubten:

»Ich weiß garnicht warum Sie denn an den dortigen gesellschaftlichen Vergnügungen keinen rechten Theil nehmen, warum Sie sich denn so sehr beunruhigen ... wie oft kommt das nicht, daß einmal ein Land Feuersbrunst, Hagelschlag, Krieg sonst ein beträchtliches Unglück leidet, aber davon geht man doch nicht zu Grunde, daß manche Klasse und vielleicht das Ganze vielleicht einige Jahre hindurch in mehrerer Dürftigkeit leben muß, das ist ia doch wahrlich so ein Unglück nicht, daß man sich lange Gedanken darüber machen sollte, hat man denn doch nicht ein gutes Gewissen, daß man an nichts von allem dem Schuld ist, hat man nicht Freunde die Menge und Geschwister und Kinder und wer weiß was noch mehr. Man hat doch durchaus noch kein Beispiel, daß iemand hierdurch verhungert wäre also selbst wenn Sie auf ärmere Nebenmenschen blicken, so ist das größte Unglück doch nicht das, also wozu die Unruhe. Wenn wir, die wir mitten drin sind, so reden, warum wollen Sie, die nur davon hören, nicht mit uns einstimmen?«

August Kestner, 1777 geboren, hatte zu seinen Lebzeiten weder Feuersbrunst noch Krieg unmittelbar erlebt und konnte sich, ganz in der Solidarität der eigenen gesellschaftlichen Klasse wie der Familie erzogen, auch nicht vorstellen, jemals in eine aussichtslose Notlage zu geraten. Dennoch, vielleicht akzeptierte Charlotte seinen Tadel mit Humor, denn sie nahm in der Folge an mancherlei Geselligkeit teil, wie wir wissen.

August ließ es sich nicht verdrießen, trotz täglicher Widrigkeiten bei geeignetem Wetter im erholsamen Garten zu essen oder Madame Böhmer, hilfreiche Nachbarin und Gattin eines Kollegen aus der Justizkanzlei, zum Tee einzuladen und noch Gäste dazu, wie den Geheimen Kabinettsrat Nieper mit Sohn; auch nahm er selbst unbeschwert Einladungen an oder ging zuweilen in die Komödie, denn die französische Schauspieltruppe stand in sehr gutem Ruf, »und einige Zerstreuung muß man doch haben«. Sein Bruder Georg befand sich mit einem Konvoi des Staatsarchivs, der dessen Akten in Sicherheit bringen sollte, auf dem Weg nach Braunschweig, woraus dann allerdings eine monatelange Odyssee über Magdeburg und Rostock bis London werden sollte; erst 1816 konnte man die politisch brisante Fracht wieder in Empfang nehmen.

Im September kehrte Georg, gerade erst ein Jahr verheiratet, zurück, und mit ihm kamen wohl auch die silbernen Löffel und Charlottes Uhr, die August ihm vorsorglich mitgegeben hatte, wieder ins Haus. Überhaupt hatte dieser sich bestens auf den Einmarsch fremder Truppen vorbereitet und konnte die Mutter beruhigen: »Alles ist im Hause verschlossen, und ich habe mich von allem instruiert, so daß mir keine Kammer und kein Schrank unbekannt ist.« Die große Wohnstube hatte er völlig ausgeräumt, wertvolle Möbel und Lüster aus den für die Einquartierung freizustellenden Räumen gegen seine einfacheren ausgetauscht, Zucker und Kaffee auf Vorrat gekauft, da die Preise stiegen, das Hausmädchen zur Wirtschafterin in den Garten geschickt und dann schließlich das Glück gehabt, recht ordentliche Infanteristen in Charlottes Schlafkammer einlogieren zu können, die mit seiner Bewirtung einverstanden waren. Die Truppen des Generals Mortier eröffneten mit allseits anerkannter Disziplin eine schier unendliche Kette unterschiedlichster militärischer Einquartierung, die im Laufe einer letzten Endes insgesamt zehnjährigen Besatzungszeit nicht immer so glimpflich ablaufen sollte. Obst, Gemüse, Fett und Fleisch bezog August aus dem Garten, regelte, im Einverständnis mit der Mutter oder auch notgedrungen dieses voraussetzend, den Holzeinkauf für den Winter, »erntete« 83 Pfund Öl aus geschlagenem Mohn, verkaufte Kartoffeln und einige Schweine, um die Haushaltskasse aufzufüllen, legte im Garten eine Apfelbaumallee an, schickte der Mutter die gewünschte handgearbeitete Tischwäsche und vor Wintereinbruch ihren Pelz – summa summarum: mit Glück und Geschick steuerte er den Haushalt durch die Klippen finanzieller Einnahmen und Ausgaben wie zwischen Scylla und Charybdis hindurch. Seine Amtspflichten ruhten wie die für einen Auditor noch üblichen finanziellen Zuschüsse, die Witwenversorgung für Charlotte stoppte, denn Kurhannovers Kassen waren leer. Besatzungskosten von rigoroser Höhe mußte das Land durch Bankanleihen zu finanzieren trachten. Gerade noch rechtzeitig vor dem Einmarsch, der am 5. Juni 1803 erfolgte, hatte August jedoch von der Regierungskasse noch eine letzte Gratifikation von 100 Rtl. ausgezahlt erhalten, »eine kleine Aufmunterung«, wie er der Mutter schrieb, nach welcher er auch wirklich ziemlich munter geworden sei. Freund Brandes mag da nachgeholfen haben, verschaffte er ihm doch im Juli auch eine dreitägige Beteiligung am neugebildeten Finanzausschuß, womit Diäten zu erwarten waren.

Brandes wurde in den nächsten Jahren offiziell wie inoffiziell zum wichtigsten Verhandlungspartner der Besatzungstruppen, wenn es um deren Finanzbedarf ging, insbesondere um die Bestechungsgelder, die französische Generäle höchster Rangklassen dafür zu nehmen pflegten, daß sie etwa die staatlichen Wälder vor der Abholzung verschonten, eine Reduzierung ihrer Truppen versprachen, oder um die »Abschiedsgeschenke«, die sie bei ihrem Abschied erwarteten. Gleichzeitig verwaltete Ernst Brandes einen geheimen Fonds der Staatskasse, den man vor dem Zugriff der Besatzung auf unverfänglichen Konten in Sicherheit gebracht hatte. Das diplomatische, unauffällige, aber wirkungsvolle Taktieren und Lavieren mit der Rückendeckung durch seine guten direkten Beziehungen nach London – die Rolle der »grauen Eminenz« war seine Spezialität – brachte ihn 1806 in die einem Bürgerlichen höchstmögliche Stellung als Geheimer Kabinettsrat, führte aber auch ein Jahr später zu seinem Sturz. Daß er bei aller Geschäftigkeit ehrliche Freundschaft zu halten verstand, bestätigt nicht nur sein Biograph, sondern sehen wir bewiesen in seinem Bemühen um die Familie Kestner; lediglich die Beziehung zum uns schon bekannten Jugendfreund Basilius v. Ramdohr brach er abrupt ab, als dieser seine Dienste den Preußen anbot, denn das galt in Kurhannover als unpatriotisch und verachtenswert.[92]

August Kestner jedenfalls konnte im September 1803 nicht nur das Dienstmädchen bezahlen, sondern der Mutter sogar 100 Rtl. nach Frankfurt schicken, aber im Februar des folgenden Jahres ließ er erstmals verlauten, sie möge bald zurückkommen, denn auf Abzug der Franzosen sei kaum zu hoffen. Zwar mußte er noch ein halbes Jahr durchhalten, dann jedoch konnte er das Zepter wieder an die Mutter abgeben, um haushälterische Erfahrungen und eine ihm noch neue Perspektive bürgerlichen Lebens reicher.

Was Charlotte nun in den nächsten Jahren erlebte, mußte auch dem unpolitischsten Bürger zu denken geben und Kurhannovers labile Existenz erkennbar werden lassen.

Das Oberkommando der Okkupationsarmee war im Juni

1804 an den Reichsmarschall Jean Baptiste Bernadotte, den späteren König von Schweden, gegangen, der am 2. Dezember die Kaiserkrönung Napoleons von der Bürgerschaft feiern ließ. Im September 1805 rückte seine Garnison nach Hameln in den Südwesten des Kurfürstentums ab, und erst im November 1806 besetzten Franzosen, nun wieder unter General Mortier, erneut Hannover. Während der 14monatigen Pause drehte sich das politische Roulette zu Hannovers Ungunsten. Sein Kurfürst befand sich in der Eigenschaft als König Großbritanniens im 3. Koalitionskrieg gegen Frankreich und Spanien mit Rußland, Österreich und Schweden als Partner. Zwar behielt England dank der erfolgreichen Seeschlacht von Trafalgar die Seeherrschaft noch für mehr als ein ganzes Jahrhundert und gewann mit Horatio Nelson einen Seehelden für die Unsterblichkeit seines maritimen Prestiges, aber Kurhannover blieb die Kugel, die im Roulette der Großmächte rotierte. In der Residenzstadt und in anderen Landesteilen erschienen Preußen, Russen, Kosaken, britische und schwedische Truppenteile sowie eine Einheit der Königl. Dt. Legion im schnellen Wechsel. Als in der Dreikaiserschlacht von Austerlitz (2. Dezember 1805) Österreich durch Napoleon völlig ausgeschaltet worden war, schloß Preußen in Schönbrunn einen Vertrag, demzufolge es Kurhannover »in Verwahrung« nehmen sollte auf Napoleons Wunsch, und besetzte am 14. Februar 1806 die Residenzstadt formell, im April auf Drängen Napoleons auch rechtlich das gesamte Kurfürstentum, womit die Schweden den Landesteil Lauenburg freigeben mußten.

»Premierminister« für Kurhannover in London war inzwischen Graf Münster, der vor dem erneuten Einmarsch der Preußen noch schnell Umbesetzungen im Geheimen Rat vorgenommen, darunter auch Brandes zum Geh. Kabinettsrat erhoben hatte und dann nach England zurückgekehrt war. Den Geh. Kabinettsrat Rudloff, Charlottes freundschaftlich verbundener Nachbar, hatte dagegen die Ungnade des Revirements getroffen. Nach der Sulinger Konvention hatte er ad hoc das Ministerium ins Exil nach Schwerin geführt, war im November 1805 zurückgekehrt, und schon im Dezember konnte Graf Münster dem König berichten, das von Rudloff erbetene Entlassungsgesuch erhalten zu haben; mit den nach Ratzeburg geflüchteten Ministern v. Kielmannsegge und v. Arnswaldt war man ebenso verfahren. Der über Rudloff dem König zugesandte Bericht enthielt Details, die Graf Münster in der Kürze der Zeit eigentlich nur über Brandes erfahren haben konnte, wie z.B. Hinweise auf seine Familie und Schulden. Rudloff habe aber eine Reichshofratsstelle zugunsten Hannovers ausgeschlagen und könne, so hieß es vermutlich in Anbetracht seines Wissens und seiner Verbindungen, »in der Folge schädlich werden«, man solle ihn deshalb auch künftig zu schriftlichen Gutachten heranziehen. Die neue Trias an der Spitze Kurhannovers bildeten nun die Geheimen Kabinettsräte Nieper, Brandes und Patje mit dem Troß ihrer unvermeidlichen Kanzleisekretäre.[93] Gleichviel, wie häufig die Stellenbesetzungen an der Spitze der kurhannoverschen Regierung auch wechselten, so sehen wir doch immer wieder Personen dort auftauchen, zu denen Charlotte Kestner gute Beziehungen unterhielt, z.T. schon seit vielen Jahren, und erleben, wie sie diese immer wieder mit großem Geschick für die Belange ihrer Familie nutzte, ohne daß die wechselnden politischen Konstellationen die privaten Verbindungen getrübt hätten.

Preußen, schon zum Befehlsempfänger Napoleons degradiert, schloß auf dessen Wunsch die Nordseehäfen für den britischen Handel, was Großbritannien natürlich mit einer Blockade der Küste beantwortete. Georg III. war nicht bereit, sein Kurfürstentum sang- und klanglos preiszugeben, so wurden nicht nur die Seehäfen ein wechselndes Werkzeug der Politik, sondern Großbritannien erklärte am 11. Juni 1806 Preußen den Krieg. Napoleon wiederum sah keine Veranlassung, Kurhannovers besonderem Status übertriebene Reverenz zu erweisen, nachdem die Mehrheit der süd- und westdeutschen Fürsten sich unter seinem Protektorat zusammenschlossen, und schließlich Franz II. die deutsche Kaiserkrone im August niedergelegt hatte. Kurhannover fand sich vollends allein gelassen, das energielose Lavieren Preußens versprach keinen Schutz. Der 14. Oktober 1806 besiegelte mit der vernichtenden Niederlage der preußischen Armee bei Jena und Auerstedt nicht nur das Schicksal Preußens, sondern auch das Kurhannovers. Wenige Tage darauf zogen die Preußen ab und der inzwischen zum Reichsmarschall erhobene Mortier in Hannover wieder ein. Großbritannien und Preußen legten daraufhin zweckmäßigerweise ihre kriegerische Auseinandersetzung bei. Am Jahresende befand sich Norddeutschland, einschließlich der Hansestädte und Berlin, unter französischer Herrschaft, Kurhannover gab es praktisch nicht mehr. Mit Jahresbeginn 1807 standen in der Residenzstadt allein 4000 Mann der kaiserlichen französischen Garde. Dem neuen Königreich Westphalen unter Napoleons Bruder Jérôme wurde nun das südliche Kurfürstentum und 1810 auch der nördliche Teil zugeschlagen; Hannovers Bürgerschaft huldigte dem König von Napoleons Gnaden. Französische Administration, Justiz und Militärpflicht erwarteten die Bürger, dazu Kriegs- und Okkupationssteuern in exorbitanter Höhe, während der Wirtschaftskrieg gegen England in Gestalt einer Kontinentalsperre ohnehin schon die Preise und die Armut hatte ansteigen lassen. Die Stadt Hannover, jetzt nur noch Hauptstadt des Allerdepartements, bekam das französische Stadtreglement, angeführt vom *Maire* Iffland und drei *Maire-adjointes* – darunter der in unserem Brief Charlotte Kestners an ihren Sohn August 1820 erwähnte Hoppenstedt – und einem Sekretär. Vertreter der Bürgerschaft wurde ein sogenannter Municipalrat – »unnützer Prahlrat« spotteten die Bürger.

Charlotte Kestner hatte sich im Mai 1810 mit ihrer Tochter Clara auf den Weg gemacht, um in Frankfurt an der Hochzeit Theodors mit Marie Lippert, Tochter aus einem der ersten Häuser und vielumworbene Schönheit, beizuwohnen und dann zu einem viermonatigen Aufenthalt nach Straßburg weiterzureisen. Hier, eine halbe Stunde von der Stadt entfernt, in der sogenannten Karthause, führte seit zwei Jahren die 22jährige Tochter Charlotte dem verwitweten Bruder Carl den Haushalt und erzog dessen zwei Kinder, die achtjährige Caroline und den siebenjährigen Charles, Enkelkinder, die ihre Großmutter erstmalig sehen würden und bald in inniger Liebe ihr verbunden sein sollten. Theodor nebst Schwiegertochter würde sich ebenfalls dort einfinden, und auch ihre Söhne Eduard und Fritz würde sie wiedersehen.

Als sie schließlich zum Jahresende der Schwester Amalie in Weimar von ihrer Rückkehr nach Hannover berichten konnte, mußte sie gestehen:

»So traurig hatte ich mir die Dinge nicht gedacht, wie ich sie fand – viele Menschen, worunter manche Freunde sind mit schlechtem Gehalt, der kaum das Leben erhält an andere Orte versetzt: manche hier wider angestellt, und viele gantz ohne Stellen, also ohne Brodt: unter den letzten finden sich den leider meine beyden Söhne Georg und August. Dieser ist bis auf andere Zeiten, wen Gott sie besser geben will zu seinen Brüdern nach Straßburg und Marseille gegangen. Georg hat eine Frau und 5 Kinder, muß also natürlich hier bleiben, und warten, ob ihm eine Anstellung wird. Meine beste Amalie Ihr seid ausgeplündert, habt aber Euren Fürsten, Eure Verfassung behalten, seid nicht von Westphalen organisirt – ob ich einen Pfennig Pension behalte – alles ist noch nicht ausgemacht, bekomen habe ich noch nichts, muß aber alle Tage auszuzahlen, und so ein ieder. Glaubst Du wohl, daß die beyden genanten Söhne und ich jährlich gegen 3000 Rth. verlieren. – Es ist schrecklig – Wilhelm ist in Osterode Tribunals Richter, hat 600 Rth. Dieser hat im Sommer die Tochter von Iffland's geheiratet, eine brave und sparsame Frau. Iffland ist noch gut weggekommen, er hat beynah die Hälfte seiner Einnahme behalten und ist Mair geworden. Wen ietzt iemand die Hälfte behält, so schätzt man sich sehr glücklig. Zu allem Glück, hatte ich Clara auch in Straßburg gelassen, weil es hier äußerst still, und für junge Leute besonders traurig und ohne alle Zerstreuung ist. Nun bin ich also gantz allein und kan mich einschränken, so viel ich will. Ich habe daher gar keinen Haußhalt, nur ein Mädgen und lasse das Essen holen. – Sieh liebe Schwester so haben sich die Dinge, die Verhältniße geändert. – Unser freundliches angenehmes Hannover ist öde und verlassen.«[94]

Und noch etwas bedrückte sie schwer, so daß sie darüber fast den Neujahrsglückwunsch vergessen hätte und ihn in einer Nachschrift unterbringen mußte. Ihren besten und verläßlichsten Freund hatte sie nicht mehr angetroffen: »Was mich bey meiner Rückkehr noch sehr niederschlug, war der Tod meines langjährigen Freundes Brandes. –« An anderer Stelle schrieb sie:

»Es war mir eine schreckliche Empfindung, einen so vieljährigen geprüften, treuen Freund nicht wieder zu finden, und ich hatte nicht geglaubt, daß nach den letzten Zeiten, wo er sich und seinen Freunden so wenig war und seine ganze Existenz einem jeden für ihn weh that, es mich so ergreifen konte. Doch ich habe mich gefaßt und will sein Andenken dadurch ehren, daß ich ihm seinen beßeren Zustand gönne, da doch unabsehliche Trauer für ihn vorhanden war, indem gewis unsere Lage vorerst keine Verbeßerung finden wird.«[95]

Natürlich hatte Charlotte auch anläßlich dieser Rück-reise die Gelegenheit genutzt, Beziehungen wieder aufleben zu lassen in der Hoffnung, ihren beruflich nun stellungslo-sen Söhnen Georg und August dienlich sein zu können. In Kassel, der Hauptstadt des neuen Königreichs Westphalen, residierte der vom Hofsekretär 1770 zum Staatsrat und Ba-ron 1810 aufgestiegene Christoph Ludwig Albrecht Patje, dessen Karriere in Hannover aus nächster Nähe mitzu-erleben gewesen war. Inzwischen galt er seinen Kollegen dort als Kollaborateur, der den Franzosen ganz unverlangt zu weit entgegengekommen sei, z. B. in der Bloßlegung von Geldmitteln, die man bisher den Franzosen hatte ver-heimlichen können. Die Spannungen, namentlich zwischen Patje und Brandes, hatten sich unter der neuen Konstella-tion erheblich verschärft und waren grundsätzlicher Art, d. h. Brandes offensichtlich der prinzipientreuere Patriot, dem die bevorstehende Vereidigung auf König Jerôme un-vorstellbar erschienen war. Der Kummer angesichts der Ohnmacht seines Vaterlandes hatte den ohnehin Kränkeln-den schließlich ernstlich erkranken lassen und ihm die Wi-derstandskraft geraubt, ihn zermürbt; den politischen Machtkampf hatte er verloren, sein letztens eher rückwärts gerichteter kompromißloser Konservatismus hatte ihm nicht mehr die geistige Flexibilität erlaubt, die in Zeiten der Fremdherrschaft auch zum Nutzen der Bevölkerung gebo-ten sein kann.

Charlotte Kestner können diese Zusammenhänge nicht unbekannt gewesen sein, wie wir ihren schriftlichen Äuße-rungen zu Brandes' Tod entnehmen können. Ihre unsenti-mentale, realistische Art, historische Ereignisse auf den Tag bezogen zu interpretieren, gab ihr jedoch ein, daß Patje und seine Kollegen Baar und Leist, die mit ihr zusammen zu einem Abendessen eingeladen waren, gegenwärtig die Machtvollkommenheit besäßen, sich ihrer Söhne anzunehmen. Daß August ein halbes Jahr zuvor seiner Schwester in Straßburg vom »niederträchtigen Patje« geschrieben hatte,[96] mochte ihr entgangen sein, aber die verbitterte Stimmung, namentlich in der entlassenen oder zum Diensteid für Jerôme befohlenen Beamtenschaft, dürfte ihr bei ihrer Rückkehr entgegengeschlagen sein.

August Kestner befand sich in deprimierender Situation, denn schließlich konnte er nicht unbegrenzt vom ohnehin schon arg reduzierten Haushalt der Mutter leben, ohne Kostgeld zu zahlen, während sie die wechselnden Einquartierungen zu verköstigen hatte. Wieder einmal schien jedoch der Bruder Carl in Straßburg die Lage entspannen zu können, indem er August bat, nach Marseille zu kommen, wo er eine geschäftliche Verbindung für ihn pflegen sollte. Carl Kestner, drittältester Sohn Charlottes, hatte sich bei Straßburg inzwischen eine prosperierende chemische Fabrik aufgebaut, Theodor half ihm vorübergehend mit seinen chemischen Kenntnissen, Eduard, der hier Kaufmann geworden war, richtete seit zwei Jahren eine weitere chemische Fabrik in Thann bei Mühlhausen ein, und auch Fritz, der jüngste unter den Brüdern, erhielt hier seine kaufmännische Ausbildung. Die Schwester Charlotte führte die Geschäftskorrespondenz, und Clara entlastete sie gegenwärtig für einige Zeit im Haushalt. Allein sechs ihrer zehn noch lebenden Kinder wußte Charlotte Kestner 1810 in einem Departement des französischen Kaiserreiches, gute zehn Tagesreisen von Hannover entfernt, aber doch wohl und tätig aufgehoben; Theodor erhielt erst 1812 eine Professur in Frankfurt für Chemie und Pharmakologie.

Augusts Entschluß, den Vorschlag anzunehmen, kam einem Verzweiflungsakt gleich, zu dem er sich erst durchrang, nachdem auch die so schmerzlich entbehrte Schwester ihm zugeredet und er sich in eine patriotische Trotzecke hineinmanövriert hatte, die ihm das Warten auf den Staatsdienst zu diesem Zeitpunkt verleidete. Bei kritischer Selbstanalyse fand er sich völlig ungeeignet zu kaufmännischem Gebaren und vor allem seinen wirklichen Neigungen weit entfernt. Bislang, so meinte er in einem Brief an die Schwester, sei es ihm gelungen, bei allem Broterwerb soviel als möglich gleichzeitig sich selbst und seinen Interessen zu leben, ohne andere Pflichten zu verletzen, und er opfere auch gern der Familie jede Annehmlichkeit des Lebens, aber, und das bat er die Schwester zu erwägen, wie er hier mit guten Freunden lebe, werde er es kaum unter der Sonne wiederfinden: »... denn nie habe ich für meinen Geist einen so angenehmen männlichen Umgang gefunden als Blumenbach; er ist höchst selten und unter Menschen von verschiedenen Nationen gar nicht denkbar: auch gehört dazu, so lange, so viel und in solchen Jahren zusammen gelebt zu haben. Ebenso wenig kann ich hofften, einer solchen Familie mich wieder anzuschließen, wie der Beaulicuschen, wo die Julie zum Theil in mein Wesen übergegangen ist; denn es hat mich, außer dir, noch kein menschliches Wesen so verstanden wie sie.«[97]

Blumenbach, ein Sohn des berühmten Göttinger Anatomen und Physiologen, gehörte in die Riege der kurhannoverschen Regierungssekretäre, war Studienfreund, Kollege und derzeit engster Freund August Kestners, besuchte diesen fast täglich, zumal beide die gleiche Liebhaberei, das Sammeln von Volksliedern, pflegten.[98]

Julie v. Egloffstein, später als Malerin die bedeutendste der drei in Misburg bei Hannover lebenden Töchter der Gräfin Henriette v. Beaulieu-Egloffstein, liebte selbst unglücklich, aber nicht Kestner. Dieser blieb ihr jedoch bis zu seinem Tode ein verläßlicher, liebender Freund, besonders bei ihren späteren Italienaufenthalten. Beide blieben zudem unverheiratet.[99] Schon Standesunterschiede hätten eine Ehe mit Julie v. Egloffstein nie zugelassen.

August Kestner fügte sich wider besseres Wissen der Familienräson. Zunächst, Anfang 1811, suchte er wohl noch mit dem ihm eigenen Charme die Sorgen der Mutter zu zerstreuen und von sich abzulenken. Luftkur und Seebäder bekämen ihm gut, schrieb er aus Marseille, aber sie möge auch angesichts der Notlage in Hannover bedacht sein, die eigene Gesundheit sich zu erhalten, »wenn ich aber bedenke, was Sie für schöne volle Backen hatten, als Sie von Heidelberg auf der Rückreise von Wetzlar 1810 zurückkehrten, so muß ich Sie doch ermahnen, auf diese Zierde noch etwas bedacht zu seyn, welche Ihnen so viele Eroberungen einbrachte«.[100] Er wußte, daß die äußere Zerrissenheit der Familie, die extreme Notlage in Hannover, wo Charlotte ohne Zahlungen der Pension und nur in der Gesellschaft eines Hausmädchens nicht enden wollende Einquartierungen versorgen mußte, an ihren Nerven zehrte, und war bemüht, ihr Trost zuzusprechen, sie aufzuheitern. Verbergen konnte er trotzdem nicht, daß Marseille ihm keine berufliche Perspektive bot. Nach kurzem Aufenthalt in Straßburg bei Schwester und Brüdern befand er sich Anfang September wieder auf der Rückfahrt, in Heidelberg noch einigen Einladungen folgend. Hier jedoch, schien es ihm, könne er dauerhaft leben, sich eine eigene Existenz durch die Habilitation in Kunstgeschichte aufbauen, hier lockte ihn das Ambiente aus Kunst, Wissenschaft und Landschaft, hier konnte sich der Traum von ungestörtem Gelehrtendasein erfüllen. Bei einigen Professoren, deren Beratung er angenommen hatte, war er bereits gut eingeführt, wohnte in der Familie des einen preisgünstig und wohlgelitten. Er lernte die Brüder Boisserrée und deren bedeutende Gemäldesammlung kennen, mehrte täglich den Kreis neuer, ihm wohlgesonnener Freunde sowie seine kunstästhetischen Kenntnisse im Gedankenaustausch mit ihnen, außerdem begann er ein systematisches kunsthistorisches Bücherstudium mit Hilfe der Universitätsbibliothek. Nun galt es, diese Alternative der Mutter zu unterbreiten, um ihr Verständnis zu bitten. Erfahrungen, die er zwei Jahre zuvor hatte machen können, ließen dafür eigentlich kaum Hoffnungen zu. Von Oktober 1808 bis September 1809 hatte seine physisch angegriffene Konstitution einen ärztlich verordneten Klimawechsel in Gestalt eines Italienaufenthaltes verlangt. Auf dem Hinweg konnte er die Schwester Charlotte zum Bruder Carl in Straßburg begleiten, der inzwischen die Hilfe der nun Zwanzigjährigen dringend benötigte. In Lausanne hatte sich ihm Wilhelm v. Beaulieu, Bruder des Forstmeisters in Misburg, angeschlossen – und August, zur Freundschaft begabt wie kein anderer, dessen Gesellschaft in Mailand, Florenz, Rom und Neapel genossen. Mit den alten Meistern italienischer Malerei hatte er sich schon vorbereitend in Hannover befaßt, die deutsch-italienische Künstlerszene in Rom sowie gesellige Abende in der Villa Malta bei Frau v. Humboldt oder in der Familie des Kaufmanns Ruffili ließen ihm die Stadt bereits so vertraut werden, daß er schreiben konnte: »Dort wohnt mein ganzes Herz und ich werde es künftig nur zu sehr vermissen – doch was hilft das Alles.«[101] Seine Anmerkung, daß es angesichts der hoffnungslosen Lage in Hannover klüger wäre, hierzubleiben, wo er sich seinen Unterhalt sehr gut mit Schriftstellerei selbst erwerben könne, zumal er keinen Unterricht in italienischer Sprache brauche, denn er spreche Italienisch bereits fließend, hatte schon damals nicht das Wohlgefallen der Mutter gefunden. Nur die Empfehlung der Ärzte ermöglichte ihm seinerzeit auch das zweite Halbjahr in Italien. Daß er dann nicht, wie zuvor geplant, die geliebte Schwester wieder mit nach Hannover nehmen sollte, hatte ihn zusätzlich bedrückt: »Aber was soll ich dazu sagen? Ich bringe ein großes Opfer indem ich schweige ...«

Jetzt, im September 1810, auf der Rückreise von Marseille und Straßburg, wiederholte sich die Szenerie: Die Schwester wurde dort weiterhin gebraucht, und August half es nichts, daß er die Mutter in einem langen Brief um Verständnis für seine Vorstellungen bat, daß »es vielleicht möglich sei, sich selbst eine Carriere zu bilden. Dorten habe ich leider Nichts zu versäumen, hier kann ich sehr wohlfeil leben und gewiß viel wohlfeiler als dort. Das Suppliciren in Cassel kommt mir so schwer an, daß ich es kaum für möglich halte, man verliert die edle Zeit dadurch, ohne, wie die Erfahrung lehrt, Etwas damit auszurichten und man macht sich nur niederträchtig. Wenn Sie es näher betrachten, können Sie, zu mal in Zeiten, wie den jetzigen nicht für ein Unglück ersehen, daß aus Liebe zu Ihnen einer Ihrer Söhne den Aufenthalt bei Ihnen aufopfert, und zwar nur für einen Winter!« Als er am 8. Oktober noch keine Antwort hatte, bat er erneut um das Vertrauen der Mutter »in die Reife meiner Beurteilung und bedenken Sie, daß man noch keine ganz dummen Streiche gewohnt ist«.[102]

War er wirklich im Begriff – nur der Mutter zuliebe – für eines Winters Länge in Heidelberg zu bleiben? Tarnte er sein Vorhaben nicht nur als einen »Versuch, der auf keinen Fall schadet«, um Zeit zu gewinnen? Lockte ihn nicht der Traum vom Gelehrtendasein, unabhängig von der Familie? Sah der 34jährige nicht endlich ein ureigenstes, für ihn zugeschnittenes Lebensziel erreichbar werden, und fehlte ihm nicht jegliche Motivation, »in das Land der Trübsale zu ziehen, wo Nichts als hoffnungslose Klagen wohnen«, wie er am 3. November die Schwester wissen ließ? Ihr offenbarte er, fortfahrend: »Den Unsrigen in Hannover kann ich es gar nicht begreiflich machen, und werde auch keine Worte mehr darüber verlieren, aber dir kann ich es versichern, daß es keine leichtsinnigen Gedanken waren, die mich hier gehalten. Du weißt, daß ich mich seit mehreren Jahren in einigen Zweigen der Wissenschaften umgesehen habe. Einen Gelehrten muß jeder vernünftige Mensch in den jetzigen Zeiten, wo jede Abhängigkeit im Staate unglücklich macht, für den Glücklichsten halten. Dieses hätte ich mit nicht gar langer Zeit werden können und hätte dazu bei der ausgezeichneten Aufnahme, die ich hier allgemein fand, die schönsten und leichtesten Mittel gefunden, zumal, wenn ich noch etwas Ruhe bekommen hätte, etwas Weiteres von mir bekannt zu machen. Doch es hat nicht sein sollen und die Mittel, die George darbietet, um jetzt gleich sicher Geld zu erwerben, sind nicht zu verachten; so will ich mich denn vorzüglich in Hinsicht auf unsere Mutter und auf Euch gern für meinen Verlust trösten.«[103]

Am 14. November 1811 traf August Kestner wieder in Hannover ein, nicht ohne – auch darin dem Ansinnen der Mutter folgend – den Canossagang auf sich zu nehmen und in Kassel bei Staatsrat Leist um eine Notarstelle in Hannover zu bitten, wenige Wochen später sogar noch einmal und mit Reisekostenunterstützung durch Georg.

In der Tat bekam er noch am Tag vor Weihnachten ein Notariat in Linden zugesprochen, heute ein Stadtteil der niedersächsischen Hauptstadt, damals eine selbständige Kommune, in der er der Residenzpflicht eines Staatsbeamten zu folgen, also auch zu wohnen hatte. Von nun an war er täglich 20 bis 30 Kilometer, meist zu Fuß, unterwegs, um am Mittagstisch der Mutter oder an abendlichen Geselligkeiten teilzunehmen, sofern ihm dazu überhaupt Zeit und Kraft blieb, denn gleichzeitig wies ihn der geschäftstüchtige ältere Bruder in die Klientel seiner profitablen nebenberuflichen Geldgeschäfte ein. Die Schwester Charlotte erfuhr, daß er den geschlagenen Tag über, auch sonntags, unendlich viel zu schreiben habe und kein Ende solcher Lebensart sehe, die ihn sich selbst »entfremde«, wobei er sich vorkomme »wie eine Schreibmaschine, Gefühl für Natur, Freunde, Lektüre wird daher stundenweise ganz in mir ertötet«, weder komme er zur Lektüre noch zur Reflexion. Die Mutter Charlotte gewann hingegen den Eindruck, daß er sich »vortrefflich« halte und die weiten Wege bei jedem Wetter offenbar vertrage.

August Kestner hatte sich der Familienräson gebeugt, um mit Mutter und Brüdern weiter in Frieden zu leben, Schulden abbezahlen und Kostgeld für den mütterlichen Mittagstisch aufbringen zu können. Gegen die Dominanz der Mutter und die Autorität des Bruders Georg seit dem Tode des Vaters gab es auch für August keine Gegenwehr. Resignation und Sehnsucht nach familiärem Frieden und Harmonie entsprachen einer äußerst begrenzten physischen wie psychischen Belastbarkeit, sein energetischer Haushalt verlangte in dergleichen Situationen eine Art Schongang, die innere Emigration. Nur eine glückliche Fügung des Schicksals konnte ihm noch die äußere Distanz zur Familie gewähren, deren er zur nochmaligen Annäherung an sein Lebensziel bedürfen würde.

Auf der ersten Seite unseres Charlotte-Kestner-Autographs von 1820 lesen wir die Rüge der Mutter an den nun 43jährigen Sohn in Rom, einen langen Brief von Georg noch nicht beantwortet zu haben, und ihre nachdrückliche Aufforderung, das »gleich« nachholen zu wollen. Der also Getadelte rechtfertigte sich mit einer dünnen Nachschrift unter der letzten Zeile Charlottes auf dieser Seite, heute auch im Original nur noch schwer lesbar: »Diese Ungeduld war nicht gerecht, da mein Brief vom 22. Februar ist u. daher der seinige nur in die 3. Woche unbeantwortet liegen blieb.«

Galt die doppelte Zurechtweisung – Ungeduld, ungerecht – der Mutter, dem Bruder oder beiden? Und vor allem: Wann riskierte August die Gegenwehr? Sofort und sozusagen im Affekt oder vielleicht erst nach Jahren beim Aussortieren seiner Briefschaften? Wüßten wir dies, so ließe sich noch klarer urteilen über denjenigen unter Charlottes Söhnen, dessen so ganz »unkestnerische« Persönlichkeitsstruktur und Lebensart mehr als die der Geschwister auf das Verständnis der Eltern angewiesen war und dieses oft schmerzlich vermißt haben wird, der jedoch schwieg, um sich die gegenseitige Liebe zu bewahren.

Charlotte Kestner nach 1800, befreit vom Risiko weiterer Geburten und von ehelicher Abhängigkeit, gewann von Jahr zu Jahr mehr an persönlicher Autorität und handlungsbereiter Selbständigkeit, indem sie die Bürde der Verantwortung für zunächst elf und dann zehn Kinder die älteren Geschwister mittragen ließ und es für sich als ihren Lebenssinn betrachtete, das Auseinanderfallen der Familie zu verhindern. In den Frauen ihrer Generation wurzelte tief die zur Überzeugung gewordene Erfahrung, nur ein in sich geschlossener verläßlicher Familienverband könne in unruhigen, gar kriegerischen Zeiten einen Schutz jedem einzelnen bieten und helfe überdies, die immerwährende Bedrohung durch Krankheit und Tod zu ertragen. Gerade ihr mußte man diese Lebensmaxime unerschütterlicher Familiensolidarität nicht erst beibringen, sie war längst Bestandteil eigener Einsicht in die Lebenswahrheit, gewissermaßen ein Überlebenskonzept, dessen Effektivität sie in ihrer Jugend selbst erfahren hatte. In der Situation nach 1800 sollte es sich erweisen, daß der gesellschaftsbestimmende Bonus, »Werthers Lotte« zu sein und zur Berühmtheit den Rang einer »Frau Hofrat« zu genießen, der Familie das Prestige erhalten konnte, während fünf tatkräftige Söhne im Alter von 21 bis 26 Jahren den materiellen sozialen Absturz abzufangen wußten. Viele Söhne zu haben konnte als eine Art Lebensversicherung gelten, und für Charlotte Kestner war es eine solche, durchaus als Gnade des Schicksals empfundene. Georg Kestner, als der Älteste in der Geschwisterreihe, besaß zudem die Reife, der Mutter ein Partner sein zu können, der sich zusammen mit dem drittältesten Bruder Carl bereits in der Lage befand, für die jüngeren Geschwister ganz real Verantwortung zu übernehmen. Aus dieser Konstellation ergab sich für das nächste Jahrzehnt die unübersehbare Dominanz einer quasi interfamiliären Troika, der sich alle anderen weitestgehend fügten, letzten Endes nicht zu ihrem Nachteil.

Viertes Kapitel

Friedenszeiten und Begegnungen mit Goethe

»Wenn der liebe Gott nicht besonders der Gott der Hannoveraner wäre und so wunderbar sie ernährte, so müßten wir; die wir nicht stehlen oder Saft und Kraft auf andere Weise aus dem unglücklichen Land ziehen, schon längst verhungert sein ...«, hatte Charlotte Kestner noch 1811 in einem Brief geschrieben[104], aber dann hatte sich doch schließlich alles glücklich gefügt. Ein Jahr später waren die rückständigen Pensionen gezahlt worden, Charlottes ganz persönliche mutige Intervention bei der Präfektur des Departements Aller, in dieser Sache für alle Beamtenwitwen Hannovers sprechend, hatte Früchte getragen. Zwar wollten die Einquartierungen und steuerlichen Belastungen noch lange kein Ende nehmen – allein das Gartengrundstück der Kestners mußte jährlich 400 Mann tragen –, aber es gab zur Jahresmitte doch auch eine Erholungspause auf den Besitzungen der v. Schulenburgs in der Nähe von Hameln, wohin Charlotte mit Tochter Clara für mehrere Wochen eingeladen worden war. Ihr zweitältester Sohn Wilhelm führte dort ein Notariat und besorgte die geschäftlichen Angelegenheiten dieser bedeutenden Familie aus altem niedersächsischen Adel. In einem Brief an die Schwester Amalie in Weimar[105] gaben begreiflicherweise die Details aus dem Alltag der schwer leidenden Stadt Hannover den Ton an, aber Charlotte vergaß auch nicht, dem Himmel Dank dafür auszusprechen, daß, Kleinigkeiten abgerechnet, ihrer aller Gesundheit »recht gut« sei, und so verlangt es sie dann zu erfahren, wie es dem alten Jugendfreund in Weimar ergangen sei. »Was macht Göthe?«, lesen wir da in der drittletzten Briefzeile und ohne sonstigen Bezug. Fast auf den Tag waren 40 Jahre vergangen, daß der Ball in Volpertshausen sie mit Goethe bekannt gemacht hatte. Könnte nicht die Erinnerung an einen unvergeßlichen Sommer ihrer Jugendzeit hier den Federkiel bewegt haben? Wir wissen es nicht und kennen auch nicht die Antwort der Schwester, aber wir wissen, daß Goethe im böhmischen Karlsbad und Teplitz, die Luft der lauen Frühsommertage genießend, sich zu dieser Zeit seiner Jugend zu erinnern suchte, war er doch beschäftigt, seine Memoiren zu schreiben. Schon gefertigte Bücher des zweiten Teils von *Dichtung und Wahrheit* und noch mit Leben zu füllende Schemata wurden immer wieder durchgegangen und überdacht; von Leipzig über Sesenheim nach Wetzlar führte ihn die gedankliche Flucht aus unerfreulicher Gegenwart zurück in durchaus eigene »wunderliche Zustände« und Phasen seines Lebens.

In diesem gleichen Juni 1812 überschritten die ersten Regimenter der *Grande Armée* – eine halbe Million Menschen aus zwanzig verschiedenen Völkern, nur zu einem Drittel Franzosen – den Njemen, Antwort auf ein Ultimatum des Zaren, Napoleon möge seine Truppen aus Preußen und dem Großherzogtum Warschau zurückziehen. Nun bereiteten »General Frost« und »Mütterchen Rußland« die Peripetie für das Drama des Jahrhunderts vor. Nach nur 35 Tagen in Moskau mußte der scheinbar Unbesiegbare zum Rückzug blasen lassen, von dessen Schrecken noch spätere Generationen die Erlebnisse der Dabeigewesenen zu erzählen wußten. Als die bescheidenen Reste der geschlagenen, dezimierten Truppen die innereuropäischen Grenzen wieder erreichten, statt in Stiefeln auf stoffumwickelten Füßen, das blanke Entsetzen in den Augen, breiteten sich die ersten Gerüchte und schließlich bestätigte Meldungen von der Niederlage Napoleons in den Gazetten der Städte aus, während er selbst am 18. Dezember 1812 erneut Paris betrat, gewillt, den aus der Flucht gewonnenen Zeitvorsprung zur Reorganisation seiner Streitkräfte zu nutzen. Schon im April des nächsten Jahres fand man ihn in der Schlacht bei Lützen siegreich gegen eine preußisch-russische Armee und sein Hauptquartier in Dresden einrichtend. Dennoch, Clio hatte bereits ein neues Blatt im Buch der Geschichte aufgeschlagen; von nun an gingen Frankreichs Uhren rückwärts.

Nachdem der preußische General Yorck mit der Konvention von Tauroggen, der Neutralitätserklärung gegenüber dem Napoleon verfolgenden russischen General Diebitsch – und zunächst ohne Genehmigung durch König und Regierung –, ein Signal gesetzt hatte, begann vor allem die studentische, intellektuelle Jugend sich in Freikorps zusammenzuschließen, getragen von einer patriotischen Hochstimmung, die sich keineswegs in dem Wunsch auf Teilnahme an der nun möglich erscheinenden Befreiung der deutschen Staaten von Fremdherrschaft erschöpfte, sondern den Traum von einer geeinten deutschen Nation zu realisieren hoffte. Sprachrohr einer durchaus nationalen Erhebung wurden politische Dichter wie Theodor Körner, Ernst Moritz Arndt, Max von Schenkendorf und Friedrich Rückert sowie Zeitschriften wie der *Preußische Korrespondent*, der in Berlin erschien, oder der *Rheinische Merkur*, ein Jahr später in Koblenz.[106] Zwar war die Not der Städte an den Heerstraßen und der Landbevölkerung in den Truppenaufmarschregionen und an den Schauplätzen der Schlachten noch lange nicht vorüber, auch schienen breite Schichten der Bevölkerung an der politischen Perspektive der militärischen Ereignisse kaum interessiert zu sein, aber es breitete sich doch ein Schimmer von Hoffnung aus, als Preußen im Februar 1813 die Mobilmachung verkündete, Landwehr und freiwillige Jägertruppen die Linieneinheiten verstärkten und das russisch-preußische Bündnis vom 27./28. Februar 1813 in eine

Kriegserklärung Preußens an Frankreich mündete. Schließlich erfuhr diese Koalition die finanzielle Unterstützung durch England, das sich die spätere Wiedereinsetzung des Welfenhauses in einem um gut 300 000 Einwohner vergrößerten Kurfürstentum, Hildesheim inbegriffen, vertraglich zusichern ließ. Schweden vermehrte das Koalitionsheer um eine 30 000-Mann-Armee und ließ sich dafür Norwegen zusprechen. Endlich, im August, nach gescheiterten Friedensverhandlungen, trat auch Österreich dem Bündnis bei, und die militärische Entscheidung wurde unausweichlich. Sie fiel in der Völkerschlacht vom 16. bis 19. Oktober 1813, als es den drei verbündeten Armeen unter Marschall Bernadotte, seit 1810 gewählter Kronprinz von Schweden, Fürst Schwarzenberg und General Blücher gelang, den entscheidenden Sieg zu erringen und die Verfolgung der französischen Truppen in den kommenden Monaten über den Rhein hinweg fortzusetzen.

Am 23. Oktober erfuhr man in Hannover von den Ereignissen bei Leipzig, am 25. Oktober zogen die Kielmanneggeschen Jäger vom Freikorps des Freiherrn v. Beaulieu in Hannover ein, tags darauf verließ König Jérôme Kassel. Das *Königreich Westphalen* gehörte der Vergangenheit an, und Hannover konnte aufatmen; am Reformationstag füllten sich die Kirchen zu Dankgottesdiensten. Ernst August, Herzog von Cumberland und vierter Sohn Georgs III., nahm für seinen Vater das Land wieder in Besitz. Ein glänzender Ball im November feierte ihn und den schwedischen Kronprinzen Bernadotte nach dem Einzug regulärer Truppen. Im Dezember wurde der sechste Sohn des Königs, Adolf Friedrich, Herzog von Cambridge, Statthalter des Königs und bezog das Alte Palais gegenüber dem Schloß in der Hauptstadt. Schon seit 1811 führte der älteste Sohn des Königs in London die Regierungsgeschäfte für den erkrankten Vater. Seit dem 4. November 1813 gab es wieder eine hannoversche Landesregierung, und die Verhältnisse normalisierten sich in einem zügigen Prozeß politischer Restauration.[107] Als am 24. Mai 1814 die von Napoleon nach Paris entführte Quadriga des Brandenburger Tores nach Berlin zurückkehrte und der festlich geschmückte Transport durch Hannover kam, sah man auch August Kestner unter den Bürgern am Straßenrand, die mit Blumen und patriotischen Transparenten noch einmal die Befreiung feierten.

Die Kestners waren aus dem Furioso eines hitzigen Jahrzehnts gnädig davongekommen. Todesfälle, Kriegsdienste und Krankheiten, z.B. der 1813 weitverbreitete Typhus, hatten sie verschont, wirklichen Hunger hatten sie nicht zu erleiden gehabt, und die finanziellen Verluste ließen sich wieder ausgleichen; namentlich Georg war im Begriff, mit außer- und nebenberuflichen Bankgeschäften den Grundstein eines beträchtlichen Vermögens zu erwerben.

Auch die alten Freunde der Familie fand man wieder in einflußreichen Stellungen. Das Kurfürstentum Hannover hatte im Oktober 1814 den Rang eines Königreiches erhalten, und an seiner Verwaltungsspitze brillierte als Geheimer Kabinettsrat August Wilhelm Rehberg, noch über Jahre hin der politische *spiritus rector* für den Herzog von Cambridge, der seit 1816 als Generalgouverneur fungierte und dem Rehberg die Regularien einer neuen Allgemeinen Ständeversammlung erarbeitete. An der Spitze der Stadtverwaltung Hannovers sah man Iffland, den *Maire* aus der Franzosenzeit, wieder als Bürgermeister, in späteren Jahren als Direktor des Stadtgerichts. Mit ihm waren die Kestners nicht nur nachbarlich befreundet seit vielen Jahren, sondern auch verschwägert, denn 1810 hatte Wilhelm Kestner die Iffland-Tochter Luise geheiratet. Den ehrgeizigen ehemaligen *Maire-adjointe* Hoppenstedt sah man Regierungsrat werden und als kgl. Kommissar die Verantwortung für eine Reform der

Stadtverfassung übernehmen, späterhin als Stadtdirektor und schließlich Geheimer Kabinettsrat fungieren, zu dem Charlotte Kestner gute Beziehungen pflegte. Weil die Stadt 1814 es noch arg an königlicher Residenzwürde fehlen ließ, bestellte man noch im gleichen Jahr den Pfarrerssohn und Architekten aus Uslar, Georg Ludwig Friedrich Laves, zum Hofbauverwalter, dessen Planungen, mit dem Umbau des Schlosses beginnend, das Gesicht der Stadt gründlich verändern sollten. Georg Kestners Erstgeborene und Charlottes Lieblingsenkelin, Wilhelmine, heiratete acht Jahre später den zum Oberhofbaudirektor aufgestiegenen Gestalter eines im Stile des modernen Klassizismus sich präsentierenden Stadtbildes.[108]

Die überraschende Rückkehr Napoleons aus Elba, wo man ihn nach seiner Abdankung 1814 in sicherem Exil geglaubt hatte, und seine letzte Niederlage bei Belle-Alliance (Waterloo) am 18. Juni 1815 setzten den entscheidenden Schlußpunkt hinter eine lange Phase kriegerischer Turbulenzen und festigten die Absicht der Großmächte, territoriale Veränderungen als Basis für ein neues europäisches Gleichgewicht einzusetzen. Das Königreich mußte zwar auf sein Herzogtum Lauenburg verzichten, gewann aber u. a. das Osnabrücker Land, das Emsland, Bentheim, das preußische Ostfriesland, Lingen, Goslar und das Untereichsfeld hinzu. Das Welfenhaus nahm unter doppelter Königskrone im neuen Deutschen Bund aus 35 Bundesstaaten und vier freien Städten (Hamburg, Lübeck, Bremen, Frankfurt am Main) einen durchaus ehrenvollen Platz ein, wenngleich sich auch die Regierungskompetenz für Hannover, trotz eines Generalgouverneurs aus dem Welfenhause, noch immer an der langen Leine der Personalunion voltigierend, in London manifestierte.

Der Vertrag zur Heiligen Allianz Rußlands mit Österreich und Preußen 1815 und die Beschlüsse des Aachener Kongresses 1818 ließen die schillernden Seifenblasen nationaler Höhenflüge der akademischen Jugend und ihrer intellektuellen Idole, aber auch die Hoffnungen engagierter politischer Reformer auf einen konstitutionellen deutschen Nationalstaat zerplatzen, republikanische Träume ließen sich noch lange nicht erfüllen. Das monarchistische Prinzip blieb, unbeeindruckt von einigen ständischen Landesverfassungen, grundsätzlich erhalten, demokratische Bestrebungen oder gar »revolutionäre Umtriebe« waren unerwünscht, die Zensur feierte »fröhliche Urständ«. Der preußisch-österreichische Dualismus setzte sich fort. Außen- wie innenpolitisch sah das neue bundesstaatliche Gebilde, einem ehern verschlossenen Topf vergleichbar, in dem das Wasser unter hohem Druck brodelte, fast unvermeidlich einer Explosion entgegen. Es stand zu erwarten, daß die um ihre Ziele betrogene Generation der Kriegsfreiwilligen von 1812/13 und der Reformer die gegebenen Verfassungsversprechen sowie eine gewisse Liberalität noch zu ihren Lebzeiten einfordern würde.

Zunächst, wie immer nach Zeiten außergewöhnlicher kräftezehrender Emotionen, beherrschte als Folge von 25 Jahren der permanenten Unruhe ein allgemeines Bedürfnis nach Ruhe und Frieden die Bevölkerung und besonders das Bürgertum der deutschen Bundesstaaten, das sich für vier Jahrzehnte in die private Behaglichkeit zurückzuziehen suchte wie jemand, der, kurz bevor der Wecker klingelt, sich noch einmal tief in die Kissen einrollt. Biedermeieridylle verdrängte einstweilen Revolution, demokratische Reformen und die ersten beunruhigenden Aspekte kommender Industrialisierung. Man fühlte, daß ein Zeitenwendegewitter heranzog, und konnte es auch bereits blitzen sehen, aber der Bürger zog die Vorhänge zu und erfreute sich an Familie und Freundschaft, Kunst und Literatur.

Auch in Hannover machte sich trotz spürbarer Teuerung

eine gewisse Behaglichkeit breit, zumal es an nennenswerten Fabriken und Manufakturen noch fehlte und somit kein aufgeregtes Handelsleben oder industrielles Lärmen die neue Geselligkeit stören konnte. Infolge der ruinösen Verhältnisse im letzten Vierteljahrhundert war die Einwohnerzahl zwischen 1796 und 1821 in Alt- und Neustadt nicht gestiegen, sondern eher um ein gutes Tausend gefallen[109], die nun folgend Geborenen würden Jahrzehnte des Friedens, steigenden Wohlstandes und auch vermehrten sozialen und medizinischen Fortschritts erfahren können.[110] Die residenzstädtische, kastenorientierte Gesellschaftsgliederung, in der Franzosenzeit nur oberflächlich liberalisiert, erlebte zwar ihre Wiederauferstehung, aber immerhin erlaubten die Tabugrenzen doch zunehmend sozusagen fließende Übergänge, auch Bürgerliche erhielten zuweilen schon, ihren Verdiensten entsprechend, ein Offizierspatent. Ab 1824 gab es schließlich gewählte Bürgervorsteher im Magistrat der Stadt, die nun Alt- und Neustadt gemeinsam umfaßte. Als vollberechtigter Bürger galt jedoch nur der Hausbesitzer oder Mieter, der wenigstens fünf Reichstaler im Jahr zu den städtischen Abgaben zahlte. Immerhin lebten 1819 nur 12,7 Prozent der Einwohner des Königreiches in den Städten, 87,3 Prozent auf dem Lande, so daß im nun wirksamen Zweikammersystem, das die bisherige Ständeversammlung ablöste, in der Ersten Kammer die Vertreter der rund 900 Rittergutsbesitzer 0,065 Prozent der Gesamteinwohnerschaft repräsentierten und etwa ein Zehntel der städtischen Bevölkerung für die indirekten Wahlen zur Zweiten Kammer in Frage kam; 98 Prozent der Gesamtbevölkerung besaß überhaupt kein Wahlrecht.[111]

Noch 1829 monierte der Publizist und Anhänger eines französischen Liberalismus, Ludwig Börne, bei einem Kurzaufenthalt in Hannover: »Ich werde seekrank, sooft ich in die Residenz eines kleinen Staates komme und sehe, was der kleine untersetzte Staat für einen großen Kopf hat. Nichts als Hof, nichts als Soldaten und Regierung. Wo stecken die Untertanen?«[112] Auf dem Lande – hätte man getrost antworten können.

Dennoch: Das Jahrhundert des Bürgers bewegte sich zwar noch in den Kinderschuhen, aber Fleiß, Hartnäckigkeit, Aufstiegsehrgeiz und Bildungsbeflissenheit verschafften seinen Vertretern schließlich Zugang in die Etagen wirtschaftlicher und politischer Macht.

Für das erste Drittel dieses Prozesses wachsender bürgerlicher Emanzipation kann der Familie Kestner, wie sie sich etwa um 1820 darstellte, eine gewisse Modellfunktion im Rahmen dieser Entwicklung zugesprochen werden. Die Hofrätin Charlotte Kestner wohnte schon im bereits beschriebenen herrschaftlichen Haus Große Wallstraße 355 in der Aegidien-Neustadt. Ihr Sohn August wurde, obwohl inzwischen als Legationsrat in Rom lebend, offiziell noch im Adreßbuch als im Elternhause wohnend geführt. Dem großen Kestnerschen Garten hatte Charlotte 1817 Wiese und Fischteich hinzugefügt, während Georg in den zwanziger Jahren durch An- und Umbauten der Häuslichkeiten dem ganzen Areal des Familienbesitzes den Charakter eines respektablen, behäbigen Landsitzes gab. Sein Bruder Hermann, der vor zwei Jahren Theodors Schwägerin Katharine Lippert aus Frankfurt geheiratet hatte und in diesem Jahr das erste Kind erwarten durfte, lebte in unmittelbarer Nähe des Elternhauses im gleichen Beamtenviertel, Breite Straße 402. Georg, nunmehr Archivrat und fünffacher Familienvater, hatte 1818 in der Leinstraße 844[113] und damit in vornehmer Schloßnähe ein dreigeschossiges Fachwerkhaus erworben, das ihm der Hofbaurat Laves, bald schon sein Schwiegersohn, innen wie außen mit großem Aufwand völlig umgestaltete.[114] Es wurde ein überaus repräsentatives, herrschaftliches Haus modernen Stils. Man baute grundsätzlich großräumiger als vor der Jahrhundertwende. Eine Familie vom Stande der Kestners nahm jetzt Räumlichkeiten in Anspruch, die früher für zwei bis drei Familien als ausreichend empfunden worden wären. Georgs Haus enthielt u. a. einen großen, von Säulen mit dorischen Kapitellen getragenen Festsaal für künftige gesellschaftliche Veranstaltungen wie Hauskonzerte, Bälle und Familienfeste und verriet damit ein Repräsentationsbedürfnis, das einem Archivrat fünfzig Jahre zuvor, also etwa seinem Vater, noch völlig unvorstellbar gewesen wäre. Offene Kritik seiner Mutter ist nicht bekannt, aber es heißt, sie habe ihn entschieden zu viel Zeit für sein »elegantes Obdach« aufwenden und sich der Familie entziehen sehen;[115] es könnte aber wohl so gewesen sein, daß ihr seine merkantile Umtriebigkeit ein wenig unheimlich wurde. Georg versah seine dienstlichen Pflichten anscheinend mit routinierter »linker Hand« und gleichzeitig die privatgeschäftlichen mit der robusteren rechten; er investierte bereits in Immobilien. Im September 1821 kaufte er in der womöglich noch vornehmeren parallelen Friedrichstraße 15 (heute Friedrichswall) »eines der schönsten und teuersten Grundstücke der Stadt«[116], eigentlich für zwei Häuser ausreichend, mit einem zweigeschossigen, erweiterungsfähigen Bau. Wieder beauftragte er Laves mit der Renovierung dieses offenbar zur Vermietung bestimmten Objektes, für das er im März 1822 die Baugenehmigung erhielt, aber – am 23. Mai des Jahres heirateten Wilhelmine Kestner und Laves, und die Überlegungen der Familie änderten sich. Laves stellte dem Schwiegervater einen Interimsschein über ein Darlehen von 7000 Talern aus, Kestner legte das Geld mündelsicher an, und Laves ließ es 1824 hypothekarisch eintragen, als das Haus nach seinen Wünschen dreigeschossig umgebaut war, so daß die Familie des Hofbaurats das zweite und dritte Stockwerk beziehen und die erste Etage an den französischen Gesandten am hannoverschen Hofe vermieten konnte. Als gewissermaßen Krönung des Ganzen gelang es noch, Gartenland hinter dem Haus hinzuzukaufen, womit die Grundstücke der Familien Kestner und Laves aneinandergrenzten und durch die Gärten erreichbar waren. Wilhelmine Kestner konnte ihr im August geborenes Töchterchen Marie nun auf direktem Weg durch den eigenen Garten in das Elternhaus in der Leinstraße tragen, gewiß zur Freude beider Familien, und auch den Familiensinn der damit erstmals zur Urgroßmutter erhobenen Charlotte Kestner wird das mit Befriedigung erfüllt haben. Georg zog sich jedoch keinesfalls ins Familienleben zurück. Er zeigt sich uns so sehr als der Prototyp seiner Generation unter den gegebenen Verhältnissen, daß es sich verlohnt, seinen Wegen noch etwas zu folgen. Die Bankgeschäfte verknüpften sich bei privaten Bauaufträgen, wie beispielsweise der Sanierung des Gutes Bredenbeck der Freiherren Knigge und ähnlicher Projekte, fortan häufig mit den Interessen des Schwiegersohnes. Kunden des einen wurden Klientel des anderen, aber nicht nur der Bauboom ließ um diese Jahre die Immobilien und den Taler wandern, damit er sich vermehre.

Zwar mag die Stadt Hannover nicht besonders handels- und schon gar nicht industriefreundlich erschienen sein, jedoch unter den Staatsdienern und Hofbeamten gab es »durchaus wohlhabende und reiche Männer«, wie eine statistische Beschreibung aus dem Jahre 1819 feststellte. Auch Kaufleute waren zu Wohlstand gekommen, der sich weniger im auffälligen Äußeren ihrer Häuser zeigte als im Luxus ihrer Einrichtungen. Der zeitgenössische Chronist beschrieb unverblümt den neuen Trend: »Der Adel hat lange hin den Ton angegeben; wie der reiche Adeliche lebte, wollte bald auch der erste bürgerliche Staatsdiener leben; diesem ahmten die nachfolgenden Classen nach und der Bürger wurde endlich auch in den Strudel gezogen.«[117] Georg Kestner, der aus einem staatsunmittelbaren Dienstverhältnis sein Gehalt bezog und gleichzeitig aus spekulativen Kredit- und Anlagegeschäften ein Vermögen ansammelte, hatte sich zum Typ des gebildeten und besitzenden Bourgeois entwickelt, den man mit emanzipierter Selbstverständlichkeit die Gepflogenheiten aus dem Lebensstil des Adels übernehmen sah: die fast alljährliche Reise zur Kur nach Karlsbad, wo er sich seinem Patenonkel Goethe vorstellen konnte[118] und sogar Ehrenbürger wurde, und die Anlage einer kulturhistorischen Sammlung. Wollte man in der zu beobachtenden Statuskristallisation innerhalb der neuen Bourgeoisie ein soziologisches Urphänomen erkennen, so müßte man Georgs Teilnahme an zwei spektakulären Auktionen, 1818 in Häusern des Hochadels, geradezu als deren Symbol ansehen. Ein Jahr später bot ihm die Reise nach Karlsbad Gelegenheit, von dort neun Gemälde und aus Dresden 29 mitzubringen, im nächsten Jahr aus beiden Orten »nicht viel weniger«[119] und so aus mancherlei Städten über viele Jahre hin. Natürlich war er nicht der einzige, der im Mode gewordenen großen Stile Gemälde aufkaufte. Zu seinen bedeutenden Konkurrenten gehörten der Gold- und Silberfabrikant Bernhard Hausmann und späterhin der Druckereibesitzer Culemann, die sich und ihre Sammlungen zu überregionalem Ruf brachten und dabei, Kestner inbegriffen, in einer Tradition standen, die bereits Georg und Ernst Brandes, August Wilhelm Rehberg und andere Hannoveraner begründet hatten.

Georg Kestner kaufte, seinen historischen Interessen folgend, vorwiegend historische Porträts, darin bewußt oder unbewußt das alte Vorhaben seines Vaters, eine Geschichte der Welfen schreiben zu wollen, in bildliche Realität umsetzend, allerdings den Personenkreis um Fürstlichkeiten und ihre Familienmitglieder aus dem Hause Stuart und andere erweiternd. Die künstlerische Qualität spielte dabei weniger eine Rolle als das Bemühen um genealogische Vollständig-

Georg Kestner.
Lithographie von Giere, 1840.

Goethe 1819.
Ölbild von George Dawe.

keit. Auf den Auktionen und den meisten Ankäufen aus Privathand ließ er sich selbst nicht einmal sehen, angeblich, weil es ihm an »Zeit und Geduld« mangelte.[120] Aus Quellen wie Erbnachlässen, Hausräumungen und wo immer aus Geldmangel dergleichen Objekte angeboten wurden, kaufte er über kleinere Zwischenhändler und zahlte bar. Zuweilen kostete die Restaurierung mehr als der Ankauf.

Eine derart nach dem Zufallsprinzip kumulierende Gemäldesammlung, zumal einseitig gewählter Motive, bedeutete am Ende eine etwas fragwürdige Kapitalanlage, eher einen Gewinn an Prestigeobjekten. Die Niedersächsische Landesgalerie in Hannover besitzt heute 29 der wertvolleren von den 520 Gemälden, darunter auch niederländische Landschaftsmalerei, die Georg Kestner schließlich in seinem Haus in der Leinstraße und im ererbten »Gartenhaus« hinter dem Aegidientor an den Wänden nahezu sämtlicher Zimmer hängen hatte. In die Berliner Nationalgalerie gelangte noch 1975 aus Georgs Sammlung ein Gemälde des Italieners Varotari *Christus und die Ehebrecherin*, wie überhaupt aus den bedeutenderen Objekten dieser Gemäldesammlung das eine oder andere Einzelstück in späterer Zeitfolge in Privathände oder den professionellen Handel gekommen sein dürfte.[121]

Muß man Georgs patriotischen Gemäldefanatismus, der es eher zu einer Ansammlung als zu einer wirklichen Sammlung brachte, durchaus kritisch sehen, so verdient jedoch seine Autographensammlung, die 1892 aus dem Besitz seines Sohnes in die Leipziger Universitätsbibliothek gegeben wurde, noch heute unsere uneingeschränkte Anerkennung. Ein zehnbändiger handschriftlicher Katalog weist einen Umfang von 20000 Autographen aus dem 18. bis 20. Jahrhundert aus als Originalschriftstücke – Briefe, Aktenstücke, Manuskripte – bedeutender Künstler, Literaten, Wissenschaftler, Politiker und Fürsten. Charlotte Kestner als Mutter, ihr Sohn Georg und ihr Enkel Johann Georg Kestner nebst Familienangehörigen und dem weit gestreuten Freundeskreis trugen aus umfangreicher Korrespondenz zu diesem Konvolut bei. Die Kestnersche Handschriften-Sammlung der Unversitätsbibliothek Leipzig stellt eine der bedeutendsten Handschriftensammlungen Deutschlands dar, wobei zu berücksichtigen ist, daß Dokumente, Akten und Manuskripte häufig aus einer Vielzahl von Blättern bestehen und so dieser Jahrhundertschatz sich noch erheblich vergrößert.[122] Wieweit allein in Georgs eigener Korrespondenz die Namen Kestner und Goethe ausstrahlten, soll hier ein Brief belegen, der aus London am 20. Mai 1863 von Henry Lewes den Weg nach Hannover in die Leinstraße 11 fand. Vermutlich kannte Georg Kestner des Absenders Autorschaft an der ersten englischsprachigen Biographie *Life of Goethe* (1855). Lewes bedankte sich bei ihm für zugesandte Familienporträts, darunter den bekannten Porträtstahlstich der jungen Charlotte Kestner nach einer Lithographie von Giere, deren Original sich heute im Goethe-Museum von Düsseldorf befindet.

»The portrait of your mother and father, and your brother, were most acceptable presents: Lotte being especially charming in that larger lithography, and I shall place her on my walls beside the ›old jupiter‹ who so well knew how to appreciate her. On looking into that sweet face one cannot help imagining how different would have been the current of his life, had he known and loved her before your father – assuredly very different would have been the influence of such a woman, from that of the Frau von Stein or the Vulpius! But as in that case you would not have been, perhaps you prefer the historical to the imaginative fact! and as in that case also we should not have ›Werther‹, we also may content. Had Goethe been happily married we might have wanted his greatest work!«

Die Herausgeber der amerikanischen Sammlung seltener Faksimiles und Reproduktionen von Goetheana, der wir diese Textwiedergabe entnehmen[123], nannten das eine »*charming association*«, und dem haben wir nichts hinzuzufügen, als daß es wohl lohnend sein möchte, Georg Kestners Autographensammlung aus ihrem Dornröschenschlaf zu erlösen.

Georg Kestner, als Erstgeborener aus mütterlichem Erbe mit einer hervorragenden Konstitution gesegnet, genoß für sein Engagement bei der Rettung der Archive zu Beginn der französischen Besatzung die Dankbarkeit seines Dienstherrn, der ihm die archivrätliche Stellung und Bezahlung weit über das Pensionsalter hinaus gewährte, obwohl inzwischen reicher Bürger der Stadt. So nahm er erst im 75. Lebensjahr Abschied vom Archiv. Ein Entgegenkommen, das August Kestner, der ihm bei den gefährlichen Aktionen unter den Augen der Besatzungsmacht und Geheimpolizei geholfen und eigenverantwortlich große Geldsummen des Staates nach Hamburg in Sicherheit gebracht hatte, glaubte entbehren zu müssen, als er – immerhin auch schon 72 Jahre alt – 1849 pensioniert worden war im Zuge der politisch bedingten Schließung der hannoverschen Gesandtschaft in Rom. August Kestner besann sich für die nächstfolgenden Jahre wie schon zuvor auf die Verse seines Zeitgenossen Eichendorff: »Mich brennt's in meinen Reiseschuhn...«, auch darin seiner Mutter am nächsten.

Sie finden wir im Brief von 1820 erneut und ebenfalls in Reisestimmung. »Meiner Gesundheit thut immer eine Reise wohl, wie hat mich jeder nach der Weimarschen verendert gefunden ...« – etwaigen Bedenken ihrer Kinder vorweg den Wind aus den Segeln nehmend, rüstete sich Charlotte Kestner wenige Wochen nach ihrem 67. Geburtstage bereits in Gedanken zu einer erneuten Reise von Hannover ins ferne Elsaß, voller Vorfreude darauf, die Tochter

Charlotte und wenigstens zwei ihrer am weitesten entfernten Söhne in ihrem neuen Hauswesen wiederzusehen. Immerhin stand ihr eine mühselige Zehntagefahrt mit der Postkutsche bevor, die »normale« Reisende eigentlich abzuschrecken pflegte und an ihr Testament denken ließ. Die Schrecknisse solcher Unternehmungen boten nach überstandenem Abenteuer noch über Tage hin abendfüllenden Gesprächsstoff, stets Schaudern und Mitgefühl der Zuhörer auslösend. Charlotte Kestners Stimmung und Wohlbefinden hoben sich jedoch bereits bei der Aussicht auf derartige Vorhaben, und bei ihrer Rückkehr glaubte man, sie aus einem Jungbrunnen wieder auftauchen zu sehen. Ihrer Kontaktfreudigkeit und ihrem Erlebnisdrang boten solche Reisen eine Drehbühne schnell wechselnder Situationen vor der Kulisse gewohnter süddeutscher Landschaft, begleitet auch von der Musik des heimatlichen hessischen Dialekts, gleich nachdem man Kassel passiert hatte, und immer konnte sie damit rechnen, irgendwo als Hofrätin Kestner alias »Werthers Lotte« erkannt zu werden, was sie inzwischen durchaus genoß. So schon 1810, als sie bei einem Theaterbesuch in Straßburg alle Blicke auf sich und ihre begleitende Schwiegertochter, Theodors Frau, gerichtet sah oder auf der Rückreise an der *table d'hôte* im Rasthaus ein Herr mit bedeutsamem Nachdruck die Neuigkeit verkündete, die Frau Hofrat Kestner sei dieser Tage in Frankfurt gewesen, und Charlotte sich zur Freude der Reisegesellschaft zu erkennen gegeben hatte.

Inzwischen war 1814 auch der dritte Teil von Goethes *Dichtung und Wahrheit* erschienen, und jedermann aus Deutschlands gebildetem Publikum hatte nachlesen können, daß der Geheimrat in Weimar einst in ihr »ein wünschenswertes Frauenzimmer« gesehen und gemeinsam mit ihr und dem Freund Kestner »eine echt deutsche Idylle« erlebt zu haben glaubte, so daß ihm jeder Tag als ein Festtag erschienen sei, wert, den ganzen Kalender rot zu drucken und sich selbst gleichzusetzen mit dem Freunde der Neuen Heloise aus Rousseaus Roman, dem geweissagt worden: »Und zu den Füßen seiner Geliebten sitzend, wird er Hanf brechen, und er wird wünschen Hanf zu brechen, heute, morgen und übermorgen, ja sein ganzes Leben.« Hatte den Leser bei diesen Zeilen mit der Werther-Erinnerung die Rührung ergriffen, so konnte er weiterhin seiner Phantasie freien Raum zu neuen Spekulationen geben, wenn er das Goethesche späte Bekenntnis las, er habe sich zwar von Charlotte (Buff) mit reinerem Gewissen getrennt als von Friederike (Brion), »aber doch nicht ohne Schmerz. Auch dieses Verhältnis war durch Gewohnheit und Nachsicht leidenschaftlicher als billig von meiner Seite geworden ...«[124]

Auch Charlotte dürften diese Passagen aus den Lebenserinnerungen von Deutschlands bedeutendstem Dichter geschmeichelt haben, wenngleich sich auch kein Wort darüber aus ihrer Feder finden läßt. Das wiederbelebte öffentliche Interesse an ihrer Person – auch unter der Berücksichtigung, daß Goethe sein Publikum seit Jahrzehnten verunsichert und sich ihm merklich entfremdet hatte –, das Erinnern an die glücklichen Monate ihrer Jugendzeit und vielleicht auch ein Gefühl stolzer weiblicher Genugtuung ob dieser ihr geltenden Eloge von Dichterhand müssen ihren schon Jahre hindurch gehegten Wunsch nach einem Wiedersehen mit der Schwester Amalie und die Neugier auf eine doch wahrscheinliche Wiederbegegnung mit dem Jugendfreund verstärkt haben, so daß sie am 25. September 1816 sonntags nachmittags 3 Uhr in Begleitung ihrer Tochter Clara in Weimar eintraf und fünf Wochen dort blieb. Nach den Begriffen der damaligen Zeit war mit 44 Jahren seit den Wetzlarer Ereignissen der Zeitraum eines Menschenlebens vergangen, und wenn Werther »der grenzenlose Zustand der Jugend«[125] genannt zu werden verdient, dann war ein solcher doch weder dem Dichter noch seiner Jugendliebe unbegrenzt vom Schicksal vergönnt worden. Zwar konnte man Charlotte Kestner ebenso wie Goethe eine bewundernswerte physische Rüstigkeit und geistige Präsenz zuerkennen, aber Familie wie Freunde mochten wohl beiderseits nicht ohne eine gewisse Beklemmung dieser Begegnung entgegensehen.

Eigentlich konnte Charlotte erheblich vorgewarnt sein, das bevorstehende Ereignis nicht mit allzu großen Erwartungen zu belasten, denn im Sommer des Vorjahres hatte sich ihren Söhnen August und Theodor die Gelegenheit ergeben, Goethe auf der Gerbermühle bei Oberrad vor den Toren Frankfurts aufzusuchen, wo dieser während einer Rhein-Main-Reise gerade seinen 66. Geburtstag gefeiert hatte, seit einem Jahr ganz im Schaffensrausch des *West-östlichen Divan* und in seligem Einklang mit der Freundin Marianne Willemer. Ausführlich, fast protokollarisch minutiös, hatte August Kestner in seinem Tagebuch[126] von der eineinhalbstündigen Begegnung Zeugnis gegeben, und gewiß wird er auch so nach seiner Rückkehr in Hannover berichtet haben:

»Dieses war die merkwürdige Stunde, die schon viele Jahre vorher das Ziel meiner Wünsche gewesen, wo ich den ersten Dichter des Zeitalters von Angesicht zu Angesicht gesehen hatte, wo ich selbst in die Augen gesehen habe, die so vieles durchschaut, die Stirne, in der so mancher tiefer und großer Gedanke aufgestiegen, den Mund selbst reden gehört, von welchem so manches seelenvolle Wort gekommen war. Nicht ohne einen Grad von Befriedigung ging ich von hier, wo ich so glücklich war, diese Erscheinung genossen zu haben, und nicht ganz ohne Dankbarkeit, daß er mir anderthalb Stunden hatte schenken wollen.«

Mit dem geübten fixierenden Blick eines selbst akkurat zeichnenden Künstlers hielt August seine Eindrücke von Goethes Erscheinungsbild fest:

»Seine Gestalt ist eher groß als klein und soviel der zugeknöpfte Oberrock davon sehen ließ, von angenehmen Verhältnissen. Seine Stirn ist, wie die Abbildungen lehren, hoch, oben etwas zurückgehend und höchst bedeutend, die Nase verhältnismäßig mit dem Oval des Gesichts und den übrigen Zügen und schön gebogen ohne Höcker. Der Mund geschwungen, wie ich es noch bei allen Künstlern gefunden habe, voll Seele und Gemüt, aber sehr verfallen durch die fehlenden Oberzähne, von denen ich glaube vorn nur einer noch übrig war. Der Mund ist nicht ohne Milde, aber diese scheint mit einem Widerstrebenden zu streiten. Man würde sagen, es läge Stolz hier, wenn nicht ein Druck in seinen inneren Augenhöhlen andeutete, daß eine Last auf seiner Seele zu ruhen scheint. Von solchen Lippen quillt das tief Empfundene hervor, solche Lippen schwellen des Lebens Genüssen entgegen. – Sein Merkwürdigstes sind die großen schwarzen Augen, aus denen gleich die gewaltige Fähigkeit entgegenleuchtet, ohne Anstrengung zu durchschauen, was ein Sterblicher durchschauen mag. Vielleicht sind sie jetzt auf dem Erdboden einzig in ihrer Art.

So spricht alles in seinen Zügen die Bestimmung zu großen Fähigkeiten aus, aber dennoch ist nirgends ein ungestörter, ungetrübter Eindruck von dem Bewußtsein so großer Fähigkeiten. Nahe bei diesem durchdringenden Blick ist in den Augenhöhlen, auf der Stirn nicht die Heiterkeit eines Menschen, der mit der Zeit im klaren ist. Sein Blick, der stets forschend von einem Gegenstande zum andern sich bewegt, hat nicht die Ruhe und die Befriedigung eines solchen und verweilt dann am wenigsten, wenn ein anderer Blick ihm begegnet!

In seiner Miene und Betragen war eine beständige Beobachtung seiner selbst sichtbar, welche zu beweisen schien, wie ungleichgültig es ihm war, wie er erschien; hierdurch schwand die Unbefangenheit des Betragens, welche notwendig ist, den Umgang und das Gespräch behaglich zu machen. Doch sind seine inneren Bewegungen schnell im Gesichte zu lesen und sein Lächeln, wenn es auch mehr aus Teilnahme des Geistes als des Herzens hervorging, stieg lebhaft und mit Schnelligkeit empor; es konnte daher, weil es meistens nur in einem Interesse für einen Gesprächsgegenstand oder einer Höflichkeit seinen Grund hatte, wenig das Gemüt berühren.«

Es störte Kestner sehr zu erleben, daß »der größte Mann seines Zeitalters auf bürgerliche Geltung einen so großen Wert legen kann und dieses überall so kund gibt«, seine »Höhe als Dichter« sei doch weit mehr wert als die seines Ministerranges. Am nächsten Tage begegnete er zufällig noch einmal Goethe und fand sich mit dem gleichen irritierenden Eindruck bestätigt: »... seine natürliche Freundlichkeit wurde wieder von einer widerstrebenden Gewalt oder Verlegenheit unterdrückt, als müßte er Hoheit in seinem Betragen annehmen und, als ob er sich nicht getraue es zu tun.«

Schon am Tag zuvor hatte es sich ihm tief eingeprägt, daß Goethe im Äußeren, bei aller Freundlichkeit und Zuvorkommenheit, so offenbar absichtlich würdig zu erscheinen gesucht hatte. Im Gespräch war ihm auch aufgefallen, wie schnell Goethe beflissen in liebenswürdige Unverbindlichkeit schlüpfte, wenn es ihm geraten erschien, vom intimen Kern einer Gesprächssequenz abzulenken, beispielsweise als Kestner ihm eine Empfehlung der Mutter ausrichtete:

»Er fragte nach ihrem Befinden, und ob meine Geschwister noch vollzählig wären, indem er freundlich hinzufügte, daß unser seliger Vater ihm unsere sämtlichen Silhouetten geschickt habe, als wir noch böse Buben gewesen, und daß er uns daher schon alle kenne. Dann kam die Rede auf Silhouetten, und er äußerte, es sei ihm nicht lieb, daß diese ehemals gangbare Art, sich ein Andenken zu geben, so ganz abgekommen sei; denn es wäre doch ein treuer Schatten des Freundes gewesen. Nach einem kurzen Gespräch verschiedenen Inhalts nötigte er uns darauf in den Garten.«

August Kestner kam buchstäblich nicht darüber hinweg, daß dieser so unbestritten bedeutende Mann sich in pompöser, stets kontrollierter Körperhaltung gefiel, während »wahre Würde« doch nicht »in einem gewaltsamen Emportreiben des Hauptes u. der Brust« sich darstelle, vielmehr erkenne man daher eher den, »welcher das usurpiren will, was ihm nicht gehört«. Wem dagegen ein hoher Stand angeboren sei, den pflege man an einer gewissen Zwanglosigkeit in Haltung und Bewegung zu erkennen, welche die frühe Erziehung und einen entsprechenden Umgang verrate. Natürlich habe er Goethe mit »Exzellenz« angesprochen, wie es sich gehöre, aber das »Herr *von* Goethe« wolle ihm auch im Gespräch mit Dritten nicht über die Lippen, was ihm mancher »Anbeter« Goethes in Frankfurt schon als »Dreistigkeit« auszulegen scheine. August vergaß offensichtlich, daß er im Elternhause vermutlich nur von »Göthe« sprechen gehört haben mochte, wozu schließlich die enge freundschaftliche Beziehung Goethes zu seinen Eltern die Berechtigung gab. August, zu Heldenverehrung und Personenkult nicht bereit und nun kritisch das Erlebte nachbesinnend, fand noch mehr, was ihm *contre cœur* ging. Wahrscheinlich hatte er erwartet, Deutschlands größten Dichter druckreif reden zu hören und war nun entsprechend entsetzt, ihn stereotyp und undifferenziert mancherlei im Verlaufe des Gesprächs mit dem Wort *curios* belegen zu hören. Im Tagebuch monierte August daher, das Wort zeuge von Gleichgültigkeit, »wo man Hochachtung haben müsse; hilft man sich nur mit dem Urtheil, daß etwas curios sey, um ein Ausführlicheres oder Bestimmteres zu vermeiden, so erregt man den Verdacht der Feigheit; alles nennen, um alles gelten zu lassen, fließt aus Übermuth; indem man denn alles außer Sich Selbst in eine Classe setzt«.

Kestner beschloß sein Gedächtnisprotokoll mit dem kommentarlos wiedergegebenen Bericht, den ihm ein Wiesbadener als selbst erlebt mitgeteilt hatte, daß nämlich Goethe auf die Frage, ob er schon in Biberach (Sitz des Landesherrn) gewesen sei, mit Lebhaftigkeit geantwortet habe: »Es war natürlicher Weise nach meiner hiesigen Ankunft das Erste, dem Herzog den Befehl meines Herrn zu überbringen.«

Was August Kestner, deutlich beeindruckt, aber auch enttäuscht, noch verschwieg, hört man deutlich heraus: das böse Klischee vom »Fürstenknecht«, das seine Generation »schnell fertig mit dem Wort« gern auf Goethe bezog, der ihrem patriotischen Engagement 1812/13 so wenig Verständnis entgegengebracht hatte.[127]

Lesen wir nun die Berichte seiner Schwester Clara von ihrer und ihrer Mutter erster Begegnung mit Goethe[128] im September des folgenden Jahres, 1816, so finden wir darin die gleiche Ambivalenz gegenüber Goethes Erscheinungsbild und Wesen, wie sie in Augusts Niederschriften erkennbar wird und, namentlich bei Clara, einen gewissen pedantischen Hang zu lückenloser Bestandsaufnahme und kritischer Durchleuchtung des Goethephänomens, vielleicht Ausdruck eines Quentchen väterlichen Erbes.

Lampenfieber vor dem großen Augenblick betraf die 23jährige Tochter wie die 63jährige Mutter, »doch was half es, das Herzklopfen mußte überwunden werden. Mutter war auch nicht ganz à son aise ...«. Zum gemeinsamen Essen im kleinsten Kreise hatte Goethe den Kammerrat Dr. Ridel, Kollege seines Sohnes August, nebst Familie, d. h. Frau und Tochter, schriftlich eingeladen, was Charlotte und Tochter einschloß. »Mutter hätte ihn gern erst einmal allein gesehen, doch da dies für Göthe eine überaus große Artigkeit seyn sollte, so wurde zugesagt.« Goethe ließ in seiner

Equipage die Gäste abholen. Kamen sie ihm gelegen? Wohl kaum.

Im Juni erst war seine Frau Christiane gestorben. Tiefe Depression hatte ihn auch in der Fortsetzung naturwissenschaftlicher Studien, seinem bewährten Heilmittel gegen dergleichen Zustände, kaum Ruhe finden lassen. Eine nochmalige Reise an Rhein und Main, jetzt in Begleitung des alten Haus- und Kunstfreundes Heinrich Meyer, war spontan aufgegeben worden, als der Wagen noch vor Erfurt einen Achsenbruch erlitten hatte und Goethe das in seiner pessimistischen Grundstimmung als einen Wink des Schicksals zur Umkehr deutete. Vier Tage später war aber Meyer wiederhergestellt – er hatte eine leichte Kopfverletzung erlitten –, und beide begaben sich zu einem sechswöchigen Aufenthalt ins thüringische Bad Tennstedt zur Schwefelwasserkur. Goethe, von dieser Reise erst seit zwei Wochen zurück, physisch sicher gut erholt, jedoch von einem Rheumaanfall im linken Arm etwas behindert, mochte durchaus geselliger Ablenkung und Anregung weiterhin bedürftig sein, aber ob er eine solche Vitalisierung von unerwarteter Begegnung mit der Vergangenheit erwartete, darf füglich bezweifelt werden. Clara Kestner, die an diesem merkwürdigen 25. September 1816 mit ihrem Eintritt in das Goethesche Haus das Seziermesser jugendlich unbekümmerter Kritik an alles legte, was ihre Sinne aufnahmen, konnte nicht umhin, Goethes sichtlich bemühte Höflichkeit und Zuvorkommenheit anzuerkennen, fand aber doch unendlich viel zu bemängeln:

»Wir fuhren also hin, und wurden unten an der Treppe von dem Sohn empfangen, im Vorsaal kam er selbst uns entgegen, doch treuer dem Bilde was ich durch Dich von ihm hatte, als dem was uns der gute Onkel gab, denn Rührung kam nicht in sein Herz, seine ersten Worte waren als ob er Mutter noch gestern gesehen: es ist doch artig von Ihnen daß Sie es mich nicht entgelten lassen daß ich nicht zu erst zu Ihnen kam. (er hat nämlich etwas Gicht im Arm) Dann sagte er, Sie sind eine recht reisende Frau, und dergl gewöhnliche Dinge mehr. Mutter stellte mich ihm vor; worauf er mich einiges fragte unsere Reise betreffend und ob ich noch nie in dieser Gegend gewesen sey, welches ich doch ganz unerschrocken beantwortete. Darauf gingen wir zu Tisch wohin er Mutter führte und auch natürlich bey ihr saß, ihnen gegenüber der Onkel und ich daneben, so daß ich ihm ganz nahe war und mir kein Wort und kein Blick von ihm entgieng. Leider aber waren alle Gespräche die er führte so gewöhnlich, so oberflächlig, daß es eine Anmaßung für mich seyn würde zu sagen ich hörte ihn sprechen oder ich sprach ihn, denn aus seinem Innern oder auch nur aus seinem Geiste kam nichts von dem was er sagte. Beständig höflich war sein Betragen gegen Mutter, und gegen uns alle, wie das eines Kammerherrn, der Onkel entschuldigte ihn wie ich mich ziemlich freymüthig über ihn äußerte mit seiner Steifigkeit und selbst Blödigkeit, erstere hat er nun phisisch und freilich diesen Tag auch geistig in höchstem Grade, denn alle sagten er sey so liebenswürdig gewesen wie sie ihn beynahe nie gesehen.«

Als nach Tisch Clara ihr Interesse an einer Zeichnung zu erkennen gab, die in ihrem Blickfeld an der Wand hing, ließ der Hausherr sie herunternehmen und erzählte ihr die Geschichte des Bildes und sprach auch von Julie v. Egloffsteins großem Talent. Der Mutter präsentierte er den alten Schattenriß ihrer fünf ältesten Söhne, den er schon im Jahr zuvor im Gespräch mit August erwähnt hatte. Clara, der übrigens August v. Goethe ziemlich unbedeutend erschien, faßte diesen illustren *small-talk* zusammen: »Du siehst aus allem Diesem er wollte verbindlich seyn, doch alles hatte eine so wunderbare Teintüre von höfischem Wesen, so garnichts herzliches daß es doch mein Innerstes oft beleidigte.«

Die Wohnung fand sie »düster und unwohnlich« einge-
richtet, Haus und Garten erschienen ihr so unbedeutend
wie Goethes Sohn. Der museale Charakter der Goetheschen
Repräsentationsräume war nicht geeignet, Claras Herz zu
erwärmen. Im Büstenzimmer jedoch schien sie geradezu
Mühe gehabt zu haben, die wünschenswerte Contenance zu
bewahren: »Auch Göthens und seiner Frauen Büste steht
darin von der wir abscheuliche Dinge hören mit denen ich
mein Papier nicht beflecken werde, Gottlob daß sie todt ist,
und doch sollte man es glauben, ehrt er ihr Andenken mit
Rührung.«

Clara schrieb ihren Bericht wenige Tage nach dem wohl
kaum zweistündigen Aufenthalt in Goethes Haus, und
schon hatte sie »abscheuliche Dinge«, also den üblen Weimarer Klatsch über Christiane v. Goethe zu hören bekommen. Wäre ihre heftige Reaktion lediglich als Ausdruck
jugendlich-naiver Sittenstrenge und unreflektierte Urteils-
schelte zu werten, könnte man das übersehen, aber sie läßt
doch auch ahnen, wie man im Hause Kestner über diese
vielbeschriene Mesalliance dachte. Natürlich überstieg eine
Persönlichkeit wie Goethe absolut das Fassungsvermögen
des unerfahrenen Mädchens aus behütetem bürgerlichem
Hause, zudem war gerade sie Goethe mit einer völlig über-
steigerten Erwartungshaltung begegnet: »... zuweilen fiel
mir bey Tisch eine schöne Stelle aus seinen Gedichten ein,
ich sah ihn darauf an, konnte aber keine Ähnlichkeit finden.« Vermutlich hatte auch sie druckreife Rede und über-
strömende Herzlichkeit erhofft. Sie atmete erst wieder auf,
als noch selbigen Nachmittags Caroline und Julie v. Egloffstein anzutreffen waren und die Wiedersehensfreude den
Besuch im Goethehaus überdeckte.

Ohne Zweifel war der mütterliche Erwartungsbogen weniger hoch gespannt gewesen und darum auch nicht so zu
erschüttern. Erst aus einem zweiten Brief der Mutter an ihn

und aus einer Woche Abstand konnte der in Hannover ein-
hütende Sohn August von ihren Eindrücken lesen:

»Von dem Wiedersehen des Großen Mannes habe ich
Euch selbst noch wohl nichts gesagt: viel kan ich auch nicht
darüber bemerken. Nur so viel, ich habe eine neue Bekanntschaft von einem alten Mann gemacht, welcher, wen ich
nicht wüßte daß er Göthe wäre, u auch danach, hat er keinen angenehmen Eindruck auf mich gemacht. Du weist wie
wenig ich mir von diesem Wiedersehen, oder vielmehr dieser neuen Bekanntschaft versprach, war daher sehr unbe-
fangen: auch that er nach seiner steifen Art alles mögliche
um verbindlich gegen mich zu sein. Er erinnerte sich Deiner
und Theodors mit Interesse, lies mir seinen Sohn eine
Pflanze zeigen, die ihm Theodor geschickt hatte, u was mich
sehr freute, er sprach mit großem Interesse von Stieglitz. So
stehen die Sachen. Er ist nicht wohl u geht nicht aus, also
eine Frage ob die *Alten Neuen Bekanten* ihre Bekantschaft
fortsetzen, u sich in ihren alten Tagen auch gefallen.«

Sie kannte wohl den Jugendfreund doch besser und
konnte sich vorstellen, daß dieser erst in größerer Gesellschaft und bei wiederholter Begegnung auftauen würde,
wie es denn auch geschah. Am 14. Oktober bot Kanzler v.
Müller die Gelegenheit zu einem zwangloseren Zusammen-
sein, indem er für die hannoverschen Gäste einen kleinen
Abendempfang gab, wozu er Goethe, Julie und Caroline v.
Egloffstein mit ihrer Tante und auch das Ehepaar Ridel
einlud. Am neutralen Ort und unter Freunden zeigte sich
Goethe dann tatsächlich weitaus gelöster, womit er zwar
noch immer nicht Claras Idealvorstellungen erreichte, aber
anscheinend doch ihre Anerkennung.

Als Goethe nach einigen Tagen von der Theaterliebe der
Kestnerschen Damen erfuhr, schickte er am 9. Oktober das
inzwischen mehrfach veröffentlichte Billett an Charlotte,
mit dem er seine Loge und die Equipage anbot. Von nun an

ging Charlotte, wie wir von ihrer Tochter erfahren, »auf sein Verlangen immer in seine Loge, wo er sehr freundlich seyn soll, ich gehe nicht hin da ich fürchte ihn zu genieren indem vorn nur 2 Plätze sind, auch bin ich längst zufrieden wenn er nur gegen Mutter freundlich ist da ich keine Ansprüche auf ihn machen kann, und sein Wesen nicht verstehe«. Im Nachlaß Clara Kestners finden sich diverse Theaterprospekte, die erkennen lassen, daß an den drei Spieltagen der Woche entweder Mutter oder Tochter doch anwesend waren. Clara lehnte zwar ab, noch ein weiteres Trauerspiel zu sehen, nachdem ihr Theodor Körners *Zriny* das Gemüt verdüstert hatte, jedoch blieb die Furcht vor Wiederholung unbegründet, Kotzebues leichte Bühnenkost machte keine Beschwerden, und Singspiele lockerten zusätzlich in reicher Zahl das Programm auf. Mit Goethes *Jery und Bätely* endeten am 30. Oktober die Kestnerschen Theaterbesuche, die ihren Höhepunkt vermutlich schon am 19. Oktober erlebten, als aus Anlaß des dritten Jahrestages der Völkerschlacht bei Leipzig Goethes Festspiel *Des Epimenides Erwachen* auf dem Spielplan stand, und Charlotte mit Goethe und dem Oberbaudirektor Coudray gemeinsam der festlichen Aufführung beiwohnte. Am Abend zuvor hatten weithin sichtbare Holzfeuer von den Höhen der Weimar umgebenden Berge auf den historischen Gedenktag eingestimmt.

Die Kestners gewannen kaum noch ausreichend Zeit, um die begreiflicherweise neugierigen Familienmitglieder in Hannover, Frankfurt, Wetzlar und Thann nicht allzu lange auf ihre Situationsberichte warten zu lassen. In Weimars »Gesellschaft« wurden sie herumgereicht, so daß fünf Wochen wie im Fluge vergingen. Seit Charlotte bei einem Galakonzert mit dem renommierten Soloklarinettisten Johann Simon Hermstedt in der Pause von der Großherzogin Luise in ein längeres Gespräch gezogen worden war, wollten die

Einladungen kein Ende nehmen, wollte jeder von dem Ereignis, »Werthers Lotte« leibhaftig gesehen zu haben, aus eigener Anschauung berichten können, wie beispielsweise Schillers Witwe dem Goethe-»Urfreund« Ludwig v. Knebel nach Jena: »Ich habe das Original der Lotte gesehen ... eine Hofrätin Kestner aus Hannover, eine sehr hübsche Frau, wol weit in Sechzigern, bedeutende Augen und schöne Gestalt hat sie sich erhalten und ein schönes Profil, aber leider wackelt der Kopf, und man sieht, wie vergänglich die Dinge der Erde sind. Sie hat Goethe auch sehr anders gefunden. Sie ist geistreich, gebildet und nimmt großes Interesse an den Weltbegebenheiten.«[129]

Frau v. Schiller hatte der Konzertgala beigewohnt. Hermstedt, 38 Jahre alt, galt zu der Zeit als einer der wenigen herausragenden Soloklarinettisten, war Schüler Ludwig Spohrs und sein monopolisierter Interpret. Er gab Konzerte in vielen deutschen Städten und Kurorten. Gerade kurz zuvor hatte er in Bad Tennstedt unter Goethes Anwesenheit gespielt, der ihn sehr schätzte. Die Kestners kannten ihn von Auftritten in Hannover. Clara geriet angesichts seines Auftretens in Weimar in eine derartige Euphorie, daß sie keine Ruhe ließ, bis Mutter Charlotte nach ihm schicken ließ und um seinen Besuch bat. Hermstedt bot sich sogar zu Spaziergängen an, und Clara entwickelte eine ungeheure Aktivität, um über den Bruder Theodor und sonstige Freunde für Hermstedt auf allen Stationen der Konzertreise, Frankfurt – Karlsruhe – Straßburg, den Weg mit Empfehlungen zu ebnen, sogar Colmar noch einschließend, damit Schwester Charlotte aus Thann ihn dort hören möge. Dem Bruder August in Hannover berichtete Clara in aller Ausführlichkeit über ihr Bemühen, »es macht mir unendliche Freude ihm vielleicht nützlich seyn zu können. Er erkundigte sich natürlich sehr freundlich nach Dir, und wünschte Dich auch her.«

Wir halten fest: der Ruf der Familie Kestner und ihrer Freunde Einfluß drang offenbar weit genug, um dergleichen Förderung eines noch die Festanstellung erhoffenden Musikers – er wurde erst 1824 Hofkapellmeister in Sondershausen – bewirken zu wollen und auch für möglich zu halten. Mutter wie jüngste Tochter nahmen in Hannover am kulturellen Leben den Anteil, den man von ihrer gesellschaftlichen Stellung erwartete.

Claras Briefe aus Weimar an den Bruder in Hannover lassen noch eine andere Perspektive deutlich werden, aus der wir entnehmen dürfen, daß der standesbedingte Graben zwischen Adel und Bürgertum in der kleinen Residenzstadt Weimar ganz erheblich breiter und tiefer war als in Hannover. So sahen es beispielsweise die nicht hoffähige Tante Ridel und die ohnehin unausstehliche Cousine nicht gern, wenn die Kestners mit den v. Egloffsteins, deren Uradel sie in den Weimarischen Hofdienst gebracht hatte, verkehrten. Clara, die nun gerade die unerwartete Nähe zu Julie v. Egloffstein als eine Wohltat empfand, litt darunter sehr. An der Cousine besonders erlebte sie »eine unüberwindliche Abneigung gegen alle interessierten Menschen und gegen den Adel«, so daß sie manche Bekanntschaft nicht machen konnte, die ihr von Julie angeraten worden war. Schon nach einer Woche ihres Aufenthalts äußerte Clara den Eindruck, man habe hier »so fatale Vorurtheile gegen den Adel viel ärger als bey uns...« Des Onkels liebenswürdige Toleranz und Weltläufigkeit, von Mutter und Tochter gleichermaßen gelobt, überbrückte offenbar ganz bewußt diese auch von anderen Zeitgenossen bestätigte Spaltung der Gesellschaft. Als Goethes Logenbruder und derzeit *Meister vom Stuhl* mochte er sich wohl als eine Art Brückenbauer zwischen hoffähigem Adel und Bildungsbürgertum empfinden. Clara berichtete, »daß hier alle Menschen passionierte vreymaurer sind«, und der Onkel durch seine herausgehobene Stellung in dieser Bruderschaft und mit der Vorbereitung eines Ordensfestes äußerst beschäftigt sei.

Sie hatte sich in Weimar 1816 nicht besonders wohl gefühlt und freute sich, am 30. Oktober vom Bruder Georg wieder abgeholt zu werden. Auch die Mutter hätte nicht unbedingt hier leben mögen, wie sie ihrer Tochter nach Thann schrieb, nicht ohne Ironie: »Es ist wahr; dieser kleine Fleck vereinigt manchen guten Kopf, und die nicht mehr leben, sind wenigstens in Büsten da, weil die Sinne derjenigen, welche das Übrige nicht begreifen, doch auch was haben wollen. Heimisch ist aber wenig hier, es sind beynah alles Fremde, und also deswegen keine Vertraulichkeit und Familien Liebe zu finden.«[130]

Aber sie konnte doch mit ihrem Aufenthalt in Weimar zufrieden sein und war es auch. Hofrätinnen-Status und Lotte-Bonus hatten ihr viele Türen geöffnet, so die der Frau von Stein gleich mehrmals. Zwei Frauen, deren Rolle in Goethes Leben und Werk sie heimlich miteinander verband, und sei es »nur«, daß sie sich in letzterem vielfach wiederfanden, von ihrem unvergleichbaren Erleben und Erleiden eines Genies zu schweigen, mögen sich daher nicht unsympathisch gewesen sein. Die Kestner sei »von angenehmer Unterhaltung«, ließ die kritische Stein an Knebel in Jena verlauten, nicht ohne so scharfzüngig wie überflüssig zu bemerken, »aber freilich würde sich kein Werther mehr um sie erschießen«.[131] »Werthers Lotte« in Weimar, das war, um es mit Thomas Manns fiktivem Kellner Mager zu sagen, für die Gesellschaft »ein Erlebnis – wie soll ich es nennen? Es ist buchenswert.« Für Charlotte Kestner, mit viel Neugier empfangen, mit respektvollem Wohlwollen verabschiedet, war es ein Erfolgserlebnis. Goethe – war er nicht bei jedem Wiederbegegnen zugänglicher geworden? Ihr Biograph zitiert eine Art Billett, das sie am 27. Oktober Goethe zukommen ließ. Der Anlaß ist leider auch heute noch nicht

Goethe an Charlotte Kestner,
Brief vom 9. 10. 1816.

erkenntlich, aber der recht offene und herzliche Ton bestätigt jede Vermutung, das Verhältnis der beiden »Alten Bekannten« zueinander habe sich im Laufe der Wochen liebenswürdig entfaltet:

»So sind die Frauen, selten besehen sie die Dinge gehörig – Lachen Sie nur; denn toben werden Sie nicht, daß ich das erste Blatt von dem, was ich wünschte, Sie möchten es lesen, habe liegen lassen und Ihnen vielleicht gar einen Brief oder sonst ein Papier statt dieser Anlage beigelegt habe. Um Vergebung bitte ich Sie aber doch recht ernstlich, mein höchst verehrter Freund, wegen dieser Unordnung. Ich freue mich des freundlichen Himmels für Ihre heutige Reise. Morgen Abend hoffe und wünsche ich Sie im Theater zu sehen.

Unveränderlich Ihre Freundin

Charlotte Kestner«[132]

Das Original dieses Briefes scheint ebenso verschollen zu sein wie zwei weitere Briefe Goethes an Charlotte Kestner vom 4. Oktober 1819 und vom 26. Juni 1826, die aus der Leipziger Kestnerschen Autographensammlung vermißt werden. Die Tatsache ihrer belegbaren Existenz bestätigt jedoch einen kontinuierlichen Kontakt der Jugendfreunde, zumal man noch hinzufügen muß, daß es ja zahllose Gelegenheiten gab, jeweiligen Besuchern Grüße und Empfehlungen mit auf den Weg zu geben. So erhielt 1824 bekanntlich Eckermann den Auftrag: »Wenn Sie in Hannover bei Rehbergs vielleicht meine alte Jugendfreundin Charlotte Kestner sehen, so sagen Sie ihr Gutes von mir.«[133]

Charlotte hatte allen Grund, sich ihres Aufenthaltes 1816 in Weimar stets gern zu erinnern und 1820 ihren Kindern ins Gedächtnis zu rufen, daß eine Reise ihr immer wohltue, »wie hat mich jeder nach der Weimarischen Reise verendert gefunden« – angeregt, heiter und wohlbefindend. Sie blieb bis ans Ende ihres Lebens, und die abwechslungsreiche, große Familiendependance im Elsaß trug nicht schlecht dazu bei, getreu dem anerkennenden Goethewort: »eine recht reisende Frau«.[134]

Charlotte Kestner, geb. Buff.
Kopie in Öl von Chr. Ahrbeck, 1830,
nach dem Ölgemälde des Dänen Hansen, um 1820.

Fünftes Kapitel

Charlotte Kestners letztes Lebensjahrzehnt und Tochter Clara

Noch dreimal konnte Clara Kestner die Mutter ins Elsaß begleiten. Die indirekt ausgesprochenen Hoffnungen der Mutter auf ein positives Einwirken der für 1820 geplanten Reise nach Thann auf Gemüt und physische Verfassung Claras entbehrten keinesfalls einer instinktiv richtigen Einschätzung.

Wenn wir Clara Kestners Weimarbriefe an den Bruder August, nur vier Jahre zuvor geschrieben, auf die »wunderlichen Zustände« befragen, die sie im Innersten ihrer Person und in den zwischenmenschlichen familiären Beziehungen erkennen lassen, so erhalten wir manche Bestätigung für unsere Vermutung, der Herd ihrer physischen Leiden liege im psychosomatischen Bereich. Dieser entzog sich zur damaligen Zeit noch weitestgehend ärztlichem Erkenntnisvermögen und erst recht jeglicher Therapie, aber auch ebenso der Hilfe durch zunächststehende Familienmitglieder. Im Gegenteil, das Gefühl, für diese Gegenstand der täglichen Sorge und möglicherweise eine wirkliche Belastung zu sein, war eher dazu angetan, einen *Circulus vitiosus* des Leidens aneinander entstehen zu lassen. In zahlreichen, fast sämtlichen uns erhaltenen Briefen Charlotte Kestners an ihre Kinder in Frankfurt, Rom und Thann läuft die mehr oder weniger verhaltene Klage über Claras Befinden mit. So besonders eindrucksvoll in ihrem letzten Brief an August in Rom vom 30. Dezember 1827, zwei Wochen vor ihrem Tode, als sie ihm berichtete, keine »heiteren Weihnachten« verbracht zu haben. Aus Georgs und Hermanns Familien hatte am ersten Weihnachtstag niemand kommen können, beide Schwiegertöchter befanden sich unwohl, und »Clara, die ständig unseres Hierseins keine gesunde Stunde hat, ist eben auch nicht aufzuheitern, noch weniger dazu gemacht, um andere zu erfreuen ...«.[135]

Erst im Oktober war sie mit Clara aus Thann zurückgekehrt. Ihr jüngster Sohn Fritz hatte dort geheiratet und auch ihr Enkel Charles einen eigenen Hausstand begründet, sogar August war von Rom gekommen. Wahrhaft belebende Wochen hatten die Kestners miteinander verbracht, aber – so ging das seit Jahren immer aus – kaum in Hannover angekommen, befielen Clara schwere Migräneanfälle, undefinierbares Unwohlsein und Melancholie bis hin zur Bettlägerigkeit.

In den besagten Weimarer Briefen läßt sich der Beginn ihrer Gemütsverdüsterung namentlich aus ihren Zeilen vom 25. Oktober 1816 erkennen, fünf Tage vor der Abreise, als sie den mehrwöchigen Aufenthalt in Weimar ganz auf sich bezogen resümierte.

Zunächst reagierte sie überschwenglich auf die Tatsache, daß dieser Tag der Mutter vier und ihr selbst gar fünf Briefe aus Hannover, Frankfurt und Thann beschert hatte. »Ich war ganz außer mir vor Freude.« Gern will sie das als Lohn für Grüße ansehen, die sie von Weimar aus »in die Welt schickte, und für die ich manchmal Schmähungen erduldete, in dem herrlichen Gefühl, so viele geliebte Menschen in der Welt zu haben, und auch von ihnen geliebt zu werden«. Alle weiteren Betrachtungen in diesem Brief von beträchtlicher Länge zeigen ein junges Mädchen von 23 Jahren, das mit seismographischer Sensibilität kleinste psychische Wellenlängen aufnahm und als auf sich gerichtet empfing. Leicht verletzbar und dagegen weitestgehend schutzlos – eine außerfamiliäre menschliche Beziehung erfüllte sich nicht, und sie spielte darauf an –, lebte sie unter

zehn Geschwistern am einsamsten, vom ältesten Geschwi-
sterkind um fast zwei Jahrzehnte getrennt. Von den acht
Brüdern wohnten 1816 nur noch drei in Hannover, jedoch
Georg war bereits verheiratet, Hermann würde im nächsten
Jahr sich verehelichen und August auch nur noch für vier
Monate im elterlichen Hause wohnen. Zur freundschaftlichen vertrauensvollen Aussprache im Geschwisterkreise
gab es für Clara nur noch August und die einzige, um fünf
Jahre ältere Schwester im Elsaß. Diese war von Juni 1815
bis Frühjahr 1816, gern und sehnsüchtig erwartet, in Hannover zu Besuch gewesen, was August und Clara unendlich
zu schätzen gewußt hatten. Clara vermißte mehr als alle ihre
Geschwister die verläßliche Nähe eines mit ihr übereinstim-
menden Menschen und zugleich eine diesen Mangel kom-
pensierende Lebensaufgabe, die das Schicksal den ebenfalls
unverheirateten Geschwistern August und Charlotte doch
bot. Weder Briefesflut noch gesellschaftliche Zerstreuungen
hätten es angesichts dieser Konstellation vermocht, auf
Dauer Melancholie und Depressionen sowie das psychoso-
matische Kränkeln zu verhindern. Der verständnisvolle
Bruder zeichnete 1852 mit viel Einfühlungsvermögen das
noch immer mädchenhafte Profil der inzwischen 59jährigen
Clara als das einer an sich und ihrer Umwelt leidenden
Frau.

Auch seine Porträtskizze von der 46 Jahre alten Schwester
Charlotte (1834) dokumentiert sichtbar Spuren eines un-
freiwilligen Verzichts und nebenher in der Ähnlichkeit der
Gesichtszüge mit dem Bruder beider besondere Bindung,
aber das Gesicht scheint zugleich etwas wie eine willens-
starke Schicksalsakzeptanz auszustrahlen, während uns aus
Claras Zügen eher klagende Verneinung anspricht, auch
vorwurfsvolle Resignation.

1816 in Weimar, als Clara mit ihr bisher unbekannten
familiären und gesellschaftlichen Umständen konfrontiert

Clara Kestner.
Zeichnung von August Kestner, 1852.

wird, scheint diese spätere Resignation noch nicht unmittelbar von ihr Besitz ergriffen zu haben, flackerte eine bescheidene Vitalität und Hoffnung doch noch auf, wenn sie sich dem Bruder öffnete, von Freude über den herrlichen postreichen Tag getragen, dem er mit seinem »liebeswürdigen langen Brief die Krone aufgesetzt« habe:

»Ich glaubte mich manchmal ganz verlassen in der Welt, Du weißt warum, aber nun will ich's auch nie mehr glauben, und immer recht dankbar erkennen wie viel mir der Himmel durch Euch alle gegeben hat. Gewiß erkannte ich es auch immer und niemand hängt gewis mehr an seinen Geschwistern und Freunden als ich, aber zuweilen war ich im Gefühl meines tiefen Verlustes wohl ungerecht, und glaubte nichts mehr zu haben; dies soll aber auch nun nie mehr seyn ... und freue ich mich sehr, daß Du uns zuweilen entbehrst, es ist ein ganz herrliches Gefühl vermißt zu werden... Natürlich wird unser Leben und besonders das Meinige durch die Länge der Zeit angenehmer, Du weißt daß ich nicht sehr beherzt bin, und eigentlich erst durch nähere Bekanntschaft aufthaue... und befinde mich nun da ich mich freyer bewege auch in Gesellschaften besser. Man ist mir auch übrigens sehr artig und hat im Allgemeinen, selbst die interessantesten Menschen, ein sehr gütiges Vorurtheil für mich, worüber ich mich oft beschämt wundre, da ich es doch eigentlich in Hinsicht des Verstandes nicht verdiene...« (am 25. Oktober 1816 an August, s. Anmerkung 134).

Ein eingeschränktes Selbstwertgefühl behinderte anscheinend auch gelegentlich den um ein Jahr jüngeren Fritz (Friedrich), der gerade seinen Militärdienst in Hannover beendet hatte und bei Carl im Elsaß Kaufmann geworden war, wozu ihm die Schwester Charlotte Mut hatte zusprechen müssen, damit er diesen Berufswunsch bei der Mutter durchsetzte: auch Carl halte ihn doch als für jedes Kaufmannshaus geeignet, er stelle sich lediglich als zu gering dar.

Logischerweise hatten es wohl die beiden letzten in der Geschwisterkette, an 11. und 12. Stelle geboren, am schwersten, sich neben der Phalanx der erheblich älteren Brüder und vor der Dominanz der Mutter zu behaupten. Während Fritz das immerhin schließlich doch schaffte – er wurde hannoverscher, bayerischer und oldenburgischer Generalkonsul in Le Havre für sämtliche französischen Kanalhäfen –, drohte Clara im Schatten der Mutter zu verkümmern.

Schon vier Jahre vor dem Tode Johann Christian Kestners hatten die Eltern vorsorglich für die erst dreijährige Clara eine Konventualinnen-Stelle in einem der drei Calenbergischen Klöster erbeten und mit königlicher Urkunde bestätigt erhalten. 1809 war daraufhin das junge Mädchen der Äbtissin des Klosters Marienwerder, seit der Säkularisierung evangelisches Damenstift, vorgestellt worden, hatte einen Platz im Chor zugewiesen bekommen, und gleichzeitig erhielten Äbtissin und Konvent die Anweisung, ihr eine anfallende Wohnung zu reservieren.[136] Clara machte erst 1828, nach dem Tode der Mutter, praktischen Gebrauch von diesem Angebot einer Heimstatt und lebte dann noch 38 Jahre dort, wo die Namensregister erkennen ließen, daß es sich um begehrte Wohnungen für die unverheirateten Töchter aus bevorzugten Gesellschaftskreisen handelte. Als Clara Kestner dort eingeführt wurde, befanden sich unter 56 Namen nur 16 nichtadelige, jedoch grundsätzlich solche aus Hannovers »hübschen Familien«. Clara begegnete dort ihr längst bekannten Damen aus mit dem Elternhaus befreundeten Familien wie beispielsweise Auguste Rehberg, Adelheid Blumenbach, Luise v. Hattorf, Auguste Hoppenstedt, Marie Leist oder auch Justine v. Hinüber.[137] Schuf damit die Herkunft der Bewohnerinnen bereits ein Klima der Vertrautheit, so gab es für Clara Kestner noch eine aparte eigene Beziehung zu diesem Kloster, die Erwähnung verdient.

Mehrere Generationen hindurch waren die Güter des Klosters an die Mitglieder der Familie v. Hinüber verpachtet gewesen. Der Sohn des hannoverschen Postmeisters, zum Legationsrat aufgestiegen, hatte den Gutspark, etwa 60 Morgen, in einen seinerseits Mode gewordenen »Englischen Garten« verwandelt. Für die Hannoveraner war dieses gartenarchitektonische Gegenstück zum Herrenhäuser Barockgarten zu einem beliebten, öffentlich zugänglichen Ausflugsziel geworden. Am 6. Juni 1780 unternahm Charlotte Kestner mit einer größeren Gesellschaft einen solchen Ausflug in den Marienwerder Garten. Als Teilnehmer werden genannt: ein Professorenehepaar aus Göttingen, vermutlich der Historiker Professor Sartorius nebst Frau, zwei Ärzteehepaare, Dr. Marcard und Dr. Ebell aus Hannover, die Frau des berühmten Leibarztes Zimmermann und zwei nicht namentlich bekannte, jedoch von dem in Hannover lebenden Schriftsteller und Dramatiker Leisewitz empfohlene Fremde. Der besondere Reiz dieser Unternehmung bestand nicht nur in dem ästhetischen Genuß, den die Anordnung von Naturbildern aus Bäumen, Gesträuch, Wasserläufen und Teichen, Einsiedlerhütte und Bildnisskulpturen dem Spaziergänger vermitteln sollte, sondern außer einem verlorenen Paradies, frei nach Milton und Rousseau, suchte man hier die kontemplative moralische Betrachtung. Diese nun bot sich der zehnköpfigen Runde von einer Stätte der Erinnerung in einem abgelegenen dunklen Winkel des Gartens, betont abseits von einem gepflegten Gottesacker mit Grabsteinen für berühmte englische Dichter. Auf einem niedrigen Grabhügel, wie nachlässig hingeworfen, fand sich ein unbearbeiteter Stein mit zwölf Verszeilen, dem Andenken des unglücklichen »Werther« aus Goethes sechs Jahre davor erschienenen Roman gewidmet. Während die sonstigen Inschrifttafeln den Betrachter emotional und moralisch erbauen und erheben sollten, wozu auch die gepflegtere

Kloster Marienwerder.
Federzeichnung von George Laves, 1849.

Umgebung und künstlerische Gestaltung ihren Beitrag lie-
fern konnten, ging es hier um den Effekt der Abschreckung
vor dem gotteslästerlichen, unmoralischen Selbstmord, gedacht als eine Warnung, besonders für potentiell gefährdete
junge Männer:

> hier, wandrer, halt, eilt nit so hin.
> lies erst, wer ich gewesen bin.
> ich war wie andre junge Gecken,
> stolz, weis', mocht' gern ums weibsen lecken,
> hatt' dabey sondre grille im hirn
> und einen wurm grad hintr'r Stirn.
> dem macht ich luft zu früh, ich tropf,
> durch einen hagelschus im kopf.
> nun lieg ich hier, bin asch und graus,
> und klug' und narren spotten mich aus.
> hast auch 'n wurm? so hör, ich bitt',
> hege und pflege und schiess dich nit.[138]

Der Verseschmied dürfte im weiten Feld der Goethe-Wer-
ther-Gegner, angeführt von Friedrich Nicolai in Berlin, zu
vermuten sein; er blieb unbekannt. Der Aufhellung ver-
schloß sich uns auch jede Bemühung herauszufinden, ob
Charlotte Kestners Wissen von der Existenz dieses Steines
auch dessen poetische Moraltendenz einschloß; daß sie dieses billigte, dürfen wir jedoch annehmen aufgrund ihrer
religiös bedingten moralischen Lebenseinstellung und der
Reaktion Johann Christian Kestners auf den Wertherroman
Goethes. Möglich, daß es sie höchlichst befriedigte, in diesem gärtnerischen »Zufluchtsort der Philosophie«[139] eine
Bestätigung ihrer Denkensart manifestiert zu sehen, möglich auch, aber doch weniger wahrscheinlich, daß es sie
lediglich amüsierte, die naiv-kecke Reimerei zu lesen und
eine Werther-Spur vor den Toren Hannovers zu finden.

Überhaupt: War sie es, die den empfindsamen Sohn August warnte, das Buch von des »Werther's Leiden« zu lesen? War es die Schwester Charlotte? Ein Freund? Oder sprach August Kestner im Tagebuch von 1817 zu seinem Ego, als er schrieb:

»Ich habe den Werther gelesen. Wie konntest Du mich davor warnen? – das heißt einem Hungrigen die ihm bestimmte Nahrung versagen. Denn das Buch der Liebe muß es heißen. Ein Liebender hat es geschrieben. Von einem Liebenden sind es die ersten Worte, die er sprach nach dem ersten Verschwinden seines Rausches. Gefahr glaubst Du für mich, wenn ich es lesen würde? Vorher hätte ich mich töten können, nun nicht mehr. Alle, die nach dem Werther sich getötet haben, hatten keine Leidenschaft. Bei jenem war es Ernst, aber durch den Roman ist sein Ernst doch zum Spiel geworden ... Ich bin unglücklich, aber ich habe mich zu lieb, um mich zu verderben. Ich habe die Welt zu lieb, um sie zu verlassen.«[140]

Unsere Verblüffung darüber, daß demzufolge August Kestner erst mit 40 Jahren das Werther-Buch, nach erneutem Liebeskummer, in die Hand nahm, verknüpft sich nun mit der Vorstellung, das Ehepaar Kestner könne seinen Kindern die Lektüre bewußt vorenthalten haben. War es Zufall oder Ergebnis einer Absicht, daß Johann Christian kein Exemplar davon im Hause hatte, als Goethe, wenige Jahre übrigens nach dem geschilderten Marienwerder-Ausflug, ihm seine Korrekturen zur zweiten Auflage mitteilte, und Kestner seine Einwände daher nicht textlich belegen konnte? Wo befand sich da das kostbare Exemplar der ersten Auflage mit Goethes Widmung? Grundsätzlich wüßte man gern diese Frage beantwortet, wann oder wie und durch wen jeweils die Kestner-Kinder vom literarischen Ruhm der Eltern erfuhren und welche Interpretation diese den Geschehnissen im Jahr 1772 in Erzählungen vor den

Kindern gaben. Die heute noch erreichbaren brieflichen Quellen lassen davon nichts erkennen. Ganz gewiß aber gab es in der Familie eine peinlichst beachtete »Sprachregelung«, jedoch stößt hier unser Blick »in wunderliche Zustände« an eine unüberwindliche Grenze.

Kehren wir zurück zu Clara Kestner, die zur Zeit des Marienwerder-Ausflugs ihrer Mutter noch nicht geboren war, deren Schicksal es jedoch wollte, daß sie fast über vier Jahrzehnte in diesem Park spazierengehen sollte, dessen »Werther-Stein« immer zugleich eine Erinnerung an das nachhaltigste Erlebnis ihrer Eltern bedeuten mußte. Wir können nur ahnen, wie sehr Charlottes Söhne und Töchter durch subjektive familiäre Interpretation der Geschehnisse von 1772 und ihrer literarischen Darstellung 1774 beeinflußt waren, wenn wir an dieser Stelle vorwegnehmen, daß die Geschwister später über zwei Jahrzehnte hin und über Augusts Tod hinaus die von ihm beabsichtigte Herausgabe der Briefe Goethes an die Eltern zu verhindern suchten in der Angst, nach weit über einem halben Jahrhundert noch einmal die sprichwörtlichen schlafenden Hunde öffentlichen Mißverständnisses zu wecken. Claras Stimme im Chor der rebellierenden Geschwister gegen Augusts Vorhaben war keinesfalls die leiseste.

Im Brief von 1820 an ihren Sohn August durfte Mutter Charlotte noch hoffen, mit einer möglichst baldigen Reise nach Thann auch für Clara etwas Gutes zu tun. Schon Ostern brachen beide auf, zusammen mit Georgs Söhnen George und Theodor, 15 und 14 Jahre alt, die nach gemeinsamem zehntägigen Aufenthalt in Wetzlar sich darauf freuen durften, nach Frankfurt zum Onkel Theodor zu kommen, wo sie zusammen mit ihrem elsässischen Vetter Charles das dortige Gymnasium einige Zeit besuchen sollten. Auch ihre Großmutter Charlotte blieb immer gern ein Weile in Frankfurt bei ihrem Sohn Theodor, besuchte zahlreiche alte Freunde und neue Anverwandte wie die Schwiegereltern Theodors und Hermanns, das Hotelier-Ehepaar Lippert. Am 1. Juli 1820 konnten Tochter Charlotte und die 18jährige Enkelin Caroline die beiden Reisenden, Charlotte Kestner mit Tochter Clara, in Straßburg abholen. Für fast neun Wochen erwartete diese nun der Genuß einer schönen Landschaft und des in Hannover so sehr entbehrten Familienlebens. Die Tochter Charlotte, inzwischen 32 Jahre alt, konnte an August gegen Ende des Besuchs vom Wohlbefinden der Mutter berichten:

»Ich fand sie im ersten Augenblicke mager, allein bald sah ich sie in Thann ihre alte Kraft und Lebendigkeit wieder annehmen. Die Ruhe that ihr unendlich wohl und ihr Geist wurde von einer Frische, wie ich sie fast gar nicht kenne. Sie ist mit Allem hier sehr zufrieden und das schöne Wetter unterhält meistens eine sehr angenehme gleichmäßige Stimmung. Es scheint ihr recht gut zu gefallen und hinterläßt diesen Sommer uns Allen einen sehr angenehmen Eindruck. Wir hatten das schönste Wetter, das man sich wünschen kann, haben viel in freier Luft auf den Bergen gelebt, und diese häufigen Spaziergänge behagten uns Allen sehr wohl. Wir haben sehr große Fußtouren gemacht und unser Aller Kräfte kennen gelernt.«[141]

Auch Clara muß sich wohl gefühlt haben im großen Familien- und Freundeskreis der bewunderten (und beneideten?) Schwester und ihrer Brüder, deren Nähe für sie Medizin bedeutet haben mag. Am 4. Oktober verließen Mutter und Clara »unter wehmütigen Gefühlen«, wie sich verstehen läßt, die Familie wieder in Richtung Frankfurt. Charlotte, offenbar recht gut mit Claras Bedrückungen vertraut, teilte dem Bruder August die Nachricht von der Ankunft in Frankfurt mit und fügte hinzu:

»Clärchen und ich, wir haben uns diesen Sommer besonders aneinander attachiert. Ich fand in ihr eine Freundin, auf deren Urtheil ich sehr viel Gewicht lege und mit der ich die gleichen Wünsche und Neigungen Theile, welche sich in dem Wohle der Unsrigen konzentriren, und sie fand in mir auch die ganz besondere Theilnahme, die man nur von denjenigen erwarten hann, die sich ganz an die Stelle der Leidenden zu versetzen wissen.«[142]

Die Schwester hatte ähnliche Probleme durchlebt, hieraus und aus der Verantwortung für den Haushalt und die Kinder ihres Bruders Carl eine Lebensaufgabe gezogen, die ihrem Auftreten schließlich Sicherheit und Selbstbewußtsein verliehen hatte, das sich keinesfalls aus Elternhaus und Erziehung herleiten ließ. Wer zu ihrer Zeit als Mädchen aus gutsituiertem bürgerlichen Hause noch sieben Brüder in der Geschwisterfolge vor sich wußte und, wie Charlotte, infolge eines Unfalls im Kindesalter eine Rückenverkrümmung und dadurch unvorteilhaft veränderte Gestalt ertragen mußte, den verließ die Erfahrung von Selbstzweifeln auch dann nicht, wenn das Schicksal den Bruder August schenkte und ansonsten Umstände bescherte, in denen die positivsten Charakteranlagen und Fähigkeiten zu gedeihen vermochten. Ein Licht auf dergleichen Stimmungen und ihre Kompensation werfen Zeilen aus einem Brief Charlottes an den Bruder August in Rom vom Oktober 1820:

»Es ist sonderbar, daß ich noch aus meiner Jugend an mir habe zu glauben, ich sei sehr unangenehm und mache durchaus keinen angenehmen Eindruck. Das Einzige, was mir dabei als Ersatz dient, ist die Versicherung, das diejenigen, die mit mir im Hause leben, mich liebhaben und ich eine Art von Notwendigkeit für sie bin, die ihnen Ruhe und Sicherheit gibt; was mich dann wiederum an sie attachirt und das Haus zu meinem eigentlichen Platze macht.«[143]

Der Zeitpunkt, um eine ähnliche lebenswirksame Kompensation für Clara Kestner herbeizuführen, war 1820 schon überschritten. Weder die häusliche Erziehung – eine

Schule hatten beide Schwestern nie gesehen – noch der soziale Status der Familie oder glücklichere Fügungen des Schicksals boten ihrem Leben die Chance, ein individuelles und belastungsfähiges Selbstwertempfinden aufzubauen. Selbst die Schwester Charlotte bedauerte ja, nicht »einen so leichten Sinn« wie die uneingeschränkt »vortreffliche Mutter« von dieser geerbt zu haben.[144] Es scheint, daß es Clara auch erheblich an genetisch bedingter Vitalität und Widerstandskraft der physischen Konstitution mangelte, um sich anderen Mitmenschen notwendig zu machen, sie war es angesichts der schier unerschöpflichen Rüstigkeit ihrer Mutter nicht einmal für diese. So blieb sie das einzige Kind Charlotte Kestners, dem nicht die Befriedigung eines sinnerfüllten Lebens zuteil wurde und damit auch nicht die Bestimmung der eigenen Identität gelang. Es bleibt lediglich erstaunlich, daß es Charlotte Kestner, die so gern, wie auch im Brief von 1820 ersichtlich, sich als Heiratsvermittlerin betätigte, anscheinend nicht gelang, die Tochter Clara unter eine passable schützende »Haube« zu bringen, obwohl kaum anzunehmen ist, daß sie es nicht versucht haben sollte. Der frühe Tod Johann Christian Kestners und die darauffolgenden eineinhalb Jahrzehnte Turbulenzen hatten die Familie Kestner unsanft auseinandergerissen. Wenn ihr innerer Zusammenhalt dennoch sich als unerschütterlich erwies, dann kam dies Verdienst der Mutter Charlotte zu, die es als ihre selbstverständliche Pflicht ansah und darin ihre Befriedigung fand, die weit verstreuten Kinder mit sich und den Freunden der Familie in gegenseitiger Kommunikation zu halten. Sie muß einige tausend Briefe in ihrem Leben, besonders aber in den 28 Jahren ihrer Witwenschaft geschrieben haben. Je größer der Familienverbund durch Schwiegertöchter, Enkel und Urenkel wurde, desto umfangreicher auch ihre Korrespondenz, mit der sie nach dem Umzug von 1820 hauptsächlich beschäftigt war. Unter den Geschwistern kursierten ihre ausführlichen Berichte, die sie nach Rom oder Thann sandte, gelegentlich auch in Abschriften, so daß eigentlich jeder zu jeder Zeit wußte, wo und wie der andere und die Mutter sich befanden und was sich unter alten Freunden und Bekannten ereignet hatte.

Seitdem August im Februar 1817 die ersehnte Stelle eines Legationssekretärs der neu errichteten kgl. hannoverschen Gesandtschaft beim Päpstlichen Stuhl in Rom angetreten hatte, war er das entfernteste Familienmitglied geworden. Nach fünf Jahren konnte er einen ersten Urlaub antreten, sah er Hannover, die Mutter und bis auf drei Brüder seine Geschwister wieder. Über 133 Poststationen erreichte er 1822 Göttingen und traf dort zu seiner Freude den Bruder Carl und die Schwester Charlotte mit »der schönen Nichte aus dem Elsaß«, Caroline Kestner, sowie deren Verlobten zur Weiterreise bereit an. Am 11. Juli gab es nun auf dem Landhause vor dem Aegidientor in Hannover ein großes Familientreffen, denn auch Theodor war mit seiner Frau aus Frankfurt angereist, die im Hannoverschen wohnenden Brüder ebenfalls mit ihren Familien. Erst am 15. Oktober des Jahres kam August wieder in Rom an, nachdem er Schwester, Nichte und künftigen Neffen nach Thann zurückbegleitet und dort selbst noch einige Zeit verweilt hatte. Seine glückliche Heimreise bestätigend, schrieb er an Charlotte in Thann:

»Soll ich noch sagen, mit welcher wehmütiger Wonne ich an die schönen Eindrücke zurückdenke, welche ich von Euch, von der vollständigen Häuslichkeit und Zufriedenheit, von dem schönen Etablissement, von der herrlichen Gegend, von den vortrefflichen Menschen, mit denen Ihr in Verbindung steht, in meinem Herzen soeben davongetragen habe? Man könnte sich in der Welt keinen Fleck besser aussuchen, als den Eurigen, um nach den Stürmen des Lebens sich einer gemeinschaftlichen heiteren Ruhe in Vertrauen, Geselligkeit und schöner Natur zu ergeben. Einen Solchen Eindruck macht mir Thann und Euer Wesen. Auch Carl sah ich nie so heiter und in harmonischem Frieden...«[145]

Wir können verstehen, daß es die Mutter immer wieder dorthin zog, wo sie ihre älteste Tochter so perfekt einem vielgeforderten Hauswesen vorstehen sah, wo ein verträgliches Kestnersches Patriarchat sich mit oberrheinisch-deutscher und elsässisch-französischer Urbanität in reizvollster landschaftlicher Idylle traf und obendrein der belebende Geist eines zukunftsorientierten Wirtschaftslebens spürbar pulsierte. Hier war Bewegung und erweiterte sich der familiäre Lebenskreis noch immer durch die Gastfreundschaft der Kestners und im Herbst 1822 sogar wesentlich, als Caroline Kestner den Bankier Jean Jaques Bischoff in Basel heiratete. Gleichzeitig stieg Charlottes Neffe Charles Kestner nach beendetem Studium in die Geschäftsführung der Unternehmungen in Thann ein.

An ihrem 70. Geburtstag 1823 konnte Charlotte Kestner, wenn sie die Lebenswege ihrer Kinder überdachte, sich glücklich schätzen und »Gott nicht genug danken, daß mit siebzig Jahren ich noch soviel Gesundheit und Kraft habe, um das alls recht zu empfinden und zu genießen«[146].

Von so viel Bewegung und Fortschritt konnte im Königreich Hannover noch kaum die Rede sein. Der Fortschritt schlief, und die Bewegung glich eher einem auf unbewegtem Wasser dümpelnden Kahn. Verwaltungs-, Steuerrechts- und Wirtschaftsreformen kamen nur langsam voran, ebenso die Pläne des Hofbaurats Laves zur Modernisierung des Stadtbildes, wobei sich die einzelnen Projekte zuweilen über viele unnötige Jahre hinzogen. Umständliche Verwaltungsvorschriften und der immer noch spürbare Kapitalmangel ließen ein Wirtschaftswunder, wie es nach 1815 zu erwarten gewesen wäre, auch in den 20er Jahren noch nicht zu.

1823 begann erstmals eine städtische *Spar- und Leihcasse* ihre Tätigkeit, aber noch das volle Jahrzehnt hindurch bediente man sich mit Vorliebe privater Geldgeber, wie Georg Kestner sich nebenberuflich anbot, deren Name und Geschäftsgebaren eine gewisse Solidität und Flexibilität versprachen. Im Mittelstands- und Kleingewerbe der »Banquies, Wechsler, Collecteure, Makler«[147] aus der jüdischen Bevölkerung im Umkreis der Synagoge konnten außerdem Kreditgeschäfte getätigt werden. Ihnen war die rechtliche Gleichstellung, die sie während der französischen Besatzung aufgrund des liberalen *Code Napoleon* genossen hatten, wieder entzogen worden, und ihre Ansässigkeit blieb wie vordem auf die Neustadt beschränkt. Überhaupt machte der Abbau sozialer Gegensätze, der zeitgemäß gewesen wäre, ebenfalls nur geringe Fortschritte, obwohl der volkstümliche Herzog von Cambridge als Stellvertreter des Königs sich reichlich Mühe gab, die Klassenschranken durchlässiger werden zu lassen, beispielsweise durch Stiftung eines Ordens, dessen Verleihung die Hoffähigkeit einschloß.[148] »Man« blieb weiterhin »unter sich« in Hannover.

1824 wurden in der neuen Stadtverfassung Alt- und Neustadt vereint und in 16 Distrikte zu je drei Bezirken organisiert. Das Wahlrecht konnten nun auch Nichthausbesitzer ausüben, sofern sie der obersten Steuerklasse angehörten. In immerhin 96 Armenquartieren – bei rund 25 000 Einwohnern[149] – bemühten sich ehrenamtliche Armenpfleger um Menschen, denen eine fast nur von den Bedürfnissen des Hofes, des Militärs und der Beamtenschaft lebende Wirtschaft kaum eine eigene Einkommenschance gab. Aber – es gab eine wöchentlich zweimalige Müllabfuhr und ab 1826 die Umstellung der Straßenbeleuchtung aus 700 weißen Kugelleuchten mit Talg- und Öldochten auf Gas, das eine englische Gesellschaft lieferte.

Hannover war eine wohlorganisierte, saubere Stadt, in

der es sich durchaus vergnüglich leben ließ, sofern man »dazugehörte«.

Der politische Satellitenstatus war nicht mehr so einschneidend fühlbar, seitdem einzelnen Städten im Königreich in ihren Verfassungen mehr Selbstbestimmungsrechte eingeräumt worden waren. 1820 starb Georg III., 81jährig, den die Hannoveraner niemals zu sehen bekommen hatten. Sein Nachfolger, Georg IV., seit neun Jahren bereits Prinzregent, kam im Oktober 1821 wenigstens einmal in seine hannoversche Residenz, wobei allerdings der Verdacht nicht unbegründet bestand, er habe es nützlich gefunden, in Anbetracht der vorangegangenen skandalösen Ehescheidungs- und Krönungsumstände sich seinen englischen Untertanen für einige Zeit zu entziehen. Mit ihm hatte das Ansehen der Welfen auf dem englischen Königsthron einen historischen Tiefpunkt erreicht. Eine gewisse Unsterblichkeit verliehen ihm lediglich die berühmt gewordenen Karikaturen George Cruikshanks[150], der mit gnadenlosem Witz den moralischen Verfall des zweitletzten Welfen unter der Doppelkrone der Lächerlichkeit preisgab. Seine politische Bedeutungslosigkeit und Inaktivität konnten dem für Hannover zuständigen Graf Münster in London und dem Geheimen Kabinettsrat Rose in der Residenzstadt, der August W. Rehberg ablöste, nur recht sein. Seine Generosität verhalf jedoch dem Londoner Stadtbild zu architektonischen *highlights*, und – daran möchten wir erinnern – einem hannoverschen Geschwisterpaar zu vermehrten Ehren: Wilhelm und Caroline Herschel. Schon Georg III. hatte den in Hannover geborenen und seit 1765 in Schottland und England lebenden Astronomen nach London (Windsor) geholt und auch ein Jahresgehalt für die seit 1772 assistierende Schwester ausgesetzt. 20 Jahre später erhielt Wilhelm Herschel den Ehrendoktorgrad der Universität Glasgow und die Ehrenbürgerrechte der Stadt. Erlangte Wilhelm als Entdekker des Planeten Uranus, der Infrarotstrahlung und mit der Herstellung der leistungsfähigsten Spiegelteleskope seiner Zeit Weltruf, so die Schwester durch das Auffinden von acht Kometen, deren fünf noch unentdeckt gewesen waren. Beide entdecken zudem zahllose Sternennebel, Nebelflecken und Monde und veröffentlichten entsprechende Kataloge und Forschungsberichte. Georg III. hatte reges Interesse an den Arbeiten der Herschels genommen, finanzielle Hilfe geleistet und ihre Werkstatt auch persönlich aufgesucht. 1816 erhielt Wilhelm Herschel aus der Hand des nun ebenfalls Künstler wie Wissenschaftler mäzenatisch fördernden Prinzregenten das Ritterkreuz des Welfenordens und durfte sich fortan *Sir William* nennen. Caroline Herschel kehrte wenige Wochen nach dem Tode des Bruders, 1822, 72jährig, nach Hannover zurück, wo sie in der Marktstraße noch 26 Jahre lebte, hochgeehrt, mit Orden und Ehrungsmitgliedschaften der bedeutendsten europäischen wissenschaftlichen Akademien ausgezeichnet. Für immerhin noch sechs weitere Jahre lebten demnach zwei weltberühmte Frauen aus gleicher Generation – Charlotte Kestner war lediglich drei Jahre jünger – in der Residenzstadt des Königreiches Hannover.[151]

Wir wissen nicht, ob beide sich jemals begegnet sind. Caroline Herschel war vor ihrem Einstieg in die Astronomie eine erfolgreiche Konzertsängerin gewesen, Wilhelm übrigens Konzertmeister und Organist, stammten doch beide aus der musikbegabten Kinderschar eines Militärmusikers. Caroline pflegte noch in hohem Alter ihre Liebe zu Konzert und Theater und genoß dergleichen Veranstaltungen, während sie sonst äußerst zurückgezogen lebte, prominente Besucher empfing (u. a. Alexander v. Humboldt und C. E. Gauß) und ihre umfangreiche Korrespondenz erledigte. Auch sie wurde eine stadtbekannte Erscheinung, und es wäre durchaus denkbar, daß ein gelegentlicher Theater-

oder Konzertbesuch eine Zufallsbegegnung herbeigeführt hätte. Dennoch, es trennten sie wohl Welten. Caroline Herschels sozialer Status, resultierend aus kleinbürgerlicher Herkunft und Ehelosigkeit, stand ihrer Anerkennung in der Republik der Wissenschaften nicht im Wege, wohl aber innerhalb der in Hannover tradierten Klassenstruktur, inzwischen zum kaum noch vertretbaren Dünkel der »hübschen Familien« entwickelt. Zudem waren die Lebenswege beider Frauen so extrem anders verlaufen, daß ein näherer Kontakt der nun alten Damen schwer vorstellbar erscheint. Nach fünfzig Jahren an der Seite des Bruders in Schottland und England und trotz eigenständiger wissenschaftlicher Arbeit spielte Caroline Herschel die von der Gesellschaft erwartete Rolle einer Frau »im zweiten Glied« bewußt und konsequent bis zur Selbstverleugnung weiter. Charlotte Kestner hingegen gab der Status der verwitweten Hofrätin zusammen mit dem Ruhmesbonus, »Werthers Lotte« gewesen zu sein, auch noch in den drei Jahrzehnten nach dem Tode ihres Mannes die Möglichkeit, ein Selbstbewußtsein zu entwickeln, das uns heute im Vergleich zu Caroline Herschel paradoxerweise geradezu emanzipiert anmutet. Das Schicksal vereinte beide erst im Tode, der sie ihr Grab in gegenseitiger Nähe auf dem Gartenfriedhof vor dem Aegidientor finden ließ.[152]

Ein Jahr vor dem Familientreffen im Kestnerschen Garten hatte sich der Tod besonders schmerzlich in Erinnerung gebracht. Der Schwager Ridel in Weimar, dessen Liebenswürdigkeit Charlotte und Tochter Clara bei ihrem Besuch dort so sehr zu schätzen gewußt hatten, war plötzlich verstorben, aber noch schlimmer traf es die Mutter, den Lieblingsbruder Georg in Wetzlar, Nachfolger des Vaters, betrauern zu müssen. »Ich hatte ihn gar lieb«, schrieb Charlotte nach Thann[153], »und er, er hing mit unbeschreiblicher Liebe an allem, was mir gehörte... Es ist freilig das Loos des älter werdens, viel vor sich her gehen sehen, aber gewohnt kann man es doch nicht werden … Man muß Gott und seinen Verstand zu Hülfe nehmen, sich sagen, wenn du alt wirst und viele Kinder, Geschwister und Freunde hast, so mußt du solche Schickungen tragen.« 1823, im Jahr ihres 70. Geburtstages, galt es erneut, alle Kräfte zusammenzunehmen, um es zu verwinden, daß Eduard in Thann, drei Jahre nach seiner Hochzeit, einer tückischen Bronchitis erlegen war. Schon auf dem Wege der Besserung, hatte ihn ein Rückfall der Krankheit ereilt und binnen drei Tagen den auch vom behandelnden Arzt unerwarteten Tod herbeigeführt. Fast zur gleichen Stunde sah seine junge Frau einer zu frühen Geburt ihres zweiten Kindes entgegen. Bruder und Schwägerin wurden von Charlotte und Carl Kestner in deren Haus umsorgt. In Basel überstand Caroline Bischoff die Geburt eines Töchterchens, das der geliebten Großmutter zu Ehren und der Tante zur Liebe auf den Namen Charlotte getauft wurde.

Tod und Leben, Tragik und Glück lagen im 19. Jahrhundert noch deutlich fühlbar näher beieinander, solange die hohe Kinderzahl in einer Familie die Sorgen häufte und in den Städten wenigstens zwei Generationen, auf dem Lande immerhin noch drei und vier, in gemeinsamer Haushaltung lebten und starben. Man wohnte mit dem Tod als Nachbarn auf vertraulichem Fuße, aber – »gewohnt kann man es doch nicht werden …«.

Charlotte Kestner hielt es nicht länger, dorthin zu gelangen, wo sie gebraucht wurde, Trost zu geben und in tätiger Hilfe zu empfangen. Im März 1824, bei rauhem Winterwetter, machte sie sich mit Clara auf den Weg, nicht ohne in Göttingen einigen befreundeten Professoren, vor allem Blumenbach – der seine Frau, eine Schwester ihres langjährigen Freundes Ernst Brandes, einst in ihrem Hause kennengelernt hatte und dessen Sohn Augusts Studienfreund war –

nun ihre Enkel, Georgs Söhne, zum Studium ans Herz zu legen. Während Clara in Göttingen besseres Wetter zur Weiterfahrt abwartete, ließ sich ihre unverwüstliche Mutter auch vom Schneetreiben nicht aufhalten, am nächsten Tag die dreitägige Fahrt bis Wetzlar anzutreten. In Frankfurt trafen beide wieder zusammen. Wen wundert es da noch, daß Charlotte Kestner in Thann schon bald der so plötzlich verwitweten Schwiegertochter half, das eigene Hauswesen wieder in den Griff zu bekommen, vor allem aber ihrer Tochter Charlotte einen dringend nötigen Kuraufenthalt ermöglichte, von wo aus diese an August schreiben konnte: »Carl kann nicht genug rühmen, wie unsere treffliche Mutter sich angenehm und nützlich macht. Sie ist stark wie ein Baum und führt den Haushalt mit einer Leichtigkeit wie ein 20jähriges Mädchen. Dazu schreibt sie mir noch schöne Briefe.«[154] Als das Befinden ihres Sohnes sich verschlechterte, kostete es keine Überredungskünste, den Aufenthalt der Mutter über den Winter hin zu verlängern. Erst im Mai 1825 begleitete Charlotte die Mutter und ihre Schwester bis Heidelberg, wo man sich noch mit Freunden traf und Theodor mit seiner Frau den Reisenden entgegenkam. Der Abschied nach diesem längsten Aufenthalt der Mutter im Elsaß fiel allen besonders schwer. Charlotte Kestner hielt jedoch gegen alle Bedenken ihrer hannoverschen Söhne das Versprechen, in zwei Jahren wiederkommen zu wollen.

Im Sommer 1827 nahm sie erneut die zehntägige Reise auf sich, um den Enkel Charles und ihren jüngsten Sohn Fritz in eigenem Hausstand verheiratet zu erleben, zumal auch August sich in Thann einfinden würde. Wieder gab es frohe harmonische Monate mit Ausflügen zu Freunden, die sich die Mutter auch hier längst erworben hatte, und nach Basel zur Enkelin Caroline. Noch einmal sollte die Hoffnung auf ein Wiedersehen in zwei Jahren den Abschiedsschmerz besänftigen, aber die plötzliche Stille im Haus verbreitete doch ungewohnte Melancholie: »Jetzt sind wir nun ganz allein, Carl und ich, und haben so recht Muße, Alles im Herzen durchzugehen, was wir besaßen und sichtbar verloren«, schrieb Charlotte am 11. Oktober, dem Tage des Abschieds von Mutter und Schwester, nach Rom.[155]

Was wie eine unbewußte Vorahnung erscheint, wurde bald Wahrheit. Fünf Tage nach ihrem 75. Geburtstag, am 16. Januar 1828, morgens 11 Uhr, schloß Charlotte Kestner in Hannover die Augen für immer.

Noch am 20. Januar brachten Carl und Charlotte in Thann einen Brief nach Hannover auf den Weg, der im Nachsatz mit »unendlicher Betrübnis« zu erkennen gab, im vorangegangenen Brief der Mutter von ihrer, Clärchens und Mimis (Georgs älteste Tochter) Unpäßlichkeit gelesen zu haben, und die Hoffnung auf Besserung für alle aussprach.[156] Am gleichen Tage hatte auch Fritz der Mutter geschrieben, wie sehr er bedaure, daß weder sie noch Clara in vollkommener Gesundheit das neue Jahr angetreten hätten, sondern die Mutter von Husten und die Schwester »mit ihrem leidigen Kopfweh« geplagt seien. Er kündigte an, noch ein Weihnachts- und Neujahrsgeschenk, zwei Tassen mit seinem und seiner Frau Namen, schicken zu wollen, deren sie sich hoffentlich noch lange bedienen werde.[157]

Keinen dieser Briefe sollte die Mutter noch empfangen können. Beim Lesen der Handschrift fällt jedoch auf, daß sie es wohl inzwischen geschehen lassen hatte, wenn ihre Kinder sich von den betont Abstand schaffenden Anredegebräuchlichkeiten ihrer Jugend trennten; allerdings verfuhren die Geschwister offenbar unterschiedlich. Fritz und Charlotte benutzten das vertraulichere »Du« gegenüber der Mutter und die Schlußwendung: »Dein gehorsamer Sohn Fritz« – »Deine treue Tochter Charlotte« oder auch »Dein gehorsame Tochter Charlotte«. Hingegen hieß es bei Carl und August: »Ihr treuer gehorsamer Sohn…«, und dementspre-

chend wurde die Mutter im Brief auch jetzt mit »Sie« ange-
sprochen. Vielleicht machte sich da schon ein gewisser
Generationsunterschied bemerkbar, denn zwischen dem er-
sten und letzten der Geschwisterkinder lagen schließlich 21
Jahre. Die von Freunden der Mutter und ihr selbst so entschlossen noch vor der Jahrhundertwende abgelehnte neue
Liberalität des Zeitgeistes hatte längst erste Breschen in alte
Konventionen geschlagen. August Kestner hatte der Mutter
noch am 30. Dezember, knappe zwei Wochen vor ihrem
Tode, von seiner Freude darüber Kenntnis gegeben, daß
der von ihm geschätzte Bildhauer und Zeichner Christian
Lotsch sich von ihm eine Porträtzeichnung der Mutter aus-
geliehen habe, um ihn am Weihnachtsabend zu überraschen:
»... was sehe ich: Ihre Büste! Groß, majestätisch, schön,
mütterlich ...«[158] Da alle Freunde dem Künstler gute Rat-
schläge anböten, werde das Kunstwerk täglich ähnlicher.
Die Geschwister, so wollte es der Brauch, feierten stets auch
entfernt von der Mutter deren jeweiligen Geburtstag. So
hatte August am 11. Januar 1828 seine Freunde dazu eingeladen und berichtete der Mutter noch am gleichen Tage:

»Nach einem einfachen Mahl ging der alabasterne Be-
cher, eine schöne ägyptische Antiquität, herum, und jeder
trank den selbstbereiteten Bischof [ein Rotweinpunsch mit
Pomeranzenschale, in Hannover sehr beliebt] mit einem
treuherzigen Ausspruch in Ihrer Verherrlichung. Ihre mit
Epheu bekränzte fertige kolossale Büste obenan im Zimmer
auf einem grüngedeckten Tischchen. Wenngleich mir an
volkommener Ähnlichkeit etwas zu wünschen übrig bleibt,
so kann ich Sie mir doch ganz bei dieser teuren Büste vorstellen ... Gott erhalte Sie lange gesund und uns allen die
Freude aneinander ...«[159]

Ein Wunsch, der nicht mehr in Erfüllung gehen sollte, und
ein Brief, den sie nicht mehr lesen würde.

Die am weitesten entfernten Söhne und die Tochter Charlotte erreichte die zunächst unfaßbare Nachricht mit den letzten Grüßen der Mutter, von dieser klar ausgesprochen und von Clara ausgerichtet, nach etwa ein bis zwei Wochen. Charlotte, die sich gerade in Basel befand, versuchte unverzüglich der Schwester in Hannover den eigenen Schmerz zu beschreiben:

»Theures Klärchen! Noch ist mein Kopf zu schwach um den ganzen Umfang unseres Verlustes zu fassen, aber mein Herz ist zerrissen an dem Gedanken diese liebe herrliche Mutter nicht wieder zu sehen, nicht mehr den Ausdruck dieser Liebe zu genießen mit dem sie uns jede Freude erhöhte und jeden Kummer linderte – mit dem sie uns erzog, den sie uns, nahe und fern wußte empfinden zu lassen!... Du sagst mir, sie redete von uns allen, und erwog es wie wir betrübt sein würden. Ja diesen Kummer konnte sie uns nicht ersparen, sonst würde sie es getan haben.«[160]

August Kestner hielt den Empfang der Trauerbotschaft am 2. Februar in seinem Tagebuch fest und einige Tage später Gedanken, die ihn bewegten: »Keinen Gedanken kann ich seit der Schreckensekunde von vorgestern vollenden, selbst nicht einen solchen, den ich ihr, wenn auch nicht verheimlicht, doch nicht mitgeteilt haben würde; denn ich hätte es ja gekonnt, hätte sie ihn auch vielleicht nicht ganz aufgefaßt, so war doch keiner zu gut für sie, und jeden ergriff sie stets gern und freundlich, weil sie sich an mir darin freute.«[161]

Unser Brief aus dem Jahre 1820, in dem Augusts kunsttheoretische Arbeit und Goethes Reaktion darauf eine Erwähnung fanden, belegt indirekt die Wahrheit der Empfindungen Augusts bei der Nachricht vom Tode der Mutter. Im Bestreben, sich das Bild der Mutter zu bewahren, wie sie es aus dem letzten Besuch in Thann noch vor Augen hatte, schilderte Charlotte dem Bruder in Rom in den kommenden Wochen immer wieder ihre Trauer und auch besonders die

Grabstein Charlotte Kestners, geb. Buff.
Von G. L. Laves auf dem Gartenfriedhof Hannover.

ihrer Nichte Caroline in Basel, die so betrübt und erschüttert schien, daß man sich Gedanken um ihre Gesundheit machen mußte, selbst ihr Mann habe kindlich geweint und gestanden, »daß es diejenige Person wäre, die ihn auf der Welt am Meisten, am Unwiderstehlichsten angezogen habe«.[162]

Im Mai fand Charlotte die ersehnte Gelegenheit, für einige Wochen Clara in Hannover aufzusuchen, um ihr beim Umzug in das Marienwerder Damenstift behilflich zu sein und die erste Zeit der Einsamkeit mit ihr zu teilen. Der alte Hausarzt, Dr. Stieglitz, hatte für Clara bereits eine regenerierende Seekur für den Sommer vorgesehen, und es geschah nun wie abgesprochen, daß Clara möglichst oft und lange sich in Thann und auch in Basel bei der Schwester aufhielt. Darin stimmten wohl die entfernter lebenden Geschwister mit ihrem Bruder August überein, der Trauer den gebührenden Raum zu geben: »Ich sage mir zuweilen, daß es unvernünftig sei zu betrauern was Gesetz der Natur ist, also eine Empörung; aber nicht unserer Vernunft, sondern dem Herzen gehören die Tränen.«[163] Als sich im Juli der Tag jährte, an dem August die Mutter in Thann zuletzt gesehen hatte, gestand er gegen Karl und Charlotte: »Thann kommt mir nun fast mehr als meine Heimat vor als die entstellten, vergebenen und verlassenen Wohnplätze im Mutter- und Vaterlande, und die ungemischt freundlichsten und lebhaftesten Eindrücke kommen mir von dort. Es ist wohl recht undankbar gegen Hannover und ich habe nicht den Muth, es eigentlich zu bestehen und den Dortigen zu sagen. Vielleicht wird es noch anders, wenn es möglich ist, das auf immer Verlorene zu verwinden ...«[164]

Es verwand sich nie mehr. Für die nicht im Hannoverschen ansässigen Kinder Charlotte Kestners fand die Sehnsucht nach der endgültig verlorenen Kindheit in der Person ihrer Schwester Charlotte einen neuen Orientierungspunkt. Sie überlebte alle.

Sechstes Kapitel

August Kestner und Goethe 1830
und der Widerstand der Familie gegen die
Edition der »Goethe-Werther«-Briefe

Als sich im Frühjahr 1816 abgezeichnet hatte, daß es im
Interesse des neuen Königreiches Hannover liegen würde,
in einem Konkordat mit dem Heiligen Stuhl die Verhältnisse
der neu hinzuerworbenen katholischen Landesteile zu regeln und für diesen Zweck eine regierungsbeauftragte Delegation im Range einer a. o. Gesandtschaft nach Rom zu
entsenden, sah August Kestner eine Chance für sich, Land
und Stadt seiner Sehnsucht wiederzusehen. August Wilhelm
Rehberg, zu dieser Zeit noch unangefochten einflußreich-
ster Geheimer Kabinettsrat, verhalf ihm zu dieser Gelegenheit, zumal Kestners Sprachkenntnisse, juristische und
administrative Erfahrungen wie sein verbindliches Wesen
ihn bestens geeignet erscheinen ließen. Als Gesandtschaftssekretär neben seinem ehemaligen Universitätslehrer, dem
Staatsrat aus der Zeit der französischen Besatzung, Prof.
Justus Christian Leist, als Fachmann für kirchenrechtliche
Fragen, und unter der Führung des Berufsdiplomaten Friedrich v. Ompteda konnte er davon ausgehen, künftig einige
Zeit zur Fortsetzung seiner kunstästhetischen Studien und
zur Pflege alter Freundschaften abzweigen zu dürfen. Die
Aussicht darauf ließ ihn die mehrwöchige beschwerliche
Reise in einer Kutsche mit dem ungeliebten Leist, dessen
Frau und Nichte, leichter ertragen und am 20. März 1817
freudig erregt wieder in Rom einfahren, eben rechtzeitig,
um die Osterfeierlichkeiten in der Sixtinischen Kapelle miterleben und im Palazzo Tomati ein vorübergehendes erstes
Quartier finden zu können. Noch rechnete die hannover-

sche Delegation nicht mit einem längeren Gang der Verhandlungen und somit August Kestner nur mit einem enger
begrenzten Aufenthalt in Rom, den er für seine eigenen Neigungen und Interessen so erschöpfend wie möglich zu nutzen gedachte; noch wäre es ihm unvorstellbar erschienen,
daß er erst nach fünf Jahren Hannover und die Mutter
wiedersehen, nach sieben Jahren die Aufgabe der Gesandtschaft erledigt sein sollte, er jedoch als Geschäftsträger und
späterer Ministerresident für englisch-hannoversche diplomatische Interessen noch über drei Jahrzehnte in Rom tätig
sein und bis zu seinem Tode 1853 dort leben würde.

Als Charlotte Kestner an drei Abenden im März 1820
ihrem Sohn nach Rom schrieb, spielte erklärlicherweise
nach schon dreijähriger Abwesenheit ihres Sohnes die Frage
nach Rückkehr oder Urlaub eine nicht unwesentliche Rolle.
Die vom Geheimen Justizrat Hoppenstedt erhaltenen Informationen bewahrheiteten sich schließlich doch nicht,
mögen aber zunächst für Mutter und Sohn tröstlich gewesen sein, wie überhaupt Augusts Situation sich bereits seit
dem Vorjahr angenehmer, wenn auch arbeitsreicher, gestaltet hatte. Schon im ersten Jahr war davon die Rede gewesen,
daß nach erfolgtem Konkordatsabschluß die a. o. Gesandtschaft aufgelöst werden könne, August Kestner jedoch als
Resident in Rom bliebe, was namentlich für Großbritannien einen kostensparenden Effekt versprach. Darauf bezog
sich wohl die vermutlich etwas ängstliche Frage der Mutter
an Hoppenstedt »für imer?«, die mit der Aussicht auf Urlaub besänftigt wurde. Auch die Schwester Charlotte hatte
offenbar schon im gleichen Jahr die Hoffnung geäußert, ein
solches Angebot werde er gewiß mit Rücksicht auf die Mutter nicht annehmen. Augusts Antworten lassen uns erkennen, wie sehr es ihm bewußt war, sich endlich am Ziel seiner
Wünsche zu sehen, und das zu angenehmen Konditionen,
also keineswegs gewillt, sich freiwillig diese Chance auf ein

Leben nach seinen Vorstellungen im 40. Lebensjahr etwa wiederum zu beschneiden:

»Ich würde es nicht annehmen, sagst Du? Wie kann ein kluger Mensch wie Du so etwas sagen. Wer sich in Dienst begeben hat, kann der immer sagen, ich will oder ich will nicht? Würde das gehen können, wenn jeder sagte, er wollte da angestellt sein, wo seine Mutter lebt?... Am Ende will ich aber doch lieber nach Rom als nach Emden versetzt werden. Ferner ist es, an das Geldausgeben gewöhnt, auch kein geringer Unterschied, Eintausend oder Zweitausend (Taler) zu haben... Es ist doch auch wieder nicht hart, seinem Sohn einen ehrenvollen Posten gegeben zu sehen, anstatt daß ich in Hannover, wenn ich mal apropos zurückkomme, nur von persönlicher Hochachtung lebe.«[165]

Lieber ließe er »Euch alle« nach Rom kommen, argumentierte er weiter. Ein Scherz, ein Traum? Wünschenswert? Auf jeden Fall die schiere Unmöglichkeit.

Das Schicksal hatte August Kestner mit viel Wohlwollen gegenüber seiner Lebensart die Weichen bereits gestellt. Er durfte damit zufrieden sein, ein glückliches Leben winkte.

Am 16. März 1819 starb Ludwig v. Ompteda, nur wenig älter als August Kestner, an den Folgeerscheinungen eines sich unerwartet schnell auf innere Organe ausbreitenden schweren Gichtanfalls. Ompteda, der diesem ererbten Leiden schon häufiger ausgesetzt gewesen war, kannte dessen Risiken und hatte seinen Zustand bei klarem Verstand richtig eingeschätzt, so daß er Kestner noch damit betrauen konnte, seine Sezierung vornehmen zu lassen sowie Korrespondenzen und Nachlaß zu inventarisieren und zu versiegeln.[166] Was Charlotte Kestner im Jahr darauf im Brief an ihren Sohn »Abrechnung der O. Erbschaft« nannte, umschrieb die vielfältigen und langwierigen Besorgungen, die den Legationssekretär als Nachlaßverwalter beschäftigten. Obgleich sich beide Männer nicht eigentlich nahegestanden hatten, wußte sich August Kestner doch seinem Gesandten zu Dank verpflichtet und erlebte das schnelle Hinscheiden des allgemein wohlgelittenen und respektierten Diplomaten mit Erschütterung, hatte dieser ihm doch, wo immer nur möglich, gesellschaftliche Verbindungen geknüpft und »einen besonders guten Ruf begründet«.[167]

Kestner erfuhr in den Tagen der Ungewißheit über den Fortgang der diplomatischen Geschäfte und seiner eigenen Funktion, wie schnell Freude und Ungemach unberechenbar eine Lebenssituation zu verändern vermögen, Hoffnungen zerstören oder freundliche Perspektiven eröffnen.

Noch in den letzten Apriltagen erreichte ihn die Nachricht, daß mit dem 65jährigen Franz v. Reden, zuletzt Gesandter Hannovers in Stuttgart und Karlsruhe, ein alter Freund der Familie mit der Fortführung der Konkordatsverhandlungen beauftragt würde. Reden stammte aus einem alten niedersächsischen Adelsgeschlecht, hatte die Kgl. Ritterakademie in Lüneburg besucht, zusammen mit Ernst Brandes, August W. Rehberg und dem Frh. von Stein in Göttingen Jura studiert und befand sich seit der Kaiserkrönung von 1792, als er zugleich mit Johann Christian Kestner der hannoverschen Delegation angehört hatte, im diplomatischen Dienst Hannovers. Seine Mutter, als Witwe des ehemaligen Feldmarschalls der kurfürstlichen Armee selbst nur »die Feldmarschallin« genannt, wohnte wie Charlotte Kestner in der Aegidien-Neustadt und wurde von ihr bei mehrjähriger Krankheit fürsorglich gepflegt. Beide Familien verband eine enge Freundschaft, die sich auch auf die jüngere Generation erstreckte.

Die neue Gesandtschaft in Rom zog aus dem bisherigen Amtssitz im Palazzo Doria in die behaglichere Villa Malta, die bei Kestners erstem römischen Aufenthalt die Humboldts bewohnt und zu einem Treffpunkt der deutschen Künstlerkolonie gemacht hatten. Das sollte sich nun wie-

derholen, denn auch die v. Redens waren für ihren Kunst-
sinn und ihre Gastfreundschaft bekannt. Namentlich an
den Samstagabenden pflegte man bei Tee und Gebäck die
Kunstbetrachtung und musikalische Unterhaltung und traf
in ihrem Hause bedeutende Künstler. August Kestner durfte
sich auf ein harmonisches Zusammenleben mit den v. Redens freuen und war dafür bereit zu akzeptieren, daß der
Familienanschluß seine absolute Grenze hatte am Adels-
stolz des betont standesbewußten Diplomatenehepaares,
dessen bekanntes, reichlich pompöses Repräsentationsver-
halten es freundschaftlich zu übersehen galt zugunsten
gemeinsamer Kunst- und Naturliebe. Das zwischen dem
neuen Gesandten und seinem Sekretär bestehende, so au-
ßergewöhnliche Vertrauensverhältnis machte es auch möglich, unterschiedliche politische Ansichten, von v. Redens
ultrakonservativ und von Kestner gemäßigt liberal einge-
färbt, zu äußern, ohne sich gegenseitig weh tun zu müssen.
In der Loyalität zum Königshaus und zur Regierung traf
man sich stets wieder. Schließlich konnte August hoch zufrieden sein, den ihm so unsympathischen Leist endgültig
nach Hannover zurückreisen zu sehen, weil Baron v. Reden
sich geweigert hatte, mit diesem einstigen Kollaborateur zu-
sammenzuarbeiten. Zwar sparte die Regierung fortan die
Stelle ein, womit Leists »Gesicht« gewahrt blieb, aber natürlich bezahlte Kestner die Freude und Genugtuung mit doppelter Arbeit. Er verfügte jedoch nicht umsonst über eine
bereits jahrzehntelange Erfahrung im Bemühen, sich trotz
gewissenhafter Pflichterfüllung und außergewöhnlichen
Engagements für die Nöte anderer individuelle Freiräume
zu schaffen, in denen er seinen Neigungen und freundschaftlichen Beziehungen nachgehen konnte.

Kaum in Rom erneut heimisch geworden, kaufte er antike Münzen, Radierungen, Stiche und Ölgemälde bedeutender Künstler alter italienischer und niederländischer

Malerei, den Grundstock einer später umfangreichen Sammlung, sobald ihm günstige Angebote begegneten. Vom Bruder Georg und vom Freund Blumenbach in Hannover erfuhr er deren ähnliche Erwerbungen. Allerdings unterschied sich sein in vielen Jahren präzise geschultes Kunstverständnis erheblich von dem des Bruders, aber er gab sich doch schon 1818 der Hoffnung hin, man werde gemeinsam in Hannover so viel zusammenbringen können, »um den Geschmack zu wecken …, und auf jeden Fall wird die dortige Barbarei in Beziehung auf Kunst gemildert werden«.[168] Mit diesen Zeilen aus einem Brief an die Schwester gewinnen wir ein erstes Bekenntnis August Kestners zu einer goethenahen Intention, unabhängig von modischen Trends, die den Aufbau seiner Sammlungsstücke in gut vier Jahrzehnten bestimmen sollte. Es ging ihm nicht um ein Raritätenkabinett, um Kapitalanlage oder Prestigegewinn, auch die entsprechende modische Sammlerallüre war ihm fremd. Die von ihm mit Enthusiasmus zusammengetragenen Objekte waren kunst- und kulturhistorische sowie kunstästhetische Dokumentationen, die ihm eigene Studien erlaubten – er war als Schriftsteller wie als Porträt- und Landschaftszeichner gleichermaßen begabt und tätig – und zugleich das Bedürfnis befriedigten, von schönen Dingen umgeben zu sein. Das alles geschah mit dem letzten Ziel, die selbst gewonnene geistige Bereicherung und Ausbildung kunstästhetischer Verständniskategorien möglicherweise einmal weiterzugeben an Menschen, die, allein schon durch Entfernung gehindert, sich nicht solchen Materials zu eigener Anschauung, Erfahrung und Belehrung bedienen könnten. Auf den Punkt gebracht, dürfen wir von einer im weitesten Sinne kunstpädagogischen Intention sprechen, die er ohne Zweifel mit Goethe teilte. Verstärkt wurde sie durch eine völlig unerschöpflich scheinende Hilfsbereitschaft und Fürsorge, wie er sie den jungen, förderungswilligen Adepten der bildenden Kunst und den Freunden aus Roms Malerkolonie zuwandte, bis hin zur finanziellen Unterstützung aus eigener Tasche.

Gesellschaftliche Beziehungen, fachliche Kompetenz und Menschlichkeit ließen ihn fortan zum furchtlosen Schutzpatron und Anwalt werden, der wußte, wovon er sprach, wenn er angemaßte Richterstühle zurechtrückte, wozu er sich denn auch im ersten Halbjahr seines Romaufenthaltes veranlaßt fühlte.

Seine mit viel Schneid noch im Oktober 1817 geschriebene Attacke *Über die Nachahmung der Malerei*[169] galt keinem Geringeren als Goethe, der im 2. Heft einer neuen, von ihm herausgegebenen Kunstzeitschrift gegen die »Neudeutsche religios-patriotische Kunst«[170] zu Felde gezogen war und damit das Zentrum moderner deutscher Malerei in Rom herausgefordert hatte. Wenngleich die Beiträge in dieser Zeitschrift nicht namentlich, sondern mit dem Kürzel *W. K. F.* (Weimarer Kunstfreunde) abgezeichnet wurden, ergab sich doch durch Goethes auf dem Titelblatt erkenntliche Herausgabe seine Verantwortung für den Inhalt, der in Johann Heinrich Meyers redaktioneller Bearbeitung die Goetheschen Kunstprämissen, streng klassizistisch ausgerichtet an J. J. Winckelmann und Raphael Mengs[171], verbreiten sollte. Der Angriff Goethes richtete sich gegen die Schriftsteller der Romantik (Wackenroder, Tieck und die Brüder Schlegel), deren Vorliebe für das Altdeutsche und christliche Mystik die Maler ihrer Generation – die Brüder Riepenhausen, Overbeck, Cornelius, Schadow waren namentlich aufgeführt – bewogen habe, sich ebenfalls frömmelnden und altertümelnden Themen zuzuwenden und ihre Vorbilder in der mittelalterlich, also vorraffaelisch eingestimmten Vernachlässigung aller bisher üblichen Kunstregeln anzunehmen. Zwar mochte man ihnen den »Ernst, Fleiß und die Ausdauer« ihrer Bemühungen und die »ungemeine Sorgfalt auf reinliche zarte Behandlung ihrer Werke« nicht absprechen, konnte aber ihre ungebrochenen Farben, den Verzicht auf Licht- und Schattenwirkung, die Kostümierung ihrer Figuren und die so erzielte Flächigkeit der malerischen Wirkung nicht billigen und empfahl daher den Malern, statt der »Nachahmung« von Künstlern des 14. und 15. Jahrhunderts »sich ausschließlich mit dem Studium der alten griechischen Kunst und was in neuerer Zeit sich an dieselbe anschloß, zu befassen«.

Im Juli 1817 konnte Goethe seinem *Kunscht-Meyer* mitteilen: »Unsere Bombe hätte nicht zu gelegenerer Zeit und nicht sicherer treffen können. Die Nazarener sind, merk ich schon, in Bewegung wie Ameisen, denen man ihren Haufen stört.«[172] Auch August Kestner war in Rage geraten. Immerhin traf der Vorwurf der selbsternannten Kunstpäpste in Weimar nicht lediglich seine Freunde, sondern eine bereits anerkannte Gruppe der deutschen Malerkolonie in Rom, die gerade mit großen Aufträgen wie den Fresken der Casa Bartoldy und kurz darauf im Casino Massimo verdientes Aufsehen erregte. August Kestner berichtete ausführlich der Schwester in Thann vom Plan seines Gegenangriffs:

»Ich interessire mich zu sehr dafür, als daß ich dazu stillschweigen könnte, und bin daher damit beschäftigt, eine Abhandlung dagegen zu schreiben, und habe etwa die Hälfte davon fertig. Du kannst dir denken, daß das keine Kleinigkeit ist. Es kommt dabei darauf an, den Geist der ganzen antiken alten und neuen Kunst aufzufassen und jedes Wort doppelt auf die Wagschale zu werfen, weil man mit der großen Autorität Goethe's zu rechnen hat … Gott möge mir nur die Kräfte verleihen, die Wahrheit, von der ich durchdrungen bin, recht klar und womöglich frappant zu entwickeln.«[173]

Donnergrollen aus Weimar mußte erwartet, aber auch

hingenommen werden. Nicht annehmbar dagegen schien Kestner der Rat, jungen deutschen Künstlern vornehmlich erteilt, sich ausschließlich an antiker griechischer Kunst orientieren zu sollen. Kestner, der seine 92-Seiten-Schrift furchtlos und offen an Goethe richtete, fragte, was es denn nützen könne, »da wir eine eigene Kunst besitzen, die, schon weil sie seit vielen Jahrhunderten sich so gestaltete, auf unseren besonderen Eigenschaften als notwendig begründet sich darstellt«, nun zu den alten Griechen zurückzukehren, und er fragte auch, sokratisch geschickt, was durch Nachahmung grundsätzlich Neues gewonnen werden könne. Seine Gedankengänge entwickelte er aus dem Widerspruch, daß schon seit dem Ende des 18. Jahrhunderts die Kunstwerke des 14. und 15. Jahrhunderts, deren Betrachtung an ihren Standorten an Rhein und Main »der Herr von Göthe so angelegentlich empfehle«, zur Nachahmung empfohlen seien, während gerade diese doch die wenigste Ähnlichkeit mit denen der griechischen Antike aufzuweisen hätten. In der Wiederentdeckung der altdeutschen Kunst – Albrecht Dürer und seine Zeitgenossen waren gemeint – sah August Kestner das Verlangen der Deutschen, »die ihnen im Laufe der letzten Jahrhunderte gleichsam entrissene Kunst sich wieder zu erwerben, sie scheinen die abgerissenen Fäden wieder aufzusuchen, um neue daran zu knüpfen. Es ist daher sehr der Untersuchung werth, ob man hiervon Heil erwarten darf; oder ob wir mit Beiseitsetzung unserer eigenen, noch nicht zur Entwickelung gediehenen Kunst, eine solche nothwendig und ausschließlich von einem fremden Volke, aus längst verflossener Zeit entlehnen müssen?«

Das ist die Fortsetzung des Kestner-Goethe-Dialogs auf der Gerbermühle von 1815, in dem Kestner sich auch schon bemühte, die jungen deutschen Maler, Overbeck allen voran, in das wertende Bewußtsein seines Gesprächspartners zu heben. Kestner, damals im persönlichen Kontakt, wie nun, nur zwei Jahre später, im schriftlich ausgefeilten, wohlüberlegten Text, kämpfte in seiner dreifachen Funktion eines Anwalts der Freunde, als Kunsthistoriker und Kunstästhet, aber auch unüberhörbar als ein »1813er«, an dem ein Jahrzehnt der politischen Fremdbestimmung nicht spurlos vorübergegangen war, den die national-liberalen Ideale des Aufbruchs zur Befreiung geprägt hatten. In Johann Friedrich Overbeck, den er selbst vor einem Dutzend Jahren zum Malereistudium angeregt hatte, der in Wien 1809 mit einem von ihm gegründeten und vielbeachteten Künstlerbund Aufsehen erregt hatte und seit 1810 in Rom zum ermutigenden Vorbild deutscher Künstler geworden war, sah August Kestner das künstlerische Genie auf neuen Wegen, anknüpfend an die Epoche des jungen Raffael und schöpfend aus den geistigen Strömungen seiner eigenen Zeit und Nation.

Er sollte recht behalten: »Nazarener«, von Goethe noch als gängiges Spottwort benutzt, wurde zum kunstgeschichtlichen Stilbegriff.[174] Overbecks Konversion zum katholischen Glauben, eine Zeitgeisterscheinung wie seine und seiner Schüler künstlerische Thematik, verhinderte vermutlich eine engere Freundschaft zum Protestanten Kestner, aber nicht ihren gegenseitigen Respekt. Den wiederum bezeugte August Kestner dem großen Antipoden Goethe, der, wie Moses einst seine Gesetze in den Fels schlug, seine kunstästhetischen Maximen den Deutschen einzuhämmern suchte, mit Kestner vielleicht nur darin einig, daß diese sich, summa summarum, noch im Zustande der Kunstbarbarei befänden.

Kestner zügelte seinen Ärger, blieb, wie es seinem Wesen entsprach, verbindlich in der Form, aber bestimmt in der Verfechtung der Sache. Für sich insgeheim notierte er: »Es mag gut sein, wenn ein Mann von literarischer Autorität, der Einsicht und guten Willen hat, den Künstlern Fingerzeige gibt, wie sie ihre Kunst betreiben sollen; aber in der besten Zeit der Kunst war dergleichen nicht nötig. Wenn die Maler selbst nicht wissen, was sie malen sollen, werden wir es ihnen nicht lehren.«[175]

Die wenigen fachkompetenten Interessenten und Freunde in Deutschland, darunter auch Sulpiz Boisserée, schenkten Kestners Ausführungen ihre wohlwollende Aufmerksamkeit, obwohl man durchaus den Eindruck gewinnen kann, die politischen Ereignisse der Gegenwart beeinträchtigten doch die Empfänglichkeit für Fragen der Kunst, wie es der Maler Carl Wilhelm Tischbein aus Frankfurt im Mai 1819 zu berichten wußte.[176] Im März erst war der deutsche Dramatiker und russische Staatsrat August v. Kotzebue, erklärter Gegner patriotischer Burschenschaften, von dem radikalen Jenaer Theologiestudenten K. L. Sand ermordet worden. Die sogenannten Karlsbader Beschlüsse, initiiert vom preußischen König und vom österreichischen Staatskanzler Metternich, hatten erneut Pressezensur und Überwachung des öffentlichen Lebens, Kontrollen und Maßregelungen an den Universitäten zur Folge gehabt. In der Tat: schlechte Zeiten für kunstästhetisches Räsonnement. Im November 1819 erst war das Echo aus Weimar in der Jenaischen Allgemeinen Literatur-Zeitung zu lesen. Kestners kleine Schrift war ausführlich, über zwei Ausgaben hinweg, referiert und kritisiert worden, und Bruder Georg in Hannover hatte mit Erfolg nach dieser Rezension gefahndet, wie uns Charlottes Brief vom März 1820 belegt.[177]

Zwar zeichneten wieder die »W. K. F.« verantwortlich, aber schon der verbindlichere Ton ließ vermuten, daß Goethe selbst seinem schweizerischen Hauskunsthistoriker zuweilen die Feder geführt hatte, deutlich bestrebt, keine unnötigen Fronten entstehen und es an respektvoller Achtung nicht fehlen zu lassen. Der Autor, so hieß es da, sei angetreten, den Artikel über die neudeutsche religiös-patriotische Kunst zu widerlegen: »Doch streitet er nicht heftig, äußert auch keine Bitterkeit, sondern benimmt sich mit Anstand und Ruhe, benutzt indessen mit vielem Geschick alles, was seiner Meinung günstig seyn mag; überdieß hat sein Vortrag eine lobenswürdige Klarheit. So viele gute Eigenschaften machen ihn zu einem achtbaren Gegner, und wir wünschen aufrichtig, daß seine Schrift von den Sachverständigen in Erwägung genommen werde.« Noch weiter kam man dem unbekannt-bekannten Autor entgegen, als man festhalten zu müssen glaubte, daß er den Kunsttheoretiker Mengs[178] »hart, fast möchte man sagen, ungerecht« beurteile und dann doch zu erkennen gab, man werde weitere Beispiele, »denen Berichtigung beyzufügen wären« übergehen zugunsten anderer, »welche unseren Ansichten völlig entsprechen, und zeigen, daß der Vf. im Wesentlichen gleichgesinnt, vielleicht weniger unser Gegner ist, als er wohl selbst glauben mag«.

Fast gewinnt noch der heutige Leser den Eindruck, als habe Goethe vielleicht nicht nur seinen eigenen, von Meyer mit schweren Säbeln geführten Angriff entschärfen und auf Florett umstellen, sondern auch ganz gezielt Kestner mit Lob und Liebenswürdigkeit entwaffnen wollen, aus welchen Gründen auch immer. Nicht ein Hauch von Aggressivität, wie doch recht massiv noch in *Kunst und Alterthum* spürbar gewesen, unterlegt sich hier den Erwiderungen auf Kestners Vorstöße, fast sanft wird die Waffe lediglich herumgedreht, so daß sie zum Angreifer zurückzukehren scheint. Ein beträchtlicher Teil unserer großen Maler hat umsonst gemalt, wenn die griechischen Kriterien ohne Einschränkung auf moderne Malerei angewandt würden? Nun, das könne man auch für Kunst und Geschmack des 14. und 15. Jahrhunderts sagen. Es sei falsch, die Gesetze, nach denen antike Skulpturen gearbeitet seien, zu absoluten

Gesetzen der Kunst zu machen? Nun, sieht man doch nicht nur bei Giotto antike Malereivorbilder. Mit den Augen der Griechen zu werten, das soll uns der eigenen Kunst entfremden? Nun, der gebildeten Klasse unter den Deutschen, »wohin die Künstler hoffentlich auch zu rechnen sind«, ist die griechische Literatur und Kunst nicht fremder als deutsche Eigenart im 15. und 16. Jahrhundert; die Zeit von Dürer, Cranach, Holbein, Altdorfer ist schließlich schon längst dahin. Im übrigen: Mißbrauch der Vorbilder ist nicht Schuld der Vorbilder, und der Weg zum Wahren geht häufig durch die Extreme.

August Kestner durfte sich geschmeichelt und geehrt fühlen, von den sogenannten Weimarer Kunstfreunden (W. K. F.) so ernsthaft beachtet und gar empfohlen worden zu sein. Er und der Geheime Rat Goethe hatten zwar ein Duell ausgefochten, aber es tunlichst vermieden, einander weh zu tun.

Kestner hatte seine Mutter auch an diesem Thema so viel Anteil nehmen lassen wie möglich und zumutbar. Mehr noch konnte er ihr Interesse für alles voraussetzen, was seinen beruflichen Alltag füllte. So hatte sie die Umstände des Wechsels an der Spitze der Gesandtschaft verfolgt bis hin zu Augusts testamentsverwaltenden Besorgungen für Ompteda (»Abrechnung der O. Erbschaft«) und hielt sich selbst immer im Kontakt mit den ihr bekannten und befreundeten Persönlichkeiten aus der hannoverschen Regierung, so daß sie August vorinformieren konnte über deren Absichten in den »Römischen Angelegenheiten«.

Hoppenstedts Auskunft, am Abschluß eines Konkordats läge nicht mehr ein so hohes Interesse, erwies sich in der Tendenz als durchaus nicht unrichtig, wohl aber in der Zeitfrage. Die Verhandlungen entwickelten sich unerhört schwierig und zähflüssig, ein wirkliches Konkordat im Sinne der hannoverschen Bemühungen erschien immer aussichtsloser; schließlich wurden sie etwa vier Wochen nach Charlotte Kestners Informationen zwar nicht beendet, aber doch für ein Jahr ausgesetzt. Danach fand man eine neue kompromißfähige Basis, brauchte aber auch noch zwei Jahre, bis im August 1823 wenigstens eine sogenannte Zirkumskriptionsbulle, ein schlichter päpstlicher Erlaß ohne feierliche Grundsatzerklärungen, die Beziehungen der Diözesen Osnabrück und Hildesheim zur Regierung des Königreichs Hannover neu regelte. An ihrem Zustandekommen hatte in der Endphase August Kestners geschicktes und einvernehmliches Zusammenarbeiten mit dem Kardinalstaatssekretär Consalvi verdienstvollen Anteil, indem es noch in der Nacht vor dem bereits erwarteten Ableben des schwer verunglückten 83jährigen Papstes Pius VII. gelungen war, dem Erlaß eine Fassung zu geben, die im Februar 1824 unbeeinflußt vom vatikanischen Regierungswechsel die Zustimmung des neuen Papstes und des englisch-hannoverschen Königs erhalten konnte.

August Kestner hatte eine unerwartete Bewährungsprobe im diplomatischen Dienst glänzend bestanden, was dazu beigetragen haben dürfte, daß man ihn 1825 nach der Abberufung des hannoverschen Gesandten v. Reden zum Chargé d'affaires, dem alleinigen Geschäftsträger, der kgl. hannoverschen Gesandtschaft beim Vatikan erhob, der im Sinne der dynastischen Personalunion mit Großbritannien die englischen Interessen in Rom mit vertrat. Wohl im richtigen Gespür für die Nähe Fortunas, hatte er sich in geduldiger Erwartung der hannoverschen Entscheidungen über Fortbestand oder Auflösung der Gesandtschaft geübt und dabei mit ebensoviel Bedauern wie Bestimmtheit familiäre Wünsche zurückgestellt. Nach Hannover zurückkehren zu müssen, konnte kaum zu den ihm wünschenswerten Annehmlichkeiten gehören, und so schrieb er der Schwester in Thann: »... die Liebe zu den Meinigen ist der einzige unwiderlegliche Grund, und wie gern würde ich ihr nachgeben, wäre es nicht von der anderen Seite vernunftwidrig, bei der ersten Gelegenheit, wo mich der König einmal auf einen bedeutenden Posten stellt, mich zurückzuziehen.«[179]

Besaß die Gesandtschaft Hannovers beim Vatikan offiziell und strukturell schon den Rang des Außerordentlichen, einer aus den Bedürfnissen der Situation entstandenen Regelung, so traf der damit verbundene berufliche Aufstieg August Kestners das gleiche Kriterium: keine professionelle diplomatische Laufbahn im klassischen Sinne und nach üblichen Gepflogenheiten, aber doch eine individuelle Karriere zum künftigen Legationsrat und Ministerresidenten. Für die kgl. großbritannische und hannoversche Administration wurde August Kestner »unser Mann in Rom«.

Die Mutter in Hannover würde auch weiterhin sich in das Unabänderliche fügen, über die »Römischen Angelegenheiten« informieren und liebevoll seine Wege und Aktivitäten mit ihren Gedanken begleiten.

Die »Sage von Deinem Buch über Kirchengeschichte« und die Erwähnung eines »anderen Kestner« klärte sich mit Georgs Hilfe bald auf. Ein Buch des Christian August Kestner, Professor an der Universität in Jena, hatte das anfängliche Mißverständnis ausgelöst.[180] Dagegen bestand kein Zweifel, daß es sich bei der von Georg besorgten »Rezension von Goethe« in der Jenaer Zeitung um eine authentische Stellungnahme Goethes zu dem kunstästhetischen Essay August Kestners handelte. Es ist kaum anzunehmen, daß die Mutter dieses gelesen hat, gewiß aber nahm sie die respektvoll anerkennenden einleitenden Sätze der Besprechung durch Goethe mit Befriedigung zur Kenntnis.

August Kestners bisherige Beziehungen zum Jugendfreund der Eltern sollten jedoch schon bald eine ungeahnte neue Perspektive annehmen.

Nach dem Tode Charlotte Kestners 1828 hatte Goethe dem Romreisenden Prof. Carl Wilhelm Göttling, Philologe und Bibliothekar in Jena, eine von ihm gern zum Gruß an gute Freunde benutzte Medaille für Kestner mitgegeben, der darüber am 8. März seiner Schwester schrieb: »Denkt nur, wie freundlich Goethe ist. Er hat mir durch einen Professor von Jena, der nach Rom ging, eine Medaille mit seinem sehr schön gemachten Porträt geschickt. Er mußte damals unseren Trauerfall schon wissen, und so ist es nichts anderes als ein herzlicher Gruß zum Zeichen des Mitgefühls!«[181] August Kestner beschloß, sich zu revanchieren, »durch die drei schönsten Porträts, die in meinem Besitze und von mir selbst gezeichnet sind, 1. des Raffael als Knaben, das wir im Frühjahr in einem Bilde des Vaters von Raffael zu entdecken glaubten, 2. der schönen Vittoria in Albano und 3. unserer herrlichen Mutter, nämlich das beste der Profile«.[182] Ausführlich die drei Zeichnungen erklärend, erwiderte Kestner mit gleicher Zartheit die Geste aus Weimar, lag in dieser für Kestner, des traurigen Anlasses ungeachtet, auch ein Element dankbar empfundener freudiger Überraschung. Goethe hatte ihn auch wissen lassen, daß er demnächst in Rom Julie v. Egloffstein begrüßen könne, deren künstlerische Fortbildung Goethe am Herzen lag. Auch auf einen längerfristigen Aufenthalt anderer altvertrauter Freunde, August Wilhelm Rehberg mit Frau und drei Töchtern, durfte Kestner sich freuen. Schließlich konnte er zum Jahresbeginn 1830 der Schwester mitteilen, daß König Wilhelm IV. ihn zum Ritter des Guelphen-Ordens erhoben habe, was ihm angenehm sei als Anerkennung der Zufriedenheit mit seinen diplomatischen Diensten.

Das Jahr sollte ihm jedoch eher unvergeßlich werden durch die Dienste, die er an seinem Ende völlig unerwartet Goethe und dessen einzigem Sohn zu erweisen hatte.

August v. Goethe, 41jährig, war auf einer Italienreise,

die der Wiederherstellung seines desolaten Gesundheitszustandes hatte nützen sollen, am 27. Oktober in Rom einem Gehirnschlag nach akuter Pockeninfektion mit unmittelbar folgender Hirnhautentzündung erlegen. Diese Ungeheuerlichkeit den greisen Vater wissen zu lassen und die Folgeformalitäten des Ereignisses so pfleglich zu übernehmen wie zuvor die Sorge für den außergewöhnlichen Romtouristen verlangte eine Delikatesse, die weit über das Maß hinausging, dessen man von den amtlichen Pflichten eines Gesandtschaftvertreters in solchen Fällen versichert sein konnte. Keinem Sensibleren hätten diese Dienste zukommen können als August Kestner. Einen ausführlichen Bericht nebst persönlichem Schreiben für Goethes Hand schickte er dem Kanzler und Goethevertrauten v. Müller, diesem den Zeitpunkt der Eröffnung freistellend, während gleichzeitig er alles Erdenkliche unternahm, um das Eintreffen der Nachricht in Weimar, etwa durch rückkehrende Rombesucher oder über diplomatische Kanäle, auf einige Tage zu verzögern, bis man annehmen konnte, der Kanzler habe Goethe informiert. August v. Goethes Nachlaß besorgte der sächsische Geschäftsträger in Rom mit Hilfe Julie v. Egloffsteins. Kestner ließ eine Totenmaske anfertigen, ordnete eine Sektion an und richtete dem Verstorbenen ein ehrenvolles Begräbnis auf dem Protestantischen Friedhof gegenüber der Pyramide des Cestius aus.[183]

Goethes nur mühsam beherrschte Erschütterung finden wir mehrfach bezeugt und wissen, daß ein Lungenblutsturz vier Wochen später seine gequälte Psyche vom unerträglichen Druck zu befreien suchte, den Körper jedoch in Lebensgefahr versetzte.[184] Zuvor, im April, hatte Goethe noch einen ihm begabt erscheinenden Kunsteleven der Aufmerksamkeit Kestners empfohlen und auch gedankt für die erhaltenen Zeichnungen. Nun, am 27. Dezember 1830, dankte er August Kestner in einem langen Brief für alles, was dieser für seinen Sohn getan hatte. Wir kennen keinen Brief Goethes an Freunde dieser Tage, in dem er sich so vertrauensvoll einem Mitmenschen öffnete, gleichzeitig noch einmal – fast möchte man es eine psychotherapeutische Eigenbehandlung nennen – die Stationen der Reise seines Sohnes rekapitulierend und die damit für ihn verbunden gewesenen Hoffnungen und Befürchtungen schildernd:

»Je länger ich aufschiebe, theuerster Mann, Ihnen zu schreiben, desto schwerer wird es mir und es möchte mir zuletzt ganz unmöglich werden, wenn ich nicht entschlösse geradehin auszusprechen, wie es mir eben zu Sinne kömmt. Es bleibt eine schwere Aufgabe, nach bedeutenden Unfällen sich wieder zu fassen und zu sammeln, da man denn erst später zur Besinnung kömmt, wem man dabey eigentlich den größten Dank schuldig ist. Es tritt dann zugleich die Ueberzeugung ein, daß Worte nicht hinreichen denselben abzustatten. Wenn ich mich zu Ihnen nach Rom denke, so muß ich mir den bänglich zweifelhaften Zustand wieder vor die Seele führen, in welchem ich die *acht* vergangenen Monate verlebte. Mein Sohn reiste um zu genesen, ...«[185]

Der Heftigkeit des ersten Schmerzes hatte der Vater sich überlassen müssen, mit dem Fortgang seiner Arbeiten suchte er energisch der Trauer zu begegnen. So bestätigte er am Schluß des Briefes, den soeben erschienenen ersten Band einer *Beschreibung der Stadt Rom* erhalten zu haben, begierig die willkommene Ablenkung aufgreifend: »Solche ernsten Studien und gründliche Forschungen heißen mich auf ein vergangenes Leben zurücksehen ...«[186]

Wie um sich selbst die heilende Wirkung noch reaktivierbarer geistiger Energie zu beweisen, knüpfte er eine ausführliche kunsttheoretische Betrachtung an die Beilage, die Zeichnung eines Lampenfragments, ehe er mit dem Wunsch schloß: »Möge Ihnen und Ihren edlen Freunden alles Glück bescheert seyn um die Fülle, mit der Sie gesegnet sind, auf das Behaglichste zu genießen.«[187]

Als im Frühsommer 1831 endlich auch der junge Maler Friedrich Preller aus Rom zurückkehrte, der August v. Goethe bei Gefahr eigener Ansteckung auf dem letzten Krankenlager gepflegt hatte, bis Kestner sich auch um Preller sorgen mußte, nahm Goethe erneut Gelegenheit zu einem längeren Brief an August Kestner. Nach der Bitte um eine Kompositionsskizze von einem Bild aus der Kirche San Giacomo dei Spagnoli und nach vergleichsweise nebensächlichen Erörterungen kam er darin zweimal, und zwar jedesmal außerhalb eines gänzlich anderen Zusammenhanges, auf ihn wesentlich und wirklich beschäftigende Fragen im Zusammenhang mit dem Tode seines Sohnes. Zum einen ging es ihm darum, wie möglicherweise »die geringe Verlassenschaft« seines Sohnes nach Weimar gelangen könne, ohne unbillig Reisende zusätzlich damit zu beschweren. Schließlich, nachdem er sich erkundigt hatte, wie um einen Stab gewickelte Zeichnungen am sichersten Kestner erreichen könnten, überwand er sich spürbar mit einem neuen Willensanschub zu der Überlegung, wie man auf schickliche Art und Weise »die Stelle, wo mein Sohn niedergelegt worden, auf irgendeine Weise bescheidentlichst bezeichnete. Haben Sie die Güte, mir Ihre Gedanken darüber zu eröffnen; da der Vater wie jene Elegie bezeugt, jenen Weg zu nehmen gewünscht, so ist es doch ganz eigen, daß der Sohn denselben eingeschlagen und der Vorfall verdiente wohl ein Merkzeichen.«[188] Auch Kestner wird sich der Schlußverse in Goethes 7. Römischer Elegie bewegt erinnert haben.

In einem vierten Goethebrief endlich fand August Kestner dann die Worte, die Goethe dem Grabmonument des Sohnes zugedacht hatte:

GOETHE. FIL. PATRI. ANTEVERTENS.
OBIT.
ANNORUM. XL
MDCCCXXX[189]

Wen die Tragik im Leben und Sterben August v. Goethes anspricht, der wird auch die Schlußzeilen aus dem Brief des Vaters an August Kestner nicht ohne Bewegung lesen können, in denen Goethe zusicherte, ein andermal noch einiges schreiben zu wollen, »in ruhiger Stunde, die mir in diesen Tagen nicht werden will«.

Der Däne Bertel Thorvaldsen, in Rom ansässig, längst arrivierter Bildhauer des klassizistischen Geschmacks und mit Kestner seit vielen Jahren befreundet, wurde beauftragt, ein Porträtrelief und die Goethesche Inschrift für die Grabsäule anzufertigen.[190]

Im Jahr darauf hatte Kanzler v. Müller nach dem Tode Goethes 1832 die Zartheit, an August Kestner eine Porträtmedaille Goethes zu schicken und einige kleinere »Reliquien« aus dessen letzten Lebenstagen beizulegen. Leider läßt sich nicht mehr feststellen, welcher Art und Beschaffenheit diese waren, aber gewiß verstand Kestner auch diese Geste und wußte sie zu schätzen.

Wer hätte je annehmen wollen, daß es August Kestner, dem keinesfalls unkritischen Goetheverehrer, einst obliegen würde, die Rolle des Vollstreckers einer Freundes- und Dankespflicht für seine Eltern zu übernehmen, ungeachtet eigener Distanz zur Person Goethes. Der originale Briefwechsel seiner Eltern mit Goethe befand sich seit dem Tode der Mutter beim Bruder Georg in Hannover in sorgfältiger Verwahrung. August Kestner besaß eine Abschrift, deren Studium in ihm die Ansicht förderte, diese einzigartige Dokumentation sei der Weltöffentlichkeit zugänglich zu machen.

In einem ersten Meinungsaustausch mit den Geschwistern, während seines Aufenthalts in Thann vom Herbst 1833 bis Januar 1834, gelang es ihm nicht, ihr Einverständnis zu erhalten. Wenige Monate danach lud er sich in Rom einen Kreis von sechs literaturverständigen Freunden ein, darunter das Ehepaar Bunsen (preußischer Geschäftsträger beim Vatikan), den sächsischen Geschäftsträger Platner und den Maler Peter Cornelius, um ihnen die Briefe vorzulesen. Sie bestärkten ihn in seinem Vorhaben. Alle seien entzückt, konnte er nach Thann berichten, hätten namentlich Theodors und Georgs Einwände angehört, »aber sie finden die Gründe für die Herausgabe so überzeugend, daß sie nichts dagegen gelten lassen und es sogar für unsere Pflicht halten, diesen Schatz für die Welt und diesen Ruhm für unsere Eltern und besonders für Goethe selbst – den kein Mensch so schön kennt – ans Licht zu bringen«.[191] August mochte nicht verhehlen, daß es ihn betrübte, seine Geschwister nicht davon überzeugen zu können, und der stärkste Widerstand, eingebettet in nicht enden wollende Mißverständnisse, ausgerechnet aus Thann kam. Carls hauptsächlichster Einwand bestand anscheinend darin, daß ihr Vater letztaus unzufrieden mit Goethe gewesen sei, weil dieser sein Versprechen, den *Werther* wesentlich zu ändern, nicht gehalten habe, und schließlich sei das Verhältnis ganz an Goethes Kälte zerbrochen; außerdem sei August offenbar durch seine Korrespondenz mit Goethe in dessen letzten Lebensjahren für diesen »parteiisch« geworden.

Theodor hatte zur Geltung gebracht, daß dieses unerfüllte Versprechen in der Öffentlichkeit noch nachträglich Goethe zum Vorwurf gemacht werden könne, was er, Goethe am ehesten zu Dank verpflichtet, wohl gern vermieden gesehen hätte.

August antwortete nicht ohne Schärfe, Carl möge sich doch deutlich machen, daß der *Werther* mit der vom Vater gewünschten Umarbeitung literarisch absolut nicht denkbar gewesen wäre. Goethe habe vor der Entscheidung gestanden: »Entweder Werther oder Wort halten.«[192] Er, August, sei auch keineswegs parteiisch geworden: »Gerade im Gegenteil.«[193] Goethes Briefe aus der letzten Epoche seines Lebens gegen Leute, die er erst kennengelernt habe, seien allerdings oft so steif und unlebendig ausgefallen, daß die Kenntnis dieses Briefwechsels ihnen einen Goethe zeige, den sie vielleicht ein Leben lang studiert, aber jetzt erst richtig kennengelernt hätten. August gab auch seine Auffassung ungeschminkt wieder, daß es doch verständlich sei, wenn eine Jugendbeziehung mit jemandem, der fast ein Gott seiner Zeit gewesen sei, später auseinanderfalle. Wo seien denn beispielsweise die Verhältnisse aller Brüder mit den Universitätsfreunden geblieben, und August erinnerte schließlich daran, »unseres theuren Vaters finstere Laune war sehr an dem Bruche schuld«.[194] Das alles erscheine ihm jedoch »klein gegen die große Sache: das schönste Stück des Lebens eines so merkwürdigen Mannes, ja des merkwürdigsten Deutschen der Welt zu geben«.[195]

Die Argumentation überzeugte die Geschwister nicht, auch nicht sechs Jahre später, als ihm ein Freund aus den Briefwechseln zwischen Goethe, Wieland, Merck u. a. vorgelesen hatte und er an den Bruder Hermann in Hannover schrieb: »... auch unsere Mutter kommt darin vor. Möchte doch dies der Antrieb sein, um die unesquinen, engherzigen, philiströsen, schimpflichen Ansichten zu zerstören, die unsern Schatz unter der Erde halten. Ist wohl niemals mehr die Rede davon?«[196]

Persönliche Gespräche mit Carl und Charlotte während ihres Besuches 1845 in Rom brachten die Angelegenheit auch nicht weiter, so daß August bereits erwog, ein eigenes Buch über das Leben der Eltern und ihr Verhältnis zu Goethe zu schreiben und in dieses Briefe des Vaterfreundes v. Hennings, die Tagebücher des Vaters und eigene Erinnerungen an Gespräche mit ihm einzuflechten. Goethe wollte er so hinstellen, daß er menschlich-moralisch über der Dichtung des *Werther* stand, und die Eltern als viel zu gut, um in einem Roman etwa erniedrigt werden zu können. Auch des Vaters »poetischen Neigungen«, die auszuüben ihn die Anforderungen des Alltags gehindert hatten, wollte er gerecht werden, wohl in der Hoffnung, so die Empfindlichkeit der Geschwister zu schonen.[197] Ganz offensichtlich entsprach dieses rührende Gedankenspiel als Ergebnis eines Geschwistertreffens mehr Augusts Herzensgüte als rationaler Konsequenz. Es wurde nie realisiert.

Im März 1846 unterzeichneten acht namhafte Gelehrte und Künstler aus August Kestners Freundeskreis ein Schriftstück, auf dessen Erfolg bei den Geschwistern in Thann er noch einmal hoffte und in dem es hieß: »Erfüllt von dem unschätzbaren Werte dieser Denkmäler, fühlen wir den lebhaftesten Drang, die Kinder jener Mutter, deren hohe Eigenschaften zu dem unsterblichsten Gedichte Anlaß gegeben, zur Enthüllung dieses Schatzes aufs dringlichste anzurufen … Es ist eine heilige Pflicht, von der wir uns getrieben fühlen, nach unsern Kräften dahin zu wirken, daß der Nation und der ganzen kultivierten Welt dieser große Gewinn zuteil werde …«[198] Aus Hannover wie aus Thann kam erneut nur Ablehnung. Carl warf dem Bruder in Rom vor: »Gegen die Unterschriebenen ist sicher nichts einzuwenden, allein sie wohnen in Rom und sind durch Dein Urteil hingerissen. Für uns ist es eine Sache des Gefühls, über welches andere nicht urteilen können … Unsere seligen Eltern haben die Achtung aller, die sie kannten, in höchstem Grade genossen, und da sie die Sache mit Goethe auf sich beruhen ließen, so müssen wir ein Gleiches tun.«[199]

Auf diesen Orientierungspunkt hin fuhr sich die Argumentation der Geschwister für viele Jahre so fest wie ein

Schiff auf einer Sandbank und war durch nichts mehr zu bewegen.

Als schließlich ein Zufall 1852 August Kestner aus England die Nachricht zuspielte, man halte ihn dort für einen illegalen Sohn Goethes, überwand der 75jährige August Kestner zwar immer noch nicht seine lebenslange Scheu vor offenem Familienzwist, entschloß sich aber zum Handeln auf seine Weise, indem er, das Hindernis diplomatisch umgehend, ohne Wissen der Geschwister im September auf der Rückreise von der Feier zur Silberhochzeit des Bruders Georg in Hannover mit dem Goetheverleger Cotta in Stuttgart einen Vertrag aushandelte und unterschrieb.[200] Dieser legte in fünf Paragraphen kurz und knapp den Titel, das Format, die Auflagenhöhe, Honorar und Erscheinungsdatum fest und sollte erklärtermaßen auch die Erben der Vertragspartner binden.[201] Das Recht einer englischen bzw. französischen Übersetzung behielt Kestner sich vor. Für letztere arbeitete sein Sekretär Ludwig Parade (Muttersprache Französisch), für erstere bemühte sich sein Freund Bunsen, inzwischen preußischer Gesandter in London, um eine geeignete Persönlichkeit.

Am 10. Februar 1853 lagen die ersten fünf Bogen vor, doch schon vier Wochen später verwehrte unerwartet der Tod August Kestners die Freude, den endgültigen Erscheinungstermin zu erleben, ersparte ihm jedoch auch gnädig die zornige Betroffenheit der sich übergangen und enttäuscht fühlenden Geschwister.

August hatte sich nach schon überstandener Bronchialaffektion zu früh dem milden Vorfrühlingswetter ausgesetzt und einen Rückfall des Infekts provoziert, der sich nun auf die Lunge legte und in kürzester Zeit den Tod herbeiführte. Sein gerade anwesender Großneffe George Laves und der Sekretär nahmen vom Sterbebett den Auftrag mit, die Familienangehörigen davon zu überzeugen, daß ihm die Heraus-

Verlagsvertrag

gabe der Briefe Goethes an die Eltern als eine »heilige Pflicht« erschienen sei.

Die hinterbliebenen fünf Geschwister – der älteste Bruder Georg schon im 80. Lebensjahr, außer ihm und Charlotte lebten noch Clara, Hermann und Friedrich – zeigten sich jedoch auch in dieser veränderten Situation kaum kompromißbereit, eher entschlossen, posthum die Herausgabe des Goethe-Kestnerschen Briefwechsels zu verhindern. Es scheint, daß erst ein Bericht in der *Allgemeinen Zeitung* (Augsburg), Deutschlands angesehenste und meistgelesene Tageszeitung aus dem Verlag der J. G. Cottaschen Buchhandlung, der August Kestner sein Manuskript anvertraut hatte, die Geschwister erneut in Aktion versetzte. Nach zusammenfassender deutschsprachiger Wiedergabe des Nekrologs zu August Kestners Ehren aus der Londoner *Times* konnte man dort lesen, August Kestner sei der »Liebling aller Engländer« gewesen, »die in Rom wohnten oder es besuchten. Obgleich er niemals die geringste Vergütung von England erhielt, hat er in Ermangelung eines englischen Residenten, selbst nachdem die Stelle eines hannoverischen Ministers in Rom aufgehoben war, alle Handlungen der Höflichkeit und Freundlichkeit ausgeübt, welche Fremde gewöhnlich von den Stellvertretern ihrer Regierung zu erwarten pflegen.« Der Beitrag erinnerte an das auch dem englischen Publikum bekannte Bändchen *Über die Nachahmung in der Malerei*, würdigte ausführlich den Porträtzeichner, Kunstsammler und Mitgründer des Archäologischen Instituts sowie den Mäzen, »seine Allen bewiesene Güte und seine zuverlässige Freundschaft, seine kindliche Seele«, und rühmte seinen Enthusiasmus »für Alles, was die Menschheit erhebt und die Gesellschaft ziert ... Sein Tod reißt eine Lücke in der europäischen Gesellschaft in Rom; die Künstler aller Nationen verloren in ihm einen aufrichtigen Schätzer des Genies, die deutschen Künstler besonders einen verehrten und geliebten Vater, der den Verlust seiner Stelle allein deshalb bedauerte, weil ihm dadurch die Mittel genommen waren, sie in gleichem Maaße wie vorher zu unterstützen. Seine Freunde durch die ganze Welt verlieren in ihm das freundlichste und ergebenste Herz, denn ihnen hat dieses Herz gehört.«[202]

Hermann Kestner-Köchlin, Neffe der Kestner-Geschwister als Sohn ihres Bruder Hermann, nahm den vollständigen Wortlaut der deutschsprachigen Übersetzung des *Times*-Nekrologs in sein so verdienstvolles Buch über den Briefwechsel des Geschwisterpaares August und Charlotte Kestner auf, jedoch interessanterweise nicht den letzten Absatz, der den Verdacht nährt, besager Nachruf stamme aus der Feder Bunsens. Auch als recht gezielt nachgesetzte Information der Cottaschen Zeitungsredaktion erscheint er denkbar: »Ritter Kestner hinterläßt druckfertig ein Manuskript vom höchsten Interesse für die Geschichte eines der größten Genien der Neuzeit, Goethes – nämlich den edlen Briefwechsel des Dichters mit Kestners Vater in den Jahren 1772 und 1773, vor und nach der Heirat Kestners mit Lotte, dem liebenswürdigen Original zu jener poetischen Schöpfung: Werthers Lotte. Die Correspondenz gereicht der menschlichen Natur überhaupt, und den drei betheiligten Personen insbesondere zur Ehre, und hätte schon lange veröffentlicht werden sollen.« An dieser Stelle folgt eine Fußnote: »Es soll, wie wir hören, demnächst geschehn. Die bemerkenswerte Information schloß damit, daß eine englische Übersetzung »dieser kostbaren Reliquie« mit Noten und Erklärungen zum besseren Verständnis vorbereitet werde.

Was Wunder, daß gute Freunde in Heidelberg das gelesen hatten und schon zwei Tage später Charlotte brieflich darauf ansprachen.[203] Was Wunder auch, daß nun Charlotte, nach nur acht Tagen sich in einem kurzen Schreiben an die

Cottasche Buchhandlung selbst auf diesen Zeitungsbeitrag, in dem von der Herausgabe des Goetheschen Briefwechsels die Rede sei, bezog und um eine Abschrift des Vertrages bat, den ihr Bruder mit Cotta geschlossen hatte, und ankündigte, sich als Universalerbin ihres Bruders mit dem Verlag darüber ins Benehmen setzen zu wollen.

Wenn wir nun berücksichtigen, daß die Kommunikation unter den Geschwistern nur brieflich-postalisch möglich war, so dürfen wir vermuten, daß dieser Zeitungsartikel mit seiner so bestimmten Schlußinformation zum Auslöser für die nun folgenden Aktivitäten der Kestners wurde. Als weitere Informationsquelle über den von August Kestner mit der Cottaschen Buchhandlung geschlossenen Vertrag kommen nur noch der Privatsekretär Parade und der Neffe George in Frage, die ausdrücklich beauftragt waren, für ihn zu sprechen. Beide waren in Rom geblieben, um die Wohnungsauflösung in Gang zu setzen, und sie informierten die Geschwister per Brief vom Tode des Bruders und dessen Testament.

Cotta kam umgehend der Bitte nach und bat zugleich um eine Auskunft, wer denn in Zukunft die weiteren Korrekturen lesen werde, außerdem wünschte er eine amtliche Beglaubigung des testamentarischen Rechtsanspruchs für Charlotte. Als das Dokument Anfang Mai bei Cotta eintraf, teilte diese ihm und zugleich der Verlagsbuchhandlung mit, daß ihre Familie mit der Herausgabe nicht einverstanden sei, sondern für sich in Anspruch nehme, das Recht des Verstorbenen zur Herausgabe des Briefwechsels zu bestreiten, da dieser Eigentum der Familien und nicht eines einzelnen Familienmitgliedes sei, somit habe August quasi unrechtmäßig ohne Wissen der Familie gehandelt. Die Originalbriefe befänden sich beim ältesten Bruder Georg in Hannover, dazu noch andere Papiere, die August nicht gekannt habe, aber einer Herausgabe förderlich sein könnten. Georg sei aber erst in einigen Wochen aus Karlsbad zurück, weshalb sie zu diesem Datum schreibe. Ohne Zweifel litt der Kommunikationsfluß unter den Familienmitgliedern sehr unter den geographischen Entfernungen, die sie voneinander trennten, auch teilten die Enkel anscheinend nicht immer die Meinungen der Väter. Übrigens, so fügte Charlotte hinzu, habe ihr Bruder August seit 20 Jahren nicht mehr mit Georg über das Projekt geredet, aber damals – 1833 – sei die Einleitung das Hauptkriterium der Familie gewesen, weshalb es notwendig sei, ihr diese zu erneuter Einsicht zu senden. Die Revision (Korrektur) des Textes werde sie selbst übernehmen oder eine Person, die sie noch nennen würde.[204] Zu dem Zeitpunkt waren 22 Bogen bereits gesetzt und zehn noch von Augusts Hand korrigiert, wie aus einer Cottaschen handschriftlichen Notiz über dem Briefkopf hervorgeht. Die Heidelberger Freundin Henriette Feuerbach, Witwe des Archäologen und Stiefmutter des von August Kestner geförderten Malers Anselm Feuerbach, sollte die Testamentsbestätigung in Charlottes Auftrag persönlich zu Cotta in Stuttgart bringen und wurde von Charlotte im Namen der Familie ausdrücklich bevollmächtigt, über die ganze Angelegenheit sich mit dem Verlag zu unterhalten.[205]

Am 7. Juni konnte Charlotte Kestner den Empfang der Einleitung bestätigen und verlangte nun das ganze Manuskript, in dem man vielleicht »kleine Abänderungen wünsche oder Andres hinzuzufügen was meinem verewigten Bruder unbekannt war, oder auch das Ganze jetzt vielleicht nicht drucken laßen. Es ist denn außer Zweifel, daß ich als universal Erbin Sie zu entschädigen hätte.«[206] Nachdem sie Cotta noch hatte wissen lassen, daß der finanzielle Ertrag des geplanten Buches für eine Familienstiftung vorgesehen gewesen sei, beendete sie den Brief mit dem Wunsch, die Angelegenheit möge sich bald – »für Sie wie für mich« – auf eine befriedigende Weise zu Ende bringen lassen.

Das Stichwort »Entschädigung« ließ wohl auch Cotta die bisherigen Kosten überschlagen. Seine Buchdruckerei teilte dem Verlag mit, das »*Goethe und Werther*«-Buch sei schon vor dem Tode August Kestners »ganz im Satz« beendet gewesen, jedoch noch nicht vollständig umbrochen. Die bisherigen Kosten gab man bereits mit f 262,– (1 florin = 1 Gulden, etwa im Wert von ⅔ Reichstaler, Rtl.) an.[207]

Ohne Zweifel war Charlotte in diesem zu einem Rechtsstreit sich ausdehnenden Familienproblem nicht die geeignete Verhandlungspartnerin für den Verleger. Das von den Eltern und namentlich von der Mutter besonders nach dem Tode Johann Christian Kestner stets rigoros eingeforderte Prinzip der Familiensolidarität schien das am nachhaltigsten von ihm betroffene Mitglied des Clans über den Tod hinaus verfolgen zu wollen und brachte gewiß auch die ihm im Leben so nahegestandene Schwester in peinvolle seelische Konflikte, denen sie nur scheinbar dadurch entkam, daß sie noch im Oktober schließlich ihre Rechte als Universalerbin in dieser Sache an den ältesten Bruder Georg abtrat und das Cotta mitteilte.[208] Gewiß war der gelernte Jurist, Archivrat und Privatbankier Georg Kestner der kompetentere und erfahrenere Verhandlungspartner, aber ebenso gewiß verband Charlotte mit der zunächst für sie zu erwartenden Entlastung auch die Hoffnung, ein Kompromiß möge gefunden werden zwischen liebevoller Pietät und der solidarischen Handhabung von Familienprinzipien.

Nach dreimonatiger Korrespondenzpause, in der die Geschwister sich intensiv beraten haben werden, begann nun im Oktober 1853 Georg Kestner als »Senior unserer Familie und Besitzer des Familien-Archivs«[209] mit einem fünfseitigen Brief seine sich über ein Jahr hinziehenden Verhandlungen mit Cotta, in dem er daran anknüpfen zu können glaubte, seine Schwester in Basel habe dem Verlag wohl schon die inzwischen erreichte Einwilligung aller Geschwister zur Herausgabe der Goethebriefe und zugleich deren Änderungswünsche angekündigt.

Ob die Beteiligten vor einer kostspieligen Verlagsentschädigung im Verweigerungsfalle zurückschreckten oder ob die bereits offenkundige Anteilnahme einer interessierten Leserschicht die Kompromißbereitschaft bewirkte, ob die Schwester Charlotte, der Neffe Hermann zusammen mit jüngeren Familienmitgliedern oder Freunde einen mäßigenden Einfluß ausgeübt hatten, wir wissen es nicht, aber – das Prinzip der Familiensolidarität hatte sich wieder einmal bewährt. Die Familie konnte Bedingungen stellen, denn Cotta, der in seiner eigenen Zeitung die demnächstige Veröffentlichung aus dem Nachlaß August Kestners angekündigt hatte, würde sich den Titel nicht entgehen lassen wollen, ganz abgesehen von seinem Vertragsrecht.

Georg Kestner konnte klare Vorstellungen der Geschwister präsentieren: 1. die Einleitung aus Augusts Feder sei wesentlich zu ändern, 2. einige Briefe, jedoch nicht die Goethes, seien wegzulassen oder zu kürzen, weil für »den vorliegenden Zweck nicht von Interesse«, 3. mehrere dem Bruder unbekannt gewesene Briefe Goethes, seiner Mutter und Schwester seien hinzuzufügen und damit die Zahl der Dokumente von 128 auf 142 Nummern zu erweitern, 4. das Anerbieten des Verlages, »gegen die von Ihnen berechnete Entschädigung von dem Verlagsrechte abstrahiren zu wollen« würde man »unter andern Umständen« (d.h. kein Einverständnis mit den Punkten 1 bis 3 seitens des Verlages) sogleich annehmen, da man ohne eigenes Zutun bereits andere Verlagsinteressenten habe, deren Honorarangebot beträchtlich höher sei als das dem Bruder vertraglich gewährte; man lege zwar durchaus Wert auf die Publikation durch den vom Bruder gewählten berühmten Verlag, aber das Honorar sei einem wohltätigen Zweck bestimmt und daher sei es seine, Georgs Pflicht, dafür Sorge zu tragen, daß es dem Wert des Gegenstandes nicht unangemessen sei; Cotta möge unter Berücksichtigung der nun veränderten Umstände ein Erhöhungsangebot nennen, 5. die Geschwister wünschten keine Illustration zu dem Buch; das vom Verlag vorgesehene Porträt der Mutter könne man den Käufern einzeln und auf Wunsch als besondere Zugabe des Verlages, dem auch die finanzielle Einnahme daraus zukomme, überlassen.[210]

Cotta antwortete fünf Tage später, bat um das schon von Georg Kestner vorbereitete veränderte Manuskript und betonte gleichzeitig, daß er die Familie nur aus dem Vertrag entlassen könnte, wenn diese sich durch die Herausgabe der Briefe in ihrer Pietät für den Verstorbenen gekränkt oder verletzt fühle, aber nicht zu dem Zweck, daß man einen anderen Verlag zu bemühen sich entschließe. Für den Fall, so der Beauftragte des Firmeninhabers, müsse er namens des Verlages »ganz unumwundene Rechtsverwahrung einlegen«. Nach diesem kräftigen Warnschuß vor den Bug des Kestnerschen Flaggschiffes erklärte sich der Verlag mit den Punkten eins und zwei einverstanden, obwohl das neue Kosten verursache. In der Illustrationsfrage sei ebenfalls mit der Zustimmung der Cottaschen Buchhandlung zu rechnen, ob unter das Verdikt der Familie auch eine Silhouette Goethes und ein Autograph falle, möge man mitteilen.

Die Honorarfrage war es da schon eher wert, des längeren erörtert zu werden. Die schon jetzt höheren Unkosten zuzüglich Broschur, Versand, Zeitungsanzeigen und dergleichen ließen nach Ansicht des Verlages kaum noch einen Gewinn erwarten, aber den Verkaufspreis von f 1,30 auf 1,00 sinken; allein die Porti für Rom und London seien bereits auf f 60 angewachsen. Viel zusätzliche »Schreibereien« könne man dem Verlag nun nicht mehr zumuten. Georg Kestner werde die Revisionsbogen zugeschickt bekommen, deren Korrektur er ja übernehmen wolle.[211]

Ein Schlagabtausch, von seiten der Kestners energisch und klug, aus dem Hause des Verlegers begreiflicherweise eher etwas mürrisch und gequält vorgetragen, hatte die Positionen der Verhandlungspartner abgesteckt. Das Ergebnis wurde von Georg Kestner noch ein weiteres Mal ausführlich präzisiert[212] und mündete schließlich am 22. November 1853 in eine veränderte Fassung des Vertrages, der nun August Kestners Erben und Rechtsnachfolger und in deren Vollmacht Georg Kestner als Vertragspartner für die Cottasche Buchhandlung nannte.

In allen fünf Punkten konnten die Kestners einwilligen: Für die jeweilige Auflage von 1500 Exemplaren galten statt der bisher vorgesehenen f 500,– nun gewährte f 1000,– und zwar bereits nach vollendetem Druck, nicht erst nach Verkauf; dazu galten 30 Freiexemplare mit dem Porträt der Mutter auf chinesischem Papier zusätzlich als abgemacht. Cotta verzichtete auf jegliche Entschädigung für Mehrkosten, die durch Textänderungen entstanden waren, und übernahm die Porti für den jetzt erst richtig florierenden Hin- und Hertransport des Manuskripts und der Korrekturen.[213]

Von nun an erhielt der Verkehrston der Stimmführer beider Vertragspartner eine kaum noch zu überbietende Höflichkeit, durch die es auch noch gelang, die aktive Mitarbeit des alten Familienfreundes, Legationsrat Dr. Heinrich Abeken (Berlin) zu erwirken, der Georg Kestner bei der Abfassung von Erläuterungen zum Text behilflich war und in Cottas Zeitung bei Erscheinen der ersten Auflage eine verkaufswirksame und familienfreundliche Rezension – gegen Honorar, versteht sich – übernahm.

Die Korrespondenz, Korrekturen und Titelblattgestaltung betreffend, zog sich noch bis über die Vorbereitungen zur zweiten Auflage, die Ende 1854 nach wenigen Monaten der ersten folgte, hin. Das Buch wurde ein Erfolg, wie ihn weder die Cottasche Buchhandlung und schon gar nicht die Kestners vermutet hatten, der jedoch letztlich August Kestner ehrte. Stillschweigend, aber entschieden handelnd, hatte er seine Geschwister in die altbewährte Familienräson gedrängt, wohl vertrauend, daß sie es ermöglichen würden, seinen dringendsten Wunsch wenigstens nach seinem Tode zu erfüllen. Mehr als das, was Pietät und Prinzipien erforderten, geschah.[214]

Nachdem der Kompromiß zwischen Verleger und Familie ausgehandelt worden war, und ersterer sich großzügig gezeigt hatte, sorgte der hochbetagte Georg Kestner selbst, umsichtig und mit der ganzen Akribie eines Archivars, für die korrekte Wiedergabe der zusammengestellten Texte. Der unerwartete Erfolg in der Öffentlichkeit mochte wohl dazu beigetragen haben, die späte Einsicht der Geschwister zu fördern, die Dokumentation des wirklichen Werthergeschehens sei auch ein ehrendes literarisches Denkmal für die einzigartigen freundschaftlichen Beziehungen ihrer Eltern zu Deutschlands bedeutendstem Dichter der Zeit. Sie mochten aber wohl auch überzeugt worden sein, daß ihr Bruder in seiner würdigen Einleitung die richtigen Worte gefunden hatte, als er auszudrücken versuchte, um wieviel höher die wirkliche Liebe eines Entsagenden und seine Verwandlung vom verzweifelt Liebenden zum aufrichtigen Freund zu bewerten sei, als die fiktive Gestalt des Werther. Die Welt habe sich zwar entschieden, diese Dichtung für die schönste ihrer Art anzusehen, noch schöner aber als die Dichtung, das könne man sehen, sei das Leben gewesen.

Siebentes Kapitel

Kinder und Enkel –
eine europäische Familie

Es lohnte nicht die erneute Beschäftigung mit Charlotte Kestners Leben, wenn alles biographische Bemühen im Topos »Werthers Lotte« sein Ende finden sollte und uns eine Frau vorgestellt würde, eine aus der Vielzahl von Schwestern, Töchtern und Freundinnen berühmter Männer, deren Existenz in unserem Gedächtnis allein auf einen solchen Mann sich zu berufen hätte und nicht von eigenem Wirken abgeleitet werden könnte. Davon aber »sollte in der Geschichte, vorzüglich aber in der Biographie, die Rede sein: denn nicht insofern der Mensch etwas zurückläßt, sondern insofern er wirkt und genießt und andere zu wirken und zu genießen anregt, bleibt er von Bedeutung«.[215]

Aus dieser Perspektive und mehr als anderthalb Jahrhunderte nach ihrem Tode gebührt Charlotte Kestner der Rang einer Frau von durchaus eigener Bedeutung. Wenn wir Frauen aus Goethes Lebensnähe in unserer Vorstellung von seiner Gegenwart und seinem Namen trennen, mithin von einer Legende, die ihr Eigenleben bereits zu ersticken droht, sie also von »ihm« befreien, dann gewinnt unter anderen auch Charlotte Buff, verheiratete Kestner, ihre einstige Ausstrahlung für uns zurück. Ihrer Anziehungskraft konnte sich der junge Dichter nur durch eine spektakuläre Flucht entziehen, deren für ihn existentielle Tragweite nicht mehr vergleichbar war mit der vorangegangenen Trennung von Friederike Brion.

Aus dem hier vorangestellten Brief des Jahres 1820 spüren wir noch das Zusammenwirken von physischer und moralischer Energie einer 67jährigen Frau, die noch immer bemüht war, die als Opfer der Zeitumstände über große Entfernungen getrennten Familienmitglieder in gegenseitigem Kontakt zu halten, und sie blieb darin bis zum letzten Augenblick ihres Lebens unermüdlich. Ihr Verständnis von Familiensolidarität und ihr energisches Bestreben, dieses als Prinzip auch an die Kinder weiterzugeben, erhielt ihnen den Schutz, den ein funktionierender Familienverbund zu geben vermag, wenngleich der einzelne gelegentlich seine individuellen Lebensvorstellungen dafür zurückstellen muß und damit einen hohen Preis zahlt.

Ein weiteres, aus den Erziehungsmaximen der Kestners nicht fortzudenkendes Prinzip kam hinzu: das der sozialen Verantwortlichkeit des Stärkeren gegenüber dem Schwächeren, des Älteren gegenüber dem Jüngeren.

Keines ihrer neun sie schließlich überlebenden Kinder hat es daran je fehlen lassen, im Gegenteil: Einige gewannen mit Hilfe dieser elterlichen Prägung ihres Charakters erst die Möglichkeit, ihre Fähigkeiten in überdurchschnittliche Aktivitäten umzusetzen, die ihren ehrenvollen Ruf über Hannover und sogar über Deutschland hinaustrugen.

Als Charlotte Kestners namensgleiche Tochter, 87jährig, ihrer langjährigen Freundin Henriette Feuerbach von ihrem letzten Umzug in Basel berichtete und die Großmütigkeit ihrer Wirtsleute rühmte, die es ihr überlassen hatten, die Höhe der Miete selbst festzulegen, fügte sie nicht ohne Stolz hinzu: »Der Name Kestner ist noch was werth.« Schon denkbar, daß es sich die fünf Schwiegersöhne ihres Neffen Charles im französischen Elsaß zur Ehre anrechneten, ihrem Familiennamen den der Kestners nachzusetzen.[216]

Es war die Tüchtigkeit der drei Generationen Kestner des vorigen Jahrhunderts, ihre Honorigkeit, Solidität, die Kontinuität der durch ihren Lebensstil verkörperten und an die jeweils nächste Generation weitergegebenen moralischen

Werte, die ihre Familienmitglieder in Hannover, Rom und Basel, in Straßburg und Paris zu phänotypischen Erscheinungen besten deutschen Bürgertums sich entwickeln ließ in einer Zeit, »in der das Attribut ›bürgerlich‹ unumstritten positiv akzentuiert« war.[217]

August Kestner, Mitbegründer und später Vorsitzender des Archäologischen Instituts in Rom, bedeutender Sammler etruskischer und altägyptischer Kleinkunst, war in den fast vier Jahrzehnten seines Lebens in Rom zu einem der kompetentesten Fachgelehrten und Kunstsammler geworden, nicht kraft eines in geltender Münze schätzbaren Vermögens, sondern dank seiner geistigen Tatkraft und des moralischen Anspruchs, den er an sein eigenes Handeln stellte, indem er die dazu notwendigen Gelder von seinem Gehalt abzweigte.

In seinem Testament von 1851 hatte er seinem Neffen Hermann (Sohn seines Bruders Georg), der aus mehrfachen Romaufenthalten die künstlerischen Maximen und die persönlichen Beziehungen seines Onkels am besten kannte, verstand und die gleichen Vorlieben mit ihm teilte, seine Sammlung für den Fall seines Todes anvertraut:

»Ihm daher sollen alle meine Sammlungen von Kunstsachen und Alterthümern, an Gemälden, Zeichnungen, Münzen, geschnittenen Steinen, Pasten, Bronzen, Terracotten, Gypsabgüssen, Gold- und Silbersachen, Holz, Knochen, Elfenbein, Gefäßen aller Materien, kurz aller Monumente der Kunst und des Alterthums, abgeliefert werden; wobei ich ihm die Verpflichtung auferlege, als daß er dieses ihm übertragene Museum Kestnerianum verwalte, wie ich selbst dasselbe verwaltet habe, das heißt, daß es wohl verwahrt, aber durch Veräußerung nicht vermindert werde, daß Jedem, der daraus zu lernen fähig ist, der Eintritt in dasselbe verstattet und das Studium der Gegenstände desselben erleichtert werde ... Ich verpflichte daher meinen lieben Hermann sich zu bemühen, unserem Museum den obrigkeitlichen Schutz zu verschaffen.«

Das war leichter geschrieben, als 1853 getan. Sollte dieser »obrigkeitliche« Schutz der Kostbarkeiten nicht erreichbar sein und Hermann auch für sich keinen geeigneten männlichen Nachfolger aus der Familie finden, dann sollte das Museum Kestnerianum der Universität Göttingen als Erbe zukommen, denn

»Ich liebe meine Vaterstadt mehr wie alle anderen Plätze der Welt und fahre fort, die mir heilige Treue an unsere Familie zu beweisen, wenn ich, für die Veredlung der Jugend wirkend, die für einen Privatmann bedeutende Last der Verwahrung eines aus so vielen Bestandteilen bestehenden Museums in Erwägung ziehe. Dieses und die muthmaßlich reichere Nutzbarkeit meiner Kunstschätze für die Deutsche Nation ist der eigentliche Sinn meiner Idee der Übertragung zur Universität. Sollte unser Museum mit unserm bereits vorhandenen Kunst- oder Künstler-Verein oder einer anderen dazu geeigneten Anstalt verbunden werden, welche durch die unterrichtende Zusammenstellung einer größeren Anzahl von Gemälden den Lernenden von bedeutendem Nutzen wäre, dann müßte die Anstalt vor diebischen Anfällen, Feuer oder sonstigen Gefahren durch angemessene Vorkehrungen gesichert werden ...«[218]

Den besagten Künstlerverein gab es seit 1852 in Hannover, und Hermann Kestner hatte nicht nur zu seinen Gründern gehört, sondern später auch eine »Gesellschaft für die öffentliche Kunstsammlung« konstituieren helfen.

Es bedurfte durchaus fast einer logistischen Meisterleistung, die Menge der Exponate aus dem Erbe August Kestners seefest zu verstauen, vom Papst persönlich die zollfreie Ausfuhr für 40 Kisten per Schiff von Livorno nach (Hamburg-)Harburg zu erreichen. Die Frachtbriefe wiesen ein Gewicht von 197 Zentnern und 67 Pfund aus, das in Harburg auf die seit 1847 bestehende Bahnstrecke nach Hannover umzuladen war und dort noch einmal auf Fuhrwerke bis zum Kestnerschen Haus in der Leinstraße.[219]

Hermann Kestner (1810-1890) hatte – wie einst sein Großvater in Göttingen – ein Jurastudium in Heidelberg aus gesundheitlichen Gründen vorzeitig abbrechen müssen. Die anfällige physische Konstitution und die zartgliedrige Erscheinung Johann Christian Kestners wie auch August Kestners schienen sich ihm vererbt zu haben, aber auch ihr Sinn für Poesie und Ästhetik, ihre Sorgfalt, ihr Verantwortungsbewußtsein. Bei niemandem sonst konnten die Sammlungen des »römischen Kestners« in bessere Obhut gelangen, als bei diesem Neffen, der, unverheiratet im Hause der hochbetagten Eltern wohnend, zunächst die auslaufenden Bankgeschäfte des Vaters geführt hatte und nun in behaglichem Wohlstand seinen Interessen leben konnte.

Georg und Henriette Kestner waren bereit, den geräumigen Säulensaal und angrenzende Zimmer weitestgehend zu räumen und mit eigenem Mobiliar auf den Garten auszuweichen, »wenn es auch eng kommt«[220], schließlich nahmen die sogenannten römischen Sammlungszimmer bald 425 qm in Anspruch. Beide Eltern starben 1867 im Abstand von nur fünf Tagen. Hermann lebte fortan, betreut von einem Hausmeisterehepaar, allein im Haus als Hüter eines umfangreichen Erbes, jedoch im innigen Kontakt mit der inzwischen verwitweten Schwester Wilhelmine und der Familie des Laves-Neffen George im Laves-Haus an der Friedrichstraße, nach wie vor durch die Gärten erreichbar.

Das Ambiente des Hauses schildert später der erste Direktor des neuen für die Sammlungen zu errichtenden Museums, als er sich damit vertraut zu machen suchte und dazu Hermann Kestners Gastfreundschaft dankbar annahm.

Das Haus habe ihn immer an das Goethehaus am Hirschgraben in Frankfurt erinnert, der Brunnen im Hof und der

Hermann Kestner (1810-1890) als junger Mann.
Neffe August Kestners, Mitbegründer
des Kestner-Museums in Hannover.
Ölbild von August Kestner, o. J.

alte Garten, aber mit dem Säulensaal habe das Kestnersche Haus das Goethesche noch übertroffen und sei eher repräsentativ für eine spätere, wohlhabendere Zeit gewesen.[221]

Am 27. März 1884 unterschrieb Hermann Kestner den Schenkungsvertrag für die Sammlungen des Vaters, des Onkels und seine eigenen. Damit gingen diese in den Besitz der Stadt über als das kulturhistorische Vermächtnis einer selbstbewußten Familie, die aus dem staatspatriarchalischen aufgeklärten Beamtentum des 18. Jahrhunderts in das Bildungsbürgertum des 19. Jahrhunderts hineingewachsen war und sich für die Weitergabe seiner eigenen Bildung an eine breite Öffentlichkeit berufen fühlte.

Als endlich am 10. November 1889 der notwendige Museumsneubau eingeweiht werden konnte, übrigens unmittelbar gegenüber dem Laves-Wohnhaus, erlaubten die Altersgebrechen dem Stifter nicht mehr die persönliche Teilnahme. Die Schenkung und die gleichzeitige Beigabe von 100000 Mark aus eigenem Vermögen, immerhin ein Viertel der Bausumme, gaben der Stadt den Anstoß zu erheblichen künftigen kulturellen Innovationen. Sie dankte es ihm mit der Ehrenbürgerschaft.

Der Museumsbau gewann sofort den Charakter einer architektonischen Sensation und Interesse weit über die Stadt hinaus, die eine solche Politur ihres Rufes als »Provinzhauptstadt« im tatsächlichen wie übertragenen Sinne durchaus gebrauchen konnte. Der seit 1890 ihr zugestandene Titel *Kgl. Haupt- und Residenzstadt Hannover* kam eher einem nostalgischen Trostpflaster gleich. Das Königreich Hannover, 1837 aus der Personalunion mit dem englischen Königshaus entlassen, hatte 1866, nachdem König Georg V. die Forderung Preußens auf unbewaffnete Neutralität im Interessenkonflikt mit Österreich abgelehnt hatte, die Schlacht bei Langensalza gegen Preußen verloren und seine Selbständigkeit verspielt. Preußen annektierte das Königreich, dessen König nicht abdankte, jedoch das Land verließ, und verlieh ihm den Status einer preußischen Provinz. Diesen behielt es faktisch bis 1946, als per Gesetz des Alliierten Kontrollrats nach dem verlorenen Zweiten Weltkrieg die rechtsgültige Auflösung Preußens erfolgte.

Das Kestner-Museum, inzwischen vielfach didaktisch erweitert und äußerlich verändert, ist noch heute ein Schmuckstück städtischen Vermögens von hohem Wert und eine lebendige Dokumentation bürgerlichen Mäzenatentums, gewonnen aus fast 200jähriger Tradition des Gemeinsinns wie beispielsweise der Familien Brandes, Rehberg, Hausmann, Culemann und der Kestners, neben anderen. Nicht unweit davon findet sich im gegenwärtigen Altstadtkern, im Historischen Museum, eine Gelegenheit, Charlotte Kestner selbst in einem Ausstellungsbereich zur Illustration der Wohnkultur des Biedermeier zu begegnen.

Hier findet sich der Schreibschrank mit verspiegelter Aufsatztür, an dem unser Brief von 1820 geschrieben sein dürfte, und neben anderen Exponaten auch die Kopie des bekanntesten Altersporträts Charlotte Kestners, dessen Original ebenfalls 1820 im Auftrage ihres ältesten Sohnes Georg in Frankfurt am Main entstand. Je länger wir uns von den graublauen Augen, von Anmut und Zartheit des Gesichtsausdruckes einfangen lassen, desto mehr finden wir es glaubhaft, daß ursprünglich ein schnell wechselndes Mienenspiel jedem Maler die Arbeit erschwerte. Ein gleicher Gesichtsausdruck kehre nur alle acht Tage bei ihr wieder, meinte eine Freundin, und die Tochter Charlotte, selbst im Alter von Anselm Feuerbach gemalt, bestätigte, daß es die Mutter immer viel Geduld koste, für ein Bild zu sitzen, und dadurch stets die Gefahr bestehe, daß ihre Anstrengung den Ausdruck erstarren lasse. Der seinerzeit populäre Dichter Ernst von Wildenbruch sah das originale Bild und fand sich herausgefordert zu einigen Verszeilen im Stile seiner empfindsamen Zeit.[222] Gern glauben wir in dem Porträt die junge Frau wiederzuerkennen, die mit einem schnellen Lächeln ihre Verehrer bezauberte und der es gegeben war, sich einen unzerstörbar scheinenden mädchenhaften Charme bis ins hohe Alter zu bewahren. Eine Porträtzeichnung von 1814/15 aus der Hand Julie von Egloffsteins scheint verlorengegangen zu sein. Sie wurde von der Tochter als das beste Altersbild angesehen, aber auch die Profilzeichnung mit Reisehaube, von August Kestner angefertigt, wurde von der Familie als ähnlich empfunden.

Hannover, natürlicherweise bedeutendster Kristallisierungspunkt der Kestner-Aktivitäten im 19. Jahrhundert, erhielt von der Mitte dieses Zeitraumes an ein würdiges Pendant mit der Hauptstadt des Schweizer Halbkantons Basel-Stadt, als August Kestners Schwester Charlotte das Elsaß verließ und Baseler Bürgerin wurde.

Seit Goethe 1775 und 1776 mit seinem Herzog auch das Haus *Zum Kirschgarten* in Basel besucht hatte, durfte Basel sich zu den heimlichen Goethe-Städten zählen. Nun beherbergte, Mitte des 19. Jahrhunderts, die Stadt für drei Jahrzehnte in ihren Mauern die Tochter von »Werthers Lotte«, deren Taufpatin noch Goethes Mutter gewesen war. Auch das besagte Haus *Zum Kirschgarten*, dem Ehemann ihres Pflegekindes, der Nichte Caroline, gehörend, wurde für etliche Jahre wintertags ihr Quartier, in dem der Besucher heute ihrem von Anselm Feuerbach gemalten Porträt begegnen kann. Aus einem hinzugemieteten Sommerhaus mit Garten ließ sie den Bruder in Rom wissen: »Es gefällt mir sehr gut in Basel und trägt natürlich meine Zufriedenheit auch zur Aufrichtung der Gemüther bei. Ich kann Gott nicht genug für meine Gesundheit und Heiterkeit danken inmitten so vieler Betrübter.«[223]

Diesen Satz hätte auch ihre Mutter schreiben können, und er findet sich fast wörtlich tatsächlich in deren Briefen

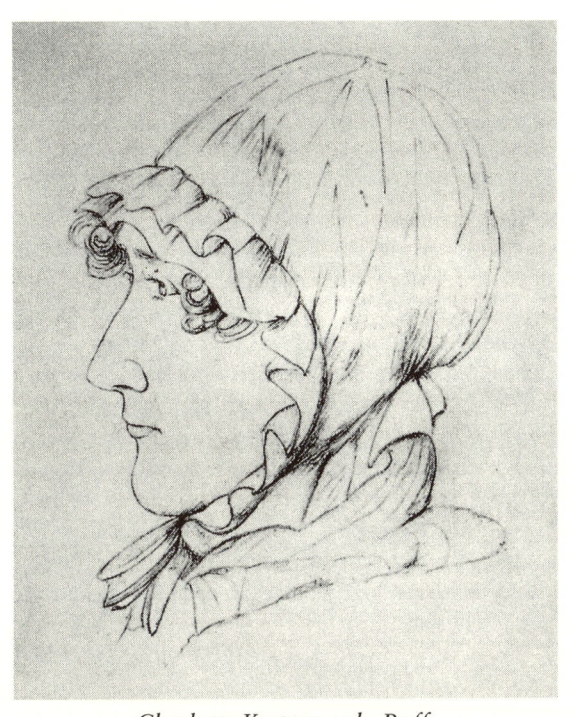

Charlotte Kestner, geb. Buff.
Zeichnung von August Kestner, 1827.

wieder. Wir verstehen, daß Neffen, Nichten und deren Kinder sich in Basel gern um das »Täntli« scharten und aus dem Elsaß oft zu ihr kamen, wie auch zuweilen die Geschwister aus Hannover. Die nie versiegende Quelle dieses glücklichen Naturells lag denn auch ganz wie bei ihrer Mutter in einer tiefen und ehrlichen Religiosität verborgen, von der sie dem Bruder August als Reaktion auf die revolutionären 1848er-Ereignisse im Elsaß eingestand: »... daß Alles drunter und drüber ginge, nehme ich durchaus nicht an. Das ist gegen meinen Glauben. Mit diesem Troste, den ich in unserer Erziehung und in der Bibel schöpfe, habe ich schon Manchen aufgerichtet und zunächst mich selbst.«

Daß sie durchaus solcher Ermunterung bedurfte, um aus bereitwilligem Sichfügen der Resignation nicht zuviel Platz einzuräumen oder gar Melancholie herrschen zu lassen, würde allein schon verständlich, wenn wir ihre zunehmende Vereinsamung bedenken. Immerhin verlor sie zwischen 1848 und 1872 acht ihrer Geschwister, die geliebte Nichte Caroline und deren Mann und auch den Neffen Charles, ihr zweites Ziehkind.

Es gibt jedoch ein weiteres aufschlußreiches Briefzeugnis ihrer Gemütsanfechtungen, das uns besonders bewegt, weil es eine gewisse indirekte Schuldzuweisung an die Erziehungsmaximen ihrer Eltern enthält und zugleich einen eigentlich stets verborgenen Lebenskummer. Wir finden dieses Bekenntnis in einem Brief an Schillers Tochter, Emilie v. Gleichen-Russwurm. Diese hatte ebenfalls alle Geschwister überlebt, aber Charlotte fand dennoch ihre gegenseitigen Verhältnisse nicht vergleichbar: »Ich mußte mein Leben lang arbeiten, zu Hülfe kommen, und viele Herzen bezahlten mich dafür. Ich habe es nicht zu bereuen, daß ich meinen interessanten Namen nicht verherrlichte ... Meine Vergangenheit gleicht nicht der Ihrigen indem ich von Jugend an meine zeit an Andere habe abgeben müssen. Es fehlte mir nicht an Empfänglichkeit für alles Große und Gute; aber was die große Zeit bot, ward mir doch nur von ferne gezeigt.«[224]

Einmal in ihrem Leben, aber wohl ihrem Gedächnis unauslöschlich, hatte sich ihr die Tür in die Emanzipation von Familienabhängigkeit geöffnet, als sie, 28jährig, auf einer Rückreise von Hannover ins Elsaß, in Karlsruhe ein damals berühmtes Mädchenpensionat besuchte, um Caroline von dort abzuholen und ihr von der sie beeindruckenden Leiterin die gerade vakant gewordene Erzieherinnenstelle einer Französin angeboten wurde. Nur ihrem Lieblingsbruder in Rom gestand sie, sich unter den jungen Mädchen unendlich wohlgefühlt und dazu eine solche Übereinstimmung mit den pädagogischen Prinzipien des Hauses erlebt zu haben, daß sie versucht gewesen sei, dort zu bleiben. Herz und Verstand, dessen sei sie sicher, hätte sie reichlich beschäftigt gefunden. Sie widerstand der Versuchung zu größerer Eigenständigkeit nur mit Hilfe des anerzogenen Pflichtgefühls, das sich ihr als schon tief zum Wesen gehörig eingegraben hatte und sie den noch unmündigen Kindern ihres Bruders und diesem selbst die Treue halten ließ, eine einmal übernommene Aufgabe als Beruf annehmend.[225]

Mit erstaunlicher Energie hatte sie seither versucht, aus ihrem Leben dennoch mehr zu machen, als lediglich Schwester erfolgreicher Brüder und weitestgehend deren erzieherisches und geistiges Produkt zu sein. Was sie sich selbst angeeignet hatte, verdankte sie in ihrer Jugendzeit ohne Zweifel dem Bruder August und später dem Zusammenleben mit dem Bruder Carl in einem gastfreundlichen und bald weitläufigen Geschäftshaushalt, aber auch nicht zuletzt ihrer eigenen geistigen Aufgeschlossenheit, dem auch im Alter ungebrochenen Streben, die Gedanken geistvoller Menschen in sich aufzunehmen und an die Jugend weiterzugeben. Sie beteiligte sich lebhaft am kulturellen Leben der

Lotte skizzirt beym Abendlicht.
August Kestner zeichnete seine Schwester Charlotte, 1834.

Stadt Basel, kaum, daß sie dort ansässig geworden war, besuchte Gesprächszirkel, Universitätsvorträge über Themen aus Theologie, Kunst, Musik, Literatur und veranstaltete selbst Diskussions- und Leseabende. Der Freundeskreis im *Kirschgarten* brachte ihr Kontakte zu bedeutenden Persönlichkeiten, oft durchaus freundschaftlicher Art, wie beispielsweise zu dem Kunsthistoriker Jacob Burckhardt[226], dem Theologen Leberecht de Wette, dem Mediziner Carl Gustav Jung oder dem Naturwissenschaftler Schönbein und Carl Steffens, dem Philosophen, in dessen Haus sie später so großzügig aufgenommen wurde. War in Thann einst sogar Franz Liszt konzertierender Gast gewesen – eine Miniaturporträtskizze aus der Feder August Kestners fand sich in seinem Nachlaß –, so lernte sie in den Basler Zirkeln noch Friedrich Nietzsche kennen.

Als sie am 28. Mai 1877 der Tod aus der Vereinsamung erlöste, war ein Frauenleben, würdig seiner berühmten Mutter und verdienstvollen Brüder, erloschen, in Basel damit auch die liebgewordene Erscheinung des »Täntli mit dem Regenschirm«, Schutzengel für manches Waisenkind und manchen Adepten der Kunst wie beispielsweise des Malers Arnold Böcklin oder des Bildhauers Christian Lotsch.

Die Basler *Allgemeine Zeitung* veröffentlichte denn auch den ausführlichen Nachruf der Henriette Feuerbach, in dem es hieß, Charlotte sei keine Gelehrte gewesen und habe auch nicht durch eigene künstlerische Talente geglänzt, aber »Ihr Talent war, schön zu leben … sie war unwiderstehlich in ihrer Unmittelbarkeit und Naivität, ihrem feinen Humor, in ihrer Weisheit und Kindlichkeit, in der zürnenden Abwehr, welche da zutage trat, wo sie die Heiligtümer ihres Herzens verletzt fühlte … Es war die ganze Erscheinung von einem Schimmer stiller Vornehmheit umflossen, dessen Charlotte sich mit vollem Recht bewußt war, als Trägerin zweier Kul-

turepochen, welchen sie beide mit Herz und Geist angehörte.«[227]

Nicht immer dürfte den Zeitgenossen, nicht einmal den
nächsten Angehörigen, auch nicht dem Lieblingsbruder August, bewußt gewesen sein, daß dieses Leben nur mit dem
bitteren Verzicht auf eine systematische Bildung und Ausbildung möglich war.

Zwischen Basel und dem Elsaß und schließlich Paris ver-
banden sich die unmittelbaren und ferneren Nachkommen
der hannoverschen Kestners wie Fixsterne zu einem als
Ganzes glänzenden Sternbild. August Kestner hatte einmal scherzhaft formuliert: »... ich bin und bleibe in sieben
Qualitäten: Europäer, Deutscher, Hannoveraner, Römer,
Künstler (?), Gelehrter (?) und Mensch, und noch achtens
Engländer.«[228] So waren sich die Brüder im Elsaß durchaus
bewußt, eine schicksalhaft schillernde, mehrfache natio-
nale Identität mit der Bevölkerung dieser alten Reichslande
zu teilen. Sie bewirkten schließlich die genealogische Fort-
entwicklung der Kestners von einer anglophilen hannoverschen zu einer frankophilen elsässischen Familie, deren
»Qualität« als Europäer sich im Dreieck Straßburg – Paris –
Mülhausen ausbildete.

Carl Kestner, der dritte Sohn von »Werthers Lotte«, ab-
solvierte in den 90er Jahren des 18. Jahrhunderts in Frankfurt eine kaufmännische Lehre, arbeitete dann einige Jahre
in einem Bankgeschäft in Straßburg, ehe er sich mit dem
Kauf einer kleinen chemischen Fabrik in den Räumen der
ehemaligen Karthause bei Königshofen vor Straßburg selbständig machte. Die Entscheidung für eine kaufmännische
Tätigkeit hatte er nie zu bereuen, gewann er doch so die
einzigartige Chance, seine besonderen Talente mit außeror-
dentlichem Erfolg zu entfalten und dazu die Genugtuung,
beim Tode des Vaters den um acht Jahre jüngeren Bruder
Eduard, später sein Teilhaber, zu sich zu nehmen und eben-

falls zum Kaufmann ausbilden lassen zu können. Im gleichen Jahr heiratete er die Französin Salomé Françoise Vaultrin de St. Urbain, die jedoch schon vier Jahre später einer schweren Infektion erlag. Der 28jährige sah sich bereits als Witwer, der nicht nur einem Landhaushalt mit Garten, Weinberg und einigem Vieh sowie Personal vorstand, sondern nun auch mit der Erziehung der zweieinhalbjährigen Caroline und des eineinhalbjährigen Charles belastet war. Diese Konstellation verschlechterte sich noch wesentlich, als ihn 1805 bei der Huldigung Straßburgs für die Kaiserin Josephine als Ehrengardist das Unglück traf, vom Pferd zu stürzen und sich dabei ein Bein derart zu brechen, daß Amputation und Prothese unterhalb des Knies sich nicht mehr vermeiden ließen. Von nun an wurde die Anwesenheit des Bruders Eduard geradezu zu einem Segen, und es scheint, daß dieser es war, der bei der Mutter in Hannover um Unterstützung durch die Schwester Charlotte bat und auch mit seinem Namen 1816 bei der Errichtung einer zweiten Fabrik in Thann, nordwestlich von Mülhausen, finanzielle Risiken übernahm. Carl verkaufte 1815 die Karthause und fand seine Gläubiger mit einem gerichtlichen Vergleich ab. Das Vogesenstädtchen Thann wurde der endgültige Wohn- und Fabrikationssitz eines familiären Imperiums der dort sich ausbreitenden und noch heute ansässigen chemischen Industrie.[229] Carl Kestner hatte zum richtigen Zeitpunkt die richtige Entscheidung für den Standort getroffen. Die elsässische Textilindustrie zwischen Mühlhausen und Wesserling bis hinauf nach Lyon bedurfte in diesem Stadium der Frühindustrialisierung dringend einer Ergänzung durch die chemische Produktion von Bleich- und Farbmitteln, um ihre führende Stellung in der Wirtschaft Frankreichs behaupten zu können. Die engste Zusammenarbeit zwischen experimenteller Praxis, Technologie und Forschung, von Wirtschaft und Wissenschaft, Werkstattlabor

Charlotte Kestner (1788-1877), »Täntli Kestner«.
Ölbild von Anselm Feuerbach, 1867.

und Universität war gefragt und dazu der Entscheidungs-
mut, die Phantasie und das Kapital von Unternehmern wie
Banken.

Die Kestners brachten Verantwortungsgefühl aus prote-
stantischer christlicher Überzeugung und Aufgeschlossenheit für soziale Probleme hinreichend mit, um mit den meist
calvinistisch orientierten benachbarten Konkurrenten auch
dann kooperieren zu können, wenn es um die legendäre
vorbildliche Wohltätigkeit der elsässischen Unternehmer in
puncto individueller sozialer Hilfen oder die Einrichtung
allgemeiner Schulen, einer Kranken- oder Altersversorgung
ging. Eine Lithographie aus dem Jahre 1823 zeigt die zunächst noch kleine Ansammlung von einfachen Fabrik- und
Wohnhäusern und das sich schon deutlich abhebende Pri-
vathaus der Kestners. Der kritische Betrachter ahnt aber
auch, daß man schon zu diesem Zeitpunkt – tatsächlich
später bei sich ausbreitender Fabrikation von Vitriol-Öl,
Scheidewasser, Alaun und ähnlichem – gegen die verpestete
Luft in die Höhenzüge der Vogesen oder in einen großzügig
angelegten Garten gern auswich und es auch zu schätzen
wußte, gelegentlich für einige Tage nach Straßburg zu
Freunden, nach Basel zu Verwandten oder ins rechtsrheini-
sche Baden zur Kur gehen zu können. Zwar ließen sich
gesundheitliche Schäden noch nicht nachweisen, aber die
Proteste der Bevölkerung auch bald nicht mehr überhören,
so daß über eine Verringerung der Abluft aus den Schorn-
steinen nachgedacht werden mußte.

1822 war Carls einziger Sohn Charles nach Studienjah-
ren in Göttingen und Straßburg in das Unternehmen einge-
treten, seine Schwester Caroline hatte nach Basel geheiratet,
aber der Tod Eduards im folgenden Jahr hinterließ einen
gefährlichen Einbruch in dem geschäftlichen Management,
so daß der jüngste der Kestner-Brüder, Friedrich (genannt
Fritz), für einige Zeit nach Thann kommen mußte. Er war

schon 1809 zu den Geschwistern in Straßburg gestoßen, hatte dort ebenfalls eine kaufmännische Lehre absolviert, dann in einem Hamburger Großhandelsunternehmen gearbeitet, in Hamburg auch geheiratet und sich schließlich in Marseille selbständig gemacht, wohin er erst wieder ging, nachdem sein Neffe Charles sich in die Thanner Verhältnisse eingearbeitet hatte und seine Hilfe nicht mehr nötig schien. Später wurde Friedrich Kestner hannoverscher, bayerischer und oldenburgischer Generalkonsul der französischen Häfen am Kanal und als solcher für seine Verdienste hoch dekoriert von den genannten Ländern.

Die Familiensolidarität bewährte sich wie die noch immer selbstverständliche Loyalität im Verhältnis zwischen Vater und Sohn auch bei den Kestners im Elsaß. Schon im September 1823 konnte Charlotte dem Bruder in Rom vom gelungenen Einstieg ihres Neffen Charles in das Geschäft berichten und auch von der Anerkennung und Autorität, die er bereits genieße, selbst bei den *Commis*.[230]

Außerdem glaubte sie bereits sagen zu dürfen, daß die wirtschaftlichen Verhältnisse der Firma einen außerordentlichen Aufschwung genommen hätten und ihrer Meinung nach »*nie mehr untergehen*« könnten. Charles Kestner, nach Veranlagung, Erziehung und Studium wie prädestiniert für dieses Geschäft, entwickelte sich zu einem der führenden Industriellen Frankreichs, vor allem nach dem Anschluß der Ortschaft Thann an das in den 40er Jahren entstehende Eisenbahnnetz. Er heiratete 1827 die Generalstochter Eugenie Rigau, und das Ehepaar führte bald, wie man damals zu sagen pflegte, »ein großes Haus«, den vielseitigen Interessen des Senior- wie des Juniorchefs und dem erreichten Wohlstand entsprechend. Dem Vorbild des Vaters folgend, engagierte sich auch Charles Kestner, ebenfalls getragen vom patriarchalischen Sozialverständnis seiner Vorväter, für das öffentliche Wohl, natürlich vorrangig für das der ihm Untergebenen. »Wir bleiben immer«, so überlieferte Charlotte einen Ausspruch ihres Bruders Carl, »in Hinsicht der Armen und Leidenden zurück hinter dem was wir eigentlich thun sollten und könnten.«[231] Tiefe, ehrliche Religiosität, ein ständig und früh gefordertes Verantwortungsbewußtsein für Geschwister, Familie und die ständig wachsende Belegschaft hatte stets seine Humanität getragen, und so mag die von Charlotte geschilderte Bestürzung und Anteilnahme, als Carl 1846 starb, durchaus auch von der Bevölkerung, den Fabrikarbeitern und den Armen des Ortes aufrichtig empfunden worden sein. Christliches Denken und Handeln verhinderten in dieser Familie wohl noch zuverlässig frühkapitalistische rüde Ausbeutung der in ihren Diensten stehenden Arbeiter und Angestellten, wobei getrost unterstellt werden darf, daß man sich eines daraus erwachsenden Vorteils für die eigene Unternehmung bewußt war.

1847, 1849 und 1853 erhielt Charles Kestner hohe Nationalauszeichnungen für die Qualität seiner Erzeugnisse, aber das Kreuz der Ehrenlegion schlug er 1849 aus. Die Kestners im Elsaß waren Republikaner, und als solchen hatte man Charles schließlich erst im Jahr zuvor mit 3703 von 3863 Stimmen für das Departement Haut-Rhin in die Verfassunggebende Versammlung gewählt. Konsequent lehnte er denn auch seine Wiederwahl ab, als der *Bürger Bonaparte*, der spätere Napoleon III., die Mehrheit erhielt. Die Glieder der Kestnerfamilie galten als stets zu geheimen oder offenen Widerstandshaltungen gegen die Obrigkeit bereit, als Mitglieder eines »Verschwörergeschlechts von edelstem Zuschnitt«.[232]

Zu den beiden Nachwahlen 1850 hatte sich Charles Kestner dann doch wieder aufstellen lassen. Die oppositionellen Republikaner trugen auch beträchtliche Erfolge davon, was jedoch die konservative Mehrheitspartei veranlaßte, mit straffem Zügel gegenzusteuern, also mit Einschränkungen des Wahlrechts und der Pressefreiheit, mit Bespitzelung und Verfolgung. Nun traf es *le clan Kestner*. Dieser presseamtliche Ausdruck bezeichnete in den nächsten 20 Jahren stets Charles Kestner und seine fünf Schwiegersöhne, alle erklärte Anti-Bonapartisten. Am 2. Dezember 1851 wurde Victor Chauffour-Kestner (Dr. jur., Professor und Staatsrat, seit 1848 Abgeordneter) mit einer größeren Gruppe gleichgesinnter Oppositionsvertreter nach vorangegangener zeitweiliger Haft des Landes verwiesen, und auch Charles wurde bespitzelt und mußte erneute Verhaftung fürchten. Beide flüchteten über Belgien zu den Verwandten, Georg und Hermann Kestner, nach Hannover.

Es ist nicht ohne Pikanterie, sich vorzustellen, daß im Frühsommer des gleichen Jahres der »römische Kestner« nach London gereist und dort von Prinz Albert und Königin Victoria empfangen worden war. Im darauffolgenden Sommer, anläßlich seines letzten Aufenthaltes in Hannover, besuchte er sogar in mehrfacher Einzelaudienz seinen Landesherrn, den blinden König Georg V., der sich ihm in mehreren Sitzungen zu einer Porträtzeichnung und ausführlichen Gesprächen widmete. August Kestners Königstreue entbehrte nicht einer gewissen Ambivalenz, die sich gewiß auch daraus nährte, daß er seine römischen Freiheiten der Stellung im Staatsdienst verdankte. Als er beispielsweise zum Jahresende 1837 vom Verfassungsskandal in Hannover erfahren hatte – König Ernst August hatte das Staatsgrundgesetz seines Bruders und Vorgängers Wilhelm IV. aufgehoben und sieben namhafte protestierende Professoren der Göttinger Universität ihres Amtes enthoben und des Landes verwiesen – erschütterte das zwar seine Loyalität, aber nur das Tagebuch bot der Empörung Ventil: »Die schreckhaften Zeitungsnachrichten: Unsers Ruhms, Georgia Augusta Untergang.«[233] Offener Protest hätte ihn seiner

Carl Kestner.

Stellung und jeglicher Wirkungsmöglichkeit in Rom beraubt. Hatte nicht in seiner Jugend der Vater zur Zurückhaltung bei offener politischer Meinungsäußerung geraten? Jetzt, Ende 1851, warnte er selbst nachdrücklich seinen angeheirateten Großneffen Fritz Sac, Professor in Neuchâtel, vor revolutionären Außerungen.

Den hannoverschen, eher anglophilen Kestners galt eine konsequent konstitutionelle Monarchie als das sicherste Fundament des Staates, und sie verhielten sich, ihrer Stellung entsprechend, loyal, obwohl seit 1837 alle Staatsdiener sich schriftlich und persönlich auf die Treue zum Monarchen hatten verpflichten müssen, was die Reinheit der Staatsidee doch wesentlich trübte und die ohnehin dürftigen Erfolge der 48er Unruhen geradezu aufhob. Jeglicher Opposition eines Staatsdieners drohten nach wie vor Amtsenthebung, Festungshaft oder Ausweisung. Der Maulkorb eines Beamten saß fest, und die Überzeugungsstandhaftigkeit eines elsässischen selbständigen Unternehmers und Abgeordneten war nicht nachvollziehbar.

Charles Kestner und Victor Chauffour-Kestner, deren kurzfristige Hafterfahrung es bereits geraten erscheinen ließ, keine längere zu provozieren, kamen Anfang Februar 1852 in Basel an, wo man ihnen jedoch nur acht Tage Aufenthalt gewährte, so daß sie nach Zürich weiterreisten. Chauffour-Kestner mußte noch einige Jahre das schweizerische Asyl in Anspruch nehmen, während der Haftbefehl für Charles Kestner noch im gleichen Jahr aufgehoben wurde. Seine Anwesenheit als Unternehmer war für die Wirtschaft des Landes notwendig, und eine weitere Kandidatur für die künftige gesetzgebende Versammlung hatte er abgelehnt, wobei wir nicht wissen, ob das einem Angebot des Staates oder seinen eigenen Überlegungen entsprach. In Thann hatten inzwischen seine älteste Tochter Eugenie und der Schwiegersohn G. Camille Risler als Teilhaber der Firma während der mehrjährigen politischen Aktivitäten von Charles die Geschäfte geführt.

Während seines Aufenthaltes in Basel hatte Charles im Haus *Zum Kirschgarten* seine dort wohnhafte dritte und seit zwei Jahren verheiratete Tochter mit deren Ehemann, Oberstleutnant Adolphe Charras-Kestner, begrüßen können.

Dieser war Deputierter und für kurze Zeit auch Kriegsminister der 2. Republik gewesen und hatte Frankreich nach dem Staatsstreich von 1851 unter Protest freiwillig verlassen. Ihn vermochte auch eine Amnestie, die Napoleon III. schließlich allen Verbannten aussprach, nicht mit den Bonapartes auszusöhnen. Von ihm ging der stolze Ausspruch »Vous nous donnez une amnistie, mais je ne vous amnistie pas« über alle Grenzen und ließ ihn selbst fast zur Legende werden. Charras-Kestner wünschte als überzeugter Voltairianer keine kirchliche Einsegnung nach seinem Tode (1865), so reichte der Schwiegervater dem Sterbenden ein Glas Wasser aus einer französischen Quelle. Unteroffiziere der schweizerischen Bundesarmee sowie Flüchtlinge und Verbannte aus vielen Ländern begleiteten den Sarg, vor dem der junge Georges Clemenceau und Jules Flocquet, beide in späteren Jahren Senatoren und Minister Frankreichs, schworen, den Toten in ein freies Vaterland einst zurückholen zu wollen. Am 26. August 1900 lösten sie und der Schwager Auguste Scheurer-Kestner in Thann das Versprechen ein.

Dieser hatte die vierte Tochter Charles Kestners geheiratet, Flocquet die fünfte. Ein Sohn war dem Enkel der hannoverschen Kestners versagt geblieben; seine fünf Töchter brachten ihm Schwiegersöhne von außergewöhnlichem Format ins Haus.

Mit Auguste Scheurer-Kestner kam ein studierter Mediziner und Chemiker, Schüler des großen Louis Pasteur, in das

Firmenmanagement der Kestners in Thann und Mülhausen, dessen technischer Direktor er bis zu seinem eigenen Tode blieb. Als Präsident der *Société Chimique des Paris* gewann er weithin beachtete wissenschaftliche Verdienste um die chemische Forschung Frankreichs, als republikanischer Senator auf Lebenszeit höchste Ehren. Am 11. Februar 1908 enthüllte Ministerpräsident Georges Clemenceau im Pariser Jardin Luxembourg den dort noch heute befindlichen Obelisken mit der Inschrift SCHEURER-KESTNER 1833-1899, einem Porträtrelief und den allegorischen Figuren Gerechtigkeit und Wahrheit. 1968 ließen sich vor diesem Denkmal drei Senatoren des Departement Haut-Rhîn, Nachfolger ihres berühmten Vorbildes, demonstrativ zu einem Photo aufnehmen, das durch die Presse ging. Scheurer-Kestners mannhafter Kampf für eine gerechte Demokratie und den Mut der Republik zur Wahrheit hatte ihn schon früh nach der Niederlage Frankreichs 1871 als Franctireur in den Vogesen mit der Waffe kämpfen lassen und dem Führer der Linken, Léon Gambetta, nahegebracht. Scheurer-Kestner war zum Zentrum der frankreichtreuen Elsässer in Paris geworden. Mehrfache politische Haft und Geldstrafe hatten seinen politischen Idealismus und Oppositionsgeist nicht ersticken können. 1897 ließ ihn sein offenes Eintreten für die Unschuld des Hauptmanns Alfred Dreyfus, der wegen angeblichen Hochverrats verbannt worden war, zum »parlamentarischen Zola« eines sich über Jahre hinziehenden Prozesses werden, und zwar schon einige Wochen vor Zolas berühmtem *J'accuse* in Clemenceaus Zeitung. Die Karikaturen der Presse von London bis Petersburg widmeten sich ausgiebig Zola wie auch Scheurer-Kestner. Das Verfahren gegen Dreyfus wurde wiederaufgenommen, zog sich noch über Jahre hin, aber der von Scheurer-Kestner vermutete Justizirrtum stellte sich als ein Justizverbrechen des französischen Generalstabs heraus und wurde zum Skandal, der die Regierung stürzte und schließlich 1906 die volle Rehabilitation des zu Unrecht Verurteilten noch zu dessen Lebzeiten bewirkte. Auguste Scheurer-Kestner konnte 1899 in dem Bewußtsein sterben, seinem Vaterland und der Gerechtigkeit nach bestem Wissen gedient zu haben.[234] Vaterland, das war für den Kestner-Clan des Elsaß ganz eindeutig Frankreich geworden. Nach der Französischen Revolution von 1789 und mit der Aufhebung der deutschen Reichsstände im Elsaß sowie der Einverleibung der bis dahin schweizerischen Stadt Mülhausen hatte der Französisierungsprozeß des Elsaß begonnen. Zwar konnten Carl Kestner und seine Schwester Charlotte ihre deutsche Abstammung noch weitestgehend unbekümmert ausleben, zumal in der Landbevölkerung Dialekt, in gebildeteren Kreisen Hochdeutsch gesprochen wurde. Das änderte sich jedoch mit der Integration in die französische Verwaltung, Wirtschaft, Kultur und Politik schnell. Charles Kestner, der in Frankfurt, Göttingen und Straßburg Studium und Lehre erfahren hatte, war bereits zweisprachig aufgewachsen und empfand sich beiden Kulturkreisen zugehörig, seine Töchter, Schwiegersöhne und Enkel sahen sich als elsaßgebürtige Franzosen. Das unternehmerische Engagement bedingte fortan die Bodenständigkeit des Clans im Elsaß, das politische machte den Zweitwohnsitz in der Hauptstadt Paris schon für Charles Kestner notwendig.

Ohne Zweifel stellte der Krieg zwischen Deutschland und Frankreich 1870/71 eine arge Belastung auch für die Kestners dar. Charlotte, 84jährig in Basel und nun letzte direkte Nachfahrin der schon legendären »Werthers Lotte«, wehrte sich vehement 1872 gegen den Vorwurf Justus v. Liebigs – er war mit Charles Kestner und mit ihrem Vetter Heinrich Buff (Prof. d. Physik) in Gießen befreundet gewesen –, ihre Verwandten schämten sich des Namens Kestner: »Ich ant-

Denkmal Auguste Scheurer-Kestner.
Seit 1908 im Jardin Luxembourg

worte lange nicht, denn es ist eine Lüge. Die Thanner ehren mehr den Namen Kestner als irgend Einer und tragen ihn würdig. Ja! Von Niemandem werde ich so hoch gehalten und geehrt, als von Jedem der Thanner Familie. Ich antwortete in dem Sinne und sagte, das müsse ein sehr häßlicher Mann sein, der so Etwas gesagt hätte. Ich wolle auch nicht mal seinen Namen wissen. Alle Thanner sind an den Boden attachirt und an uns.«[235]

Mit dem so oft bewährten Kestnerschen bedingungslosen Gottvertrauen und Sichergeben in seinen vermeintlichen Willen ließen sich die nun aufgebrochenen Gräben politischer Meinungsverschiedenheiten nicht mehr zuschütten, eher bedurfte es weiterhin der familienüblichen Solidarität. Immerhin gab es noch gegen Ende des Jahrhunderts eine üble Pressekampagne, in Wien ausgelöst und in Paris fortgesetzt, in der man Charles Kestner 17 Jahre nach seinem Tode vorwarf, das Deutschtum der elsässischen Kestners verraten zu haben. Hermann Kestner-Köchlin, Arzt in Mülhausen und Cousin von Charles, fühlte sich veranlaßt, in einer ausführlichen Gegendarstellung diesen Vorwurf energisch zurückzuweisen. Dreißig Jahre lang sei das Kestnersche Wohnhaus in Thann ein internationales geistiges Zentrum weiterziger und kulturell anspruchsvoller Gastfreundschaft gewesen, und zahllose Menschen seien dort in freundschaftliche Berührung mit der berühmten Charlotte Kestner aus Hannover gekommen, Großmutter des Autors. Familienallianzen hätten sich zwischen hüben und drüben gebildet, und es habe doch den Anschein gehabt, daß gemeinsame Interessen und Kultur auch Völkerallianzen bewirken könnten. Gewiß habe die »Unthat von 1870« viele Hoffnungen vielleicht sogar für immer zerstört, den friedlichen Assimilierungsprozeß gewaltsam unterbrochen. Wenn man aber klage, daß die Nachkommen von »Werthers Lotte« sich quasi dem *Werther* entfremdet hätten, dann – so die Argumentation des letztgeborenen Enkels – möge man bedenken, daß doch auch die Nachkommen der Hugenotten inzwischen per Geburt ein neues Vaterland gefunden hätten und längst »zu den besten Deutschen« zählten. Charles Kestners Familie habe in guten wie in schlimmen Tagen getreu zur Familie gehalten. Erst eine Verkettung von Umständen habe sie dazu berufen, ihrem neuen Vaterland ihre Dienste zu widmen, sie treffe wahrlich keine Schuld am Unglück des Vaterlandes, also den für Frankreich unglücklichen Ausgang des Krieges von 1870/71. Das Wort vom »Europa der Regionen« gab es noch nicht zu Hermann Kestner-Köchlins Zeiten, so mußten gedankliche Konstruktionen die innere Zerrissenheit eines Elsässers deutscher Herkunft klären, für den »Vaterland« das Elsaß, eine französische Region, bedeutete, während seine »Heimat« sich mit den nahestehenden Menschen jenseits der Grenze verband, der Tante in Basel, der Großmutter in Hannover und den dort beheimateten Verwandten.[236]

Dem Wunsche des Vaters folgend, übergab Hermann Kestner-Köchlins Enkelin – eine dritte Charlotte Kestner in der Genealogie – nach dem Zweiten Weltkrieg zahlreiche Ölbilder aus dem Familienbesitz und ein Marmorrelief von Carl Kestner, dem Begründer der unternehmerischen Familienaktivitäten, dem Historischen Museum in Hannover, wo sie heute die schon erwähnte Ausstellungsgruppe ergänzen.

Ein imaginärer Kreis schien sich zu schließen und stellt doch aus der Sicht unserer Zeit lediglich das Segment einer sich immer weiter öffnenden Spirale dar. »Werthers Lotte« erscheint uns nicht mehr nur als literarisch manifestiertes Denkmal, sondern gleichrangig als die Stammutter einer während des 19. Jahrhunderts über drei europäische Länder sich ausbreitenden Familie, deren kulturelles wie auch ökonomisches und politisches Engagement sie zu einiger

Bedeutung kommen ließ – ganz im Sinne dessen, der ein Freund ihrer Stammeltern gewesen war und uns Nachgeborenen die »*Lehrbrief*«sentenz hinterließ: »Der Geist, aus dem wir handeln, ist das Höchste.«[237]

Genealogische Übersicht

CHARLOTTE SOPHIE		JOHANN CHRISTIAN
HENRIETTE BUFF	und	KESTNER
geb. 11. 1. 1753		geb. 28.8. 1741
(Wetzlar)	heirateten am	(Hannover)
gest. 16. 1. 1828	4. 4. 1773	gest. 24. 5. 1800
(Hannover)	in Wetzlar	(Lüneburg)

Das Ehepaar Kestner hatte acht Söhne und vier Töchter, die im Zeitraum von 1774 bis 1795 in Hannover geboren wurden. Beim Tode der Mutter 1828 lebten noch neun ihrer Kinder, alle 15 Enkel und bereits fünf Urenkel.

Die nachfolgenden Daten wurden u. a. verglichen mit Informationen aus dem Familienbriefwechsel, mit Papieren aus dem Nachlaß Kestner im Stadtarchiv Hannover und mit einer unveröffentlichten genealogischen Aufstellung von Frau Charlotte Boguszewski (Leipzig): Die Familie Laves. Wichtigste Quelle ist nach wie vor die Zusammenstellung von Siegfried Rösch: Die Familie Buff. Neustadt an der Aisch 1953. Diese Arbeit wurde noch nicht bis in die Gegenwart fortgesetzt. Das gilt auch für H. K. Eggers: Die Kestner. Bremen 1882.

GEORG KESTNER
Archivrat
* 1. 5. 1774
† 25. 10. 1867 (Hannover)
∞ 1802 Henriette Partz

WILHELMINE, 1803-1880
∞ 1822 Georg L. Friedrich Laves,
Oberhofbaudirektor

GEORG, 1805-1892
Oberinspektor
∞ 1839 Sophie Heydorn
(kinderlos)

THEODOR, 1806-1831
Auditor in Justizkanzlei
(ledig)

AUGUSTE, 1807-1900
∞ Nikolaus v. Wrangel
russ. Rittmeister u. Maler

HERMANN, 1810-1890
Rentier, Stifter d.
Kestner-Museums,
Ehrenbürger von Hannover

WILHELM KESTNER
Amtmann
* 2. 5. 1775
† 22. 11. 1848 (Bremen)
∞ 1810 Luise Iffland

SOPHIE, 1813-1911
∞ 1839 Dr. August Lodemann
(Jurist)

LUISE, 1817-1904
∞ 1837 Dr. August Conrad
Philippi (Jurist)

CARL KESTNER
Fabrikant, Mitbegründer
d. chem. Industrie d. Elsaß
* 23. 10. 1776
† 4. 6. 1846 (Thann)
∞ 1800 Salomé
Vaultrin de St. Urbain

CAROLINE, 1802-1872
∞ 1822 J. J. Bischoff
Fabrikant, Bankier

CHARLES, 1803-1870
∞ 1827 Eugenie Rigau

AUGUST KESTNER
Legationsrat
* 28. 11. 1777
† 5. 3. 1853 (Rom) – (ledig)

THEODOR KESTNER
Prof. Dr. med.
* 15. 5. 1779
† 28. 5. 1847 (Frankf./M.)
∞ 1810 Marie Lippert – (kinderlos)

CHARLOTTE KESTNER
* 20. 3. 1783
† 21. 6. 1785 – (ledig)

EDUARD KESTNER
Kaufmann, Fabrikant
* 21. 6. 1784
† 11. 6. 1823 (Thann)
∞ 1820 Fanny Martin

EDUARD, 1821-1906
Fabrikant
∞ 1855 Henriette Mathey

CAROLINE, 1823-1871
∞ Dr. Charles Touchon
(Arzt)

HERMANN
SEPTIMUS KESTNER
Geh. Kammerrat, Gutsherr
* 11. 8. 1786
† 31. 1. 1871 (Hannover)
∞ 1817 Katharina Lippert

HEDWIG, 1819-1829

CHARLOTTE, 1821 – 1827

HERMANN, 1823 – 1905
Geh. Medizinalrat, Dr. med.
∞ 1855 Fanny Köchlin

MARIA, 1826-1903
∞ 1851 Konrad Eggers
Amtshauptmann

CHARLOTTE KESTNER
* 17. 9. 1788
† 22. 5. 1877 (Basel) – (ledig)

LUISE KESTNER
* 1. 8. 1791
† 18. 4. 1804 (Wetzlar)

CLARA KESTNER
* 16. 2. 1793
† 9. 6. 1866 (Marienwerder) – (ledig)

FRIEDRICH KESTNER
Kaufmann, Generalkonsul
* 16. 4. 1795
† 5. 1. 1872 (Le Havre), ∞ Mathilde Doormann
Ehrenbürger von München – (kinderlos)

Anmerkungen

1 Goethe an das Ehepaar Kestner, Okt. 1774. WA IV, 2, 200.

2 Joh. Chr. Kestner an Goethe, Ende Sept./Anf. Okt. 1774. HA, Bd. 6, S. 526.

3 Joh. Chr. Kestner an August v. Hennings, 7. Nov. 1774. HA, Bd. 6, S. 527.

4 HA, Bd. 9, S. 544.

5 HA, Bd. 9, S. 543.

6 Goethe an Zelter, 26. März 1816. WA IV, 26, 312.

7 Siegfried Unseld: Goethe und seine Verleger, Frankfurt am Main und Leipzig 1991, S. 56.

8 Karl Philipp Frhr. v. Breidenbach zu Breidenstein war der Autor; vgl. Oskar Ulrich: Charlotte Kestner.
   Neudruck der Ausgabe Bielefeld 1921: Goslar 1987, S. 97/98 und 173 ff.

9 Joh. Chr. Kestner, eigenhändiger Lebenslauf (o. D.), Nachlaß Kestner, Stadtarchiv Hannover, Sign. I D 1².

10 Theodor Fontane: Sämtliche Werke (Hanser-Ausgabe), Abt. 3, Bd. 1, München 1969, S. 464/465.

11 HA, Bd. 6, S. 527.

12 Goethe an Joh. Chr. Kestner, 2. Mai 1783. WA IV, 6, 156.

13 Joh. Chr. Kestner an Goethe, Hannover 1783 (Briefkonzept), in: Karl Robert Mandelkow (Hrsg.): Briefe an Goethe, München 1988, Bd. 1, S. 83/84.

14 Goethe an Joh. Chr. Kestner, 21. 11. 1774. WA IV, 15, 239.

15 HA, Bd. 1, S. 585.

16 HA, Bd. 9, S. 277.

17 Georg Kestner traf Goethe zweimal, s. Tagebücher Goethes. WA III, 7, 89, Eintragung v. 3. 9. 1819 (Karlsbad), WA III, 9, 107, Eintragung v. 2. 9. 1823 (Karlsbad).

18 Vgl. August Kestners Tagebuch, Nr. 8. Nachlaß Kestner, Stadtarchiv Hannover, Sign. II, 37.

19 Dr. Detlev Laves: Die Familie Kestner und ihre Sammlungen. Vortrag, gehalten am 29. 11. 1989 in Hannover (Manuskript).

20 Vgl. Paul Raabe (Hrsg.): Gesamtregister d. Briefe Goethes, Nach-

träge zur Weimarer Ausgabe, dtv München 1990, Bd. 53, S. 532-534.

21 August Kestner: Goethe und Werther. Stuttgart und Tübingen 1854.

22 Goethe an Joh. Chr. Kestner, Wartburg, 28. Sept. 1777. WA IV, 3, 179.
Heinrich Düntzer: Abhandlungen zu Goethes Leben und Werken. Erster Band, Leipzig 1885, S. 89.
August Kestner: Goethe und Werther. Stuttgart und Tübingen 1854, Briefe Nr. 129 und 130.
Nachlaß Kestner, handschriftl. amtliche Unterlagen, Stadtarchiv Hannover, Sign. I C 2²⁹-C 2⁴¹-C 2⁴³, G⁶¹.

23 Oskar Ulrich: Ein Brief Charlotte Kestners an Goethe aus dem Jahre 1803. In: Goethe-Jahrbuch, Frankfurt a. M. 1904, Bd. 25, S. 82 ff.
Catharina Elisabeth Goethe an ihren Sohn, 15. Juni 1804. Briefe aus dem Elternhaus (Ergänzungsband zum Artemis-Goethe), Zürich 1960, S. 816.

24 Goethe an Joh. Chr. Kestner, 10. Nov. 1788/2. Februar 1789. WA IV, 9, 53 und 9, 79.

25 S. Anmerkung 22.

26 Lehnsfiscal: Ein staatlicher Beamter zur Wahrnehmung der rechtlichen und sonstigen Interessen des Fiskus aus staatlichen Lehen.

27 Charlotte Kestner an Joh. Chr. Kestner, 31. Mai 1792.

28 HA, Bd. 9, S. 542.

29 Düntzer, S. 77.

30 Zur Geschichte Hannovers:
Reinhard Oberschelp: Politische Geschichte Niedersachsens 1803-1866. Hildesheim 1988.
Heide N. Rohloff (Hrsg.): Großbritannien und Hannover – Die Zeit der Personalunion 1714-1837. Frankfurt 1989.

31 Joachim Lampe: Aristokratie, Hofadel und Staatspatriziat in Kurhannover (1714-1760). Bd. 1, Göttingen 1963.

32 Goethe an Moritz Oppenheim, 6./22. 5. 1827. WA IV, 23.478.

33 H. K. Eggers: Die Kestners. Bremen 1882; Ernst Teodorowitsch Krenkel: Mein Rufzeichen ist Raem. Berlin 1977, darin: S. 7-9

Hinweise auf den Stammbaum d. Familie Kestner bis 1510 (Waltershausen, Thüringen) und einem balt.-russ. Zweig in Livland, der Herkunft der Mutter des 1971 gestorbenen Autors; Wolfgang Bonorden: Die Kestner-Familie. In Zs. Norddt. Familienkunde, 40. Jg., Bd. 15, Heft 3, 1991.

34 Nach amtlichen Papieren im Nachlaß Kestner, Stadtarchiv Hannover, Sign. I C 1¹-C 2²³.
Vgl. Marie Jorns: Aus dem Leben Johann Christian Kestners und Lotte, geb. Buff, in Hannover. Vortrag, gehalten am Familientag Buff-Kestner in Wetzlar, 5. Juni 1955, in: Bibliothek Familiengeschichtlicher Arbeiten. Bd. XXI, Neustadt an der Aisch 1956.

35 Otto Mejer: Der römische Kestner. Biographisches. Hannover 1886.

36 Göttinger Dichterbund, meist norddt. Studenten, 1772-1774, deren Vorbild Klopstock war. Mitglieder u. a. Boie, Hölty, die Grafen Stolberg, Voß, Leisewitz. Ihr Organ wurde der *Göttinger Musenalmanach*.

37 Handschriftliches Exposé Joh. Chr. Kestners (20 Seiten) im Nachlaß Kestner, Stadtarchiv Hannover, Sign. I D 6¹.

38 O. Jürgens: Joh. Chr. Kestners Arbeiten zur braunschweig.-lüneburgischen Landesgeschichte. In: Hann. Geschichtsblätter (HGbl.), 21. Jg., Hannover 1918.

39 S. Anmerkung 31.

40 Goethe an Joh. Chr. Kestner (Mitte bis 21. August 1773). WA IV, 2, 99.

41 S. Anmerkung 109 (Oberschelp).

42 »Ich war wohl klug, daß ich dich fand« – Heinrich Christian Boies Briefwechsel mit Luise Mejer, 1777-1785. Hrsg.: Ilse Schreiber, München 1961.

43 Goethe an Charlotte Kestner, 16. 6. 1774. WA IV, 2, 166-168.

44 S. 42, 4./5. Juni 1779.

45 Carl Haase: Ernst Brandes 1758-1810. Bd. 1 Hildesheim 1973, Bd. 2 Hildesheim 1974.

46 S. Anmerkung 42.

47 Vgl. Auszug aus dem Taufregister der Schloßkirche zu Hannover in der Reprintausgabe von Oskar Ulrich: Charlotte Kestner. Goslar 1987.

48 Charlotte Kestner pachtete 1817 Wiese und Fischteich hinzu. Über den ältesten Sohn Georg gelangte das Grundstück später an die Familie Laves und wurde schließlich im letzten Drittel des 19. Jahrhunderts ein Opfer der Stadterweiterung. Auf dem ehemaligen Terrain befinden sich heute eine Lavesstraße und eine Kestnerstraße.

49 Zitiert nach: Hermann Kestner-Köchlin (Hrsg.): Briefwechsel zwischen August Kestner und seiner Schwester Charlotte. Straßburg 1904.

50 S. 45, Bd. 2.

51 Zu August Wilhelm Rehberg, vgl. Allgemeine Deutsche Biographie. Bd. 27, Neudruck der 1. Auflage von 1888, Berlin 1970.
Aus seinen Werken: August Wilhelm Rehberg: Prüfung der Erziehungskunst. Leipzig 1792.

52 Ulrich, S. 130.

53 Ebd.

54 Haase, Erster Band, S. 55/56.
Vgl. dazu die Beilage zum 1. *Stück d. Hannoverschen Anzeigen*, 1790, mit der Subskriptionsliste der Spenden zum Leibniz-Denkmal. Darin sind aufgeführt der Oberlicentinspector Kestner (ein Bruder Joh. Chr. Kestners aus der 1. Ehe des Vaters) mit 10 Rtl. (= 2 Pistolen) und Rath Kestner (Johann Christian K.) mit 3 Rtl. (= 1 Pistole).
Vgl. außerdem: Berlinische Monatsschrift. Bd. 13, Berlin 1789, S. 187, worin über diese Aktion berichtet wurde.

55 Ulrich, S. 130.

56 Haase, 2. Band.
A. W. Rehberg: Untersuchung über die Französische Revolution nebst kritischen Nachrichten von den merkwürdigsten Schriften, die darüber in Frankreich erschienen sind. Hannover und Osnabrück 1793.

57 Carl Haase: Obrigkeit und öffentliche Meinung in Kurhannover 1789-1803. In: Niders. Jahrbuch f. Landesgeschichte, 39/1967.
Gerhard Schneider: Das Kurfürstentum Hannover und die Französ. Revolution. Quellen aus den Jahren 1785-1791. Hildesheim 1989.

Ds. (Hrsg.) Kurhannover im Zeichen der Franz. Revolution. Personen und Ereignisse. Hannoversche Schrift zur Regional- und Lokalgeschichte, Bd. 1, Bielefeld 1990.

Reinhard Oberschelp (Hrsg.): Die Französische Revolution und Niedersachsen 1789-1803. Hildesheim 1989.

58 Karl H. Ammer: Deutsche Revolutionsreisende in Paris. In: Deutschland und die Französische Revolution. 17. Dt.-Frz. Historikerkolloquium, München 1983.

59 J. P. Eckermann: Gespräche mit Goethe (Berliner Ausgabe). 1982, S. 472.

60 Vgl. Hans-Ulrich Wehler: Deutsche Gesellschaftsgeschichte. Bd. 1, 1700-1815, München 1987.

61 Vgl. Heike Leerhoff: Friedrich Ludwig v. Berlepsch, Hannoverscher Hofrichter, Land- und Schatzrat und Publizist 1749-1818. Hildesheim 1970.

62 S. Anmerkung 57 (Schneider).

63 Klaus Epstein: The Genesis of German Conservatism. Princeton 1966.

64 Hofrat Rudloff für Sohn August 1777,
Kanzleisekretär Klockenbring für Sohn Theodor 1779,
Hofrätin Rudloff für Tochter Charlotte 1783,
Geh. Kanzleisekretär Brandes für Sohn Hermann (+ Kammersekretär Flebbe) 1780,
Kommerzrat Höpfner für Tochter Luise (+ Demoisell Rudloff) 1791,
Kammermeister Patje für Tochter Clara 1793,
Geh. Kriegsrat v. Reden, Oberappellationsrat v. Pestel (vertreten durch Legationsrat v. Hinüber), Oberlizentinspektor Rehberg für Sohn Friedrich 1795
(aus dem Taufregister der Schloßkirche, Ulrich, S. 193/194).

65 HA, Bd. 7, S. 258.
Wilhelm Meisters Lehrjahre, erschienen 1795/96. Kestners besaßen bereits 8 Bände der Göschen-Ausgabe von Goethes Werken. Goethe schrieb dazu am 10. 3. 1791 (WA, 9, 246): »Hier ist mein Achter Band. Da ich ein böser Correspondent bin ist mir wenigstens das ein Trost auf diese Weise mich mit entfernten Freunden zu unterhalten. Daß ich meine botanischen Versuche nicht

schicke, verzeiht Ihr, es kann Euch nichts nützen. Wenn ich etwas lesbares drucken lasse, soll es aufwarten.«

66 Handschriftlich im Nachlaß Kestner, Stadtarchiv Hannover, Sign. I E 12.

67 HA, Bd. 3, S. 102 (3198-3201).

68 a. Kestner an Goethe, 29. 6. 1798;
   b. Kestner an Goethe, 2. 7. 1798;
   c. Goethe an Kestner, 16. 7. 1798 (WA IV, 13, 212);
   d. Kestner an Goethe, 18. 10. 1798;
   a/b/d wurden zitiert nach: K.-H. Hahn (Hrsg.): Briefe an Goethe. Gesamtausgabe in Regestform, Bd. 2: 1796-98, Weimar 1981, Nr. 1361, 1365, 1531.

69 Joh. Chr. Kestner an seine Frau, 19. Mai 1800, Lüneburg. Nachlaß Kestner, Stadtarchiv Hannover, Sign. I E 2 (das Blatt ist durch Kriegseinwirkung stark verkohlt und kaum noch lesbar).

70 Stadtarchiv Hannover, Sign. I C 19[10].

71 Vgl. Beilage zum Lüneburger Tageblatt v. 6. 9. 1938, Nr. 208/47. Jg.: Grabdenkmale auf dem St.-Antoni-Friedhof.
   Vgl. auch v. Anderten: Des Lüneburger Antoni-Friedhofes Ursprung und Ende, in: Billunger Land. Nr. 10, Jg. 1939.
   Hinweise und Fotokopien erhielt die Vfs.in durch das Stadtarchiv Lüneburg; Frau Dr. Reinhardt ist dafür Dank zu sagen. Der Friedhof wurde 1939 aufgehoben, ein Epitaph war schon 1938 nicht mehr auffindbar.

72 Anna Wendland: Beiträge zu August Kestners Lebensgeschichte. In: HGbl. 14. Jahrgang, Hannover 1911, S. 132-134.

73 Ulrich, S. 139.

74 Eine von W. A. Rudloff am 7. 10. 1800 unterschriebene Witwengeldanweisung bestätigt 300 Rtl. jährlich, d. h. 200 für die Witwe und 100 Rtl. für die jüngsten, unmündigen Kinder bis zu deren Volljährigkeit oder Versorgung.
   Stadtarchiv Hannover, Sign. I G 61.

75 Zitiert nach K.-H. Hahn (Hrsg.): Briefe an Goethe. Gesamtausgabe in Regestform, Bd. 3, 1799-1801, Nr. 730. (Das Lebensalter der 4 jüngeren Kinder bewegte sich zu der Zeit zwischen dem 5. und 12. Lebensjahr.)

76 Goethe an Joh. Chr. Kestner, 1. 9. 1785. WA IV, 7, 82.

77 Cornelia Goethe, 1750-1777.

78 Goethe an Joh. Chr. Kestner, 21. 11. 1774. WA IV, 15, 239.

79 Vgl. Franz Nager: Der heilkundige Dichter. Goethe und die Medizin. Zürich-München 1990.

80 Ebd., S. 41 ff.

81 Goethe an Theodor Kestner, 26. 6. 1801. WA IV, 15, 239.

82 O. Ulrich: Ein Brief Charlotte Kestners an Goethe aus dem Jahre 1803 (Wetzlar, 15. Okt.). In: Goethe-Jahrbuch Bd. 25, Frankfurt/M. 1904, S. 82 ff.

83 Goethe an Charlotte Kestner, 26. 10. 1803. WA IV, 16, 334.

84 Hahn-Regesten, Nr. 1057. Genannt werden dort J.F. Blumenbach, Naturforscher u. Mediziner, langjähriger Goethe-Korrespondent, Chr.G. Heyne, Altphilologe und Oberbibliothekar der Universität (Schwager von Ernst Brandes).

85 Goethe an Charlotte Kestner, 23. 11. 1803. WA IV, 16, 353.

86 Emilie v. Gleichen-Russwurm an Charlotte Kestner (Basel), 22. 1. 1872. Kestner-Köchlin, S. 352.

87 Vgl. Edgar Kalthoff: Die Krankheit Georgs III. In: Nds. Jb. f. Landesgeschichte. Heft 39, Hildesheim 1967, S. 309 ff.
Die Studie berücksichtigt alle 47 Bände der zeitgen. ärztlichen Protokolle und kommt zu dem Schluß, daß Georg III. keineswegs geistesgestört war, sondern an Porphyrie litt, einer Stoffwechselkrankheit, die sich in Schüben schwerer exzentrischer Verhaltensstörungen, von Fieber begleitet, äußert, während der Patient zwischen den Anfällen völlig normal reagiert.

88 August Kestner an Charlotte Kestner (Basel), 17. 9. 1843. Kestner-Köchlin, S. 271.

89 Joh. Chr. Kestner an seinen Sohn August. 17. Juli 1796. Stadtarchiv Hannover, Sign. I C 13[1].

90 Joh. Chr. Kestner an seinen Sohn August, 19. 1. 1797. Stadtarchiv Hannover, Sign. I C 13[2].

91 Marie Jorns: August Kestner und seine Zeit, 1777-1853. Hannover 1964, S. 14.

92 Haase, Bd. 2, S. 119 ff.
Georg Kestner wirkte nicht nur bei der Rettungsaktion für die Akten des Staatsarchivs aktiv mit, sondern leistete auch passiven Widerstand, indem er unter französischer Regierung »Anfragen

unbeantwortet ließ, verlangte Stücke nicht finden konnte«. Vgl. Manfred Hamann: Geschichte des Niedersächsischen Hauptstaatsarchivs in Hannover. 1. Teil, in: HGbl. N. F. Bd. 41, Hannover 1987, S. 68/69.

93 Haase, Bd. 2, S. 150 ff.

94 Otto Brandes: Ein Brief von Werther's Lotte. In: Zeitschrift d. Histor. Vereins f. Niedersachsen, Jg. 1898, Hannover 1898.

95 Ulrich, S. 170.

96 Kestner-Köchlin, S. 56.

97 Kestner-Köchlin, S. 59.

98 Vgl. Marx: Zum Andenken an Johann Friedrich Blumenbach. Göttingen 1840.

99 Vgl.
Anton Scholand: Misburgs Boden und Bevölkerung im Wandel der Zeiten, Hildesheim 1960 (Reprint v. 1937), S. 107-126.
Hermann v. Egloffstein: Alt-Weimars Abend. Briefe und Aufzeichnungen aus dem Nachlasse der Gräfinnen Egloffstein. München 1923.

100 August Kestner an seine Mutter, Marseille, 10. 2. 1811. Stadtarchiv Hannover, Sign. II A 1$^{1-55}$.

101 Kestner-Köchlin, S. 44.

102 August Kestner an seine Mutter, Heidelberg, 8. 10. 1811. Stadtarchiv Hannover, Sign. II A 1$^{1-55}$.

103 Marie Jorns, S. 83.

104 Ulrich, S. 163.

105 Charlotte Kestner an die Schwester Amalie, 18. 6. 1812. Freies Deutsches Hochstift Frankfurt, Sign. Nr. 553, Fasz. Kasten 12.

106 Preußischer Korrespondent. Hrsg.: Carsten Niebuhr, Friedrich Schleiermacher u. Achim v. Arnim, Berlin 1813.
Rheinischer Merkur. Hrsg.: Joseph Görres, Koblenz 1814.

107 Über die Verhältnisse in Hannover vgl. u. a.:
Bernhard Hausmann: Erinnerungen aus dem 80jährigen Leben eines Hannoverschen Bürgers. Hannover 1873.
Reinhard Oberschelp: Polit. Geschichte Niedersachsens 1803-1866. Bes. bibliographische Zusammenstellung S. 396 ff.
Klaus Mlynek/Waldemar R. Röhrbein: Hannover Chronik, 1991, S. 112 ff.

108 Georg Hoeltje: Georg Ludwig Friedrich Laves. Hannover 1964.

109 Vgl.

Reinhard Oberschelp: Niedersachsen 1760-1820. Wirtschaft, Gesellschaft, Kultur im Lande Hannover und Nachbargebieten, Bd. 1, Hildesheim 1982.

B. C. v. Spilcker: Historisch-topographisch-statistische Beschreibung der königlichen Residenzstadt Hannover. Hannover 1819.

110 S. Anmerkung 109, Oberschelp, S. 71.

111 Ebd.

112 Zitiert nach: Hannover in alten und neuen Reisebeschreibungen. Ausgewählt von Norbert v. Frankenstein. S. 75/76: Ludwig Börne, Tagebuch 1829. Düsseldorf 1991.

113 Vgl. Hannoversches Adreßbuch für das Jahr 1819 und Plan der Residenzstadt Hannover mit Angabe der Hausnummer, 1822, Stadtarchiv Hannover.

Die dreiziffrigen »Hausnummern« des Stadtplanes von 1822 sind noch Katasternummern; straßenbezogene Hausnummern im heutigen Sinne gab es in Hannover erst ab 1. 7. 1845. Georg Kestners Adresse lautete danach Leinstr. 11.

114 Hoeltje, S. 76/77.

115 Ulrich, S. 187.

116 Hoeltje, S. 74.

117 S. Anmerkung 109, Spilcker.

118 S. Anmerkung 17.

119 Marie Jorns: Von der Gemäldesammlung des Archivrats Georg Kestner in Hannover. In: HGbl. N. F. Fünfter Band, Heft 1/1938, Hannover 1938/39.

120 Ebd., S. 34 ff.: »Einige Notizen zu dem Cathaloge meiner Gemälde, die Authentizität der angegebenen Namen der Maler und der portraitierten Personen betreffend.« Hannover im November 1849, gez. G. Kestner.

121 Vgl. Katalog der Gemälde Alter Meister in der Niedersächsischen Landesgalerie Hannover, Hannover 1954, S. 22-25.

Vgl. auch Anmerkung 19, Dr. Detlev Laves.

Diesbezügliche Angaben aus beiden Quellen wurden am 10. 3. 1992 von Dr. Bernd Schälicke (Landesgalerie Hannover) bestätigt; Bilder holländischer, flämischer und italienischer Provenienz konnten noch nicht katalogisiert werden.

122 Das Leipziger Autographenkonvolut aus dem Besitz der Familie Kestner bestätigte am 10. 3. 1992 OBR Doz. Dr. D. Debes, Leiter der Handschriftenabteilung d. Universitätsbibliothek Leipzig; ds. teilte am 25. 1. 91 bereits mit, daß die Briefe Goethes an Charlotte Kestner bis auf das bekannte Billet v. 9. 10. 1816 seit der »kriegsbedingten Auslagerung vermißt werden«.

123 Henry Lewes (Autor d. ersten englischsprachigen Biographie »Life of Goethe«, 1855) mit einem Brief an Georg Kestner vom 28. 5. 1863, in: Goetheana, A Centenary Portfolio of forty-three Facsimiles & Reproductions…, William A. Speck Collection of Goetheana in Yale University Library, Number VII, New Haven, MDCCCCXXXII, page 21.

124 HA, Bd. 9, S. 555.

125 Hugo v. Hofmannsthal in: Unterhaltung über den *Tasso* von Goethe. Ausgewählte Werke, Bd. II, Frankfurt am Main 1957, S. 434.

126 August Kestner, Tagebuch Nr. 8. Stadtarchiv Hannover, Sign. II b 7.

127 Mit den Worten »Fürstenknecht« und »Fürstendiener« ließ Goethe im »Götz von Berlichingen« Metzler, einen Anführer der rebellischen Bauern, seinen Titelhelden beschimpfen. HA, Bd. 4, S. 161/164 – 5. Akt.

128 Im Folgenden wird aus den jeweiligen Handschriften zitiert:
Clara Kestner an ihren Bruder August, 29. 9. 1816;
Charlotte Kestner an ihren Sohn August, 4. 10. 1816;
Clara Kestner an ihren Bruder August, 4. 10. 1816;
Clara Kestner an ihren Bruder August, 14. 10. 1816;
Clara Kestner an ihren Bruder August, 25. 10. 1816;
und Goethes Billet an Charlotte Kestner, 9. 10. 1816.
Sämtlich: Handschriftenabteilung der Universität Leipzig, Sign. Kestner II a IV, 611ᵉ.

129 (Heinrich Düntzer, Hrsg.): Brief von Schillers Gattin an einen vertrauten Freund. Leipzig 1856, S. 311/312.
Vgl. auch ebd. S. 310 über das Konzert bei Graf Edling am 8. 10. 1816: »… der berühmte Clarinettist Hermstädt…die hiesigen

Sänger Stromeyer und Moltke (Tenöre). Es war ein wahrer Genuß...« Diese private Soirée wurde als öffentliches Konzert am 11. Oktober im Stadthaussaal von Weimar wiederholt.

130 Ulrich, S. 184.

131 Goethe in vertraulichen Briefen seiner Zeitgenossen. Zusammengestellt von Wilhelm Bode, Bd. 2, 1794-1816, Berlin und Weimar 1982, S. 663.

132 Ulrich, S. 183.

133 J. P. Eckermann: Gespräche mit Goethe. Berlin 1982 (Berliner Ausgabe), 26. Mai 1824 – S. 479.

134 S. Anmerkung 127 (Erster Bericht Clara Kestners an August Kestner).

135 Charlotte Kestner an ihren Sohn August, 30. Dezember 1827. Nicht veröffentlichter letzter Brief der Mutter an August K., als Autograph im Besitz der Urururgroßenkelin Charlotte Kestners (Leipzig); mit freundlicher Erlaubnis der Besitzerin aus einer Fotokopie der Handschrift zitiert.

136 Entsprechende Dokumente befinden sich im Nachlaß Kestner, Stadtarchiv Hannover, Sign. 1 o 1.

137 Aus einer Namensliste der Konventualinnen (1716-1904), die Frau Äbtissin Christel Lehmann als Fotokopie einer Handschrift zur Verfügung stellte.

138 Oskar Ulrich: Der Marienwerder Klosterpark. Ein Beitrag zur Sittengeschichte Niedersachsens in der Wertherzeit. In: HGbl. N. F. Bd. 1, Hannover 1930/31, S. 255 ff.

139 Vgl. Chr. C. L. Hirschfeld: Theorie d. Gartenkunst. Reprint der fünfbd. Ausgabe von 1779/80 in zwei Bänden, Hildesheim-New York 1973, Bd. 1, S. XIII/Bd. 2, S. 204 ff. (Marienwerder).

140 Marie Jorns, S. 109.

141 Kestner-Köchlin, S. 116.

142 Kestner-Köchlin, S. 117.

143 Kestner-Köchlin, S. 123.

144 Kestner-Köchlin, S. 123/124.

145 Kestner-Köchlin, S. 129.

146 Ulrich, S. 188.

147 Heinrich Beyer: Aus der jungen Residenz Hannover nach den Freiheitskriegen. In: HGbl. N. F. Bd. 1, Hannover 1930/31, S. 15.

148 Guelphenorden: 1815 (Georg III.) als Zivil- u. Militärverdienstor-
den in 3 Klassen gestiftet (Großkreuz, Kommandeurkreuz, Ritterkreuz). Die Brüder August und Friedrich K. besaßen als Ritter
des Guelphenordens die Hoffähigkeit, Hermann K. das Kommandeurkreuz.

149 Vgl. Hannover-Chronik (s. Anmerkung 107), S. 114/115.
Die Angaben über Einwohnerzahlen aus den verschiedensten
Quellen um das Jahr 1820 (d. h. etwa zwischen 1817 u. 1825)
schwanken erheblich, je nach den Kriterien ihrer Erhebung zwischen ca. 17 000 und ca. 25 000. Erst eine amtliche Erhebung von
1880 nennt 122 843 Einwohner.

150 Zeitgenössische Karikaturen des George Cruikshank sind heute
u. a. auch im Wilhelm-Busch-Museum (Deutsches Museum für
Karikatur und kritische Grafik) Hannover im Original zu sehen.

151 Renate Feyl: Caroline Herschel (1750-1848). In: (Hiltrud Schroeder Hrsg.): Sophie & Co. – Bedeutende Frauen Hannovers, Hannover 1991, S. 45 ff.
Bei Besuchen des Göttinger Mathematikers C. F. Gauß im Hause
Herschel dürfte auch Besuch bei Georg Kestner mit vorgesehen
worden sein; mit diesem hatte Gauß gelegentlich persönliche finanzielle Angelegenheiten zu erledigen; außerdem versorgte er
ihn anscheinend mit autographischen Göttinger Raritäten für
seine Sammlung.
S. Brief v. 7. Dez. 1831 an Georg Kestner, in: Schriftenreihe f.
Geschichte d. Naturwissenschaften, Technik u. Medizin. Leipzig
1964, Beiheft S. 323-324. Ein Hinweis, für den wir Prof. Dr.
Kurt-R. Biermann (Berlin) besonders dankbar sind.

152 Der Gartenfriedhof in Hannover in geschichtlicher und kunstge-
schichtlicher Bedeutung von***, Hannov. Volks-Kalender 1931,
S. 44 ff.

153 Ulrich, S. 191.

154 Kestner-Köchlin, S. 141.

155 Kestner-Köchlin, S. 155.

156 Carl und Charlotte Kestner an die Mutter, Thann, 20. 1. 1828.
Nachlaß Kestner, Stadtarchiv Hannover, Sign. I E 71[26].

157 Friedrich Kestner an seine Mutter, Thann, 20. Januar 1828.
Nachlaß Kestner, Stadtarchiv Hannover, Sign. I E 70[3].

158 Marie Jorns, S. 192.

159 Ebd.

160 Charlotte Kestner an die Schwester Clara, Thann, 25. Januar 1828. Nachlaß Kestner, Sign. I N[1-10].

161 Marie Jorns, S. 193.

162 Kestner-Köchlin, S. 158.

163 Ebd.

164 Kestner-Köchlin, S. 163.

165 Marie Jorns, S. 107.

166 Marie Jorns, S. 133.

167 Ebd.

168 Marie Jorns, S. 141/142.

169 August Kestner: Über die Nachahmung in der Malerei. Anonym 1818 erschienen in »Frankfurt am Main bei Franz Varrentrapp.«

170 Neu-deutsche religios-patriotische Kunst. In: Über Kunst und Altertum in den Rhein- u. Maingegenden. Von Goethe. Zweites Heft. Stuttgart, in der Cottaischen Buchhandlung 1817. WA, 49,1 – S. 21-59.

171 O. Harnack: Essais und Studien zur Literaturgeschichte. Braunschweig 1899, u. a. s. Bibliographie in HA, Bd. 12, S. 783-792.

172 Marie Jorns, S. 110.

173 Kestner-Köchlin, S. 97/98.

174 Nazarener: Dt. Künstlergruppe in Rom (Peter Cornelius, Friedrich Overbeck, Johann Gottfried Schadow u. a.) in der Zeit von 1810 bis etwa zur Mitte des 19. Jh.s; der Begriff war ursprünglich eher ein Spottname.

175 Marie Jorns, S. 111.

176 Marie Jorns, S. 113.

177 Jenaische Allg. Literaturzeitung, Nr. 199 und 200 (Bd. 3 + 4), November 1819.

178 Anton Raphael Mengs (1728-1779), frühklassizistischer Maler, veröffentlichte 1762 die kunsttheoretische Abhandlung *Gedanken über die Schönheit und den Geschmack in der Malerei* und gewann damit stilbildenden Einfluß auf seine Generation.

179 Marie Jorns, S. 174.

180 Christian August Kestner: Die Agape oder der geheime Weltbund der Christen. Weimar 1819.

Vgl. Hermann Ullrich: Christian August Kestner, der Verfasser der *Agape*. In: Jahrbuch d. Goethe-Gesellschaft 14, 1928.

181 Marie Jorns, S. 193.

182 Marie Jorns, S. 194.

183 Zum Tode August v. Goethes:

F. Noack: August v. Goethes Nachlaß in Rom. In: Goethe-Jahrbuch 29/1908.

K. H. Hahn: Goethe beim Tode seines Sohnes. In: Goethe-Jahrbuch, N. F. 18/1956, S. 180ff.

Kestner-Köchlin, S. 185-188/367-374.

Marie Jorns, S. 219-226.

Ruth Rahmeyer: Ottilie v. Goethe. Stuttgart 1988, S. 177-183.

184 S. Anmerkung 79.

185 Goethe an August Kestner, 27. 12. 1830. WA IV, 48, 53.

186 Ebd.

187 Goethe an August Kestner, 29. 7. 1831. WA IV, 49, 23.

188 Goethe an August Kestner, 9.6. 1831. WA IV, 48, 231.

189 Ebd.

190 Helmut Zimmermann: Hannoversche Gräber auf dem Protestantischen Friedhof in Rom. In: HGbl. N. F. Bd. 9, 1956, Hannover 1956, S. 141 ff.

191 Marie Jorns, S. 262.

192 Ebd.

193 Marie Jorns, S. 263.

194 Kestner-Köchlin, S. 204/05.

195 Ebd.

196 Marie Jorns, S. 309.

197 Marie Jorns, S. 363.

198 Marie Jorns, S. 376.

199 Ebd.

200 Verlagsvertrag v. 22. 9. 1852 (Cotta-Archiv).

201 Für das Format sollte Alexander v. Humboldts Erfolgsbuch *Ansichten der Natur* aus dem gleichen Verlag (1808/1826/1849) mit 10,7×17,2 cm gelten; jede Auflage sollte 1500 Exemplare umfassen, das Honorar in der 1. Auflage fl. 500,– und 30 Freiexemplare, von da an je Auflage nur noch fl. 250,– (nach Verkauf)

betreffen; das Erscheinungsdatum wurde auf »vor Weihnachten 1852« festgelegt.

202 Allg. Zeitung (Augsburg), Nr. 94, v. Montag, 4. April 1853 (Beilage).

203 Henriette Feuerbach (Heidelberg) an Charlotte Kestner (Basel) am 6. April 1853, Kestner-Köchlin, S. 336.

204 Charlotte Kestner (Basel) an die J. G. Cotta'sche Buchhandlung am 8. Mai 1853.

205 Charlotte Kestner (Basel) an die J. G. Cotta'sche Buchhandlung am 5. Juni und 7. Juni 1853.

206 Charlotte Kestner (Basel) an die J. G. Cotta'sche Buchhandlung am 7. Juni 1853.

207 Rechnungsaufstellung der Buchdruckerei, Stuttgart, 21. 6. 1853.

208 Charlotte Kestner (Basel) an die J. G. Cotta'sche Buchhandlung am 14. Oktober 1853.

209 Georg Kestner (Hannover) an Frh. Cotta v. Cottendorf am 3. Oktober 1853.

210 Ebd.

211 Cotta'sche Buchhandlung an Georg Kestner (Hannover) am 8. Okober 1853 (Vorlage zu einer Reinschrift).

212 Georg Kestner (Hannover) an die Cotta'sche Buchhandlung am 3. November 1853.

213 Verlagsvertrag, Neufassung v. 22. November 1853.
Die unter den Anmerkungen 200, 204-213 angegebenen Quellen konnten einem Konvolut von Fotokopien aus dem Cotta-Archiv (Stiftung der Stuttgarter Zeitung) im Schiller-Nationalmuseum/ Deutsches Literaturarchiv, Marbach am Neckar, entnommen werden.

214 Die Auflage von 1854 enthielt auf dem Vorsatzblatt die drei Worte »Wahrheit ohne Dichtung« und nach der Inhaltsangabe auf S. 1 die Fußnote zur Einleitung: »Der Herausgeber der unten folgenden Briefe hat kurz vor seinem am 5. März erfolgten Tode ihre Veröffentlichung beabsichtigt und sie mit dieser Einleitung begleiten wollen, deren Anfang zeigt, daß sie in den, vor Jahren, von dem Tode Goethes empfangenen lebhaften Eindrücken ihre erste Veranlassung gefunden hat. Mehrere Mitglieder seiner Fa-

milie waren bisher der Herausgabe entgegen, haben sie aber jetzt gestattet, um die Wünsche eines geliebten Verstorbenen nicht unerfüllt zu lassen.«

215 HA, Bd. 9, S. 277.

216 Charlotte Kestner (Basel) an Henriette Feuerbach (Heidelberg), 5. 10. 1875. Freies Deutsches Hochstift Frankfurt a. M. Sign. 1186, Fasc. Kestner 21.

217 Vgl. Jürgen Kocka (Hrsg.): Bürgertum im 19. Jh. Bd. 3, dtv München 1988.

218 August Kestners Testament vom 12. September 1851. Stadtarchiv Hannover, Sign. II B 8[1].

219 Irmgard Woldering: Kestner-Museum 1889-1964. In: HGbl. N. F. 18, 1964.

220 Anna Wendland: Die Handschriften des Kestner'schen Nachlasses in der Stadtbibliothek Hannover. In: HGbl. XI. Bd., 4.-6. Heft/1908.

221 Carl Schuchardt: Aus Leben und Arbeit. Berlin 1944.

222 *Werthers Lotte. Im grauen Haar (zu einem Bilde).*

Grau ist das Haar, verwelkt das Gesicht
* An welchem Liebe sehnend einst gegangen.*
Doch zitternd wie ein süßes Abendlicht
* Spielt Lächeln noch um Augen, Mund und Wangen.*

Stört nicht dies Lächeln – steht in Ehrfurcht – schweigt,
* Sie träumt von einer wunderbaren Stunde,*
Da sich ein Gott im Kuß zu ihr geneigt
* Und sie unsterblich ward an seinem Munde.*

Ernst v. Wildenbruch: Gesammelte Werke. Reihe 3, Bd. 15, Berlin 1924.

223 Kestner-Köchlin, S. 298, Charlotte an August Kestner. Basel, 1. Juni 1848.

224 Charlotte Kestner (Basel) an Emilie v. Gleichen-Russwurm, geb. v. Schiller, am 4. Februar 1872, zitiert nach: Beilage zur Allgemeinen Zeitung, Nr. 180 v. 29. 6. 1877.

225 Kestner-Köchlin, Charlotte an August Kestner, Basel, 27. 5. 1816.

226 Werner Kaegi: Jacob Burckhardt – Eine Biographie. Basel/Stutt-
gart, Bd. III, 1956, S. 470 ff./Bd. IV, 1967, S. 42 u. S. 297; Bd. V,
1973, S. 486.

227 Allgemeine Zeitung, Nr. 180 v. 29. 6. 1877.
Vgl. auch: Hans Bühler: Charlotte Kestner und ihr Grabmal auf
dem Kannenfeld-Gottesacker. In: Basler Jahrbuch 1955, S.
130 ff.

228 Kestner-Köchlin, S. 317, August K. an Charlotte K. (Basel), 25. 3.
1850.

229 André Rohmer u. a., Fabriques de Produits Chimiques de Thann
et de Mulhouse, Thann 1991, S. 15-116.

230 Kestner-Köchlin, S. 195, Charlotte K. an August K., Basel, 16. 9.
1823.

231 Ebd.

232 Daniel Burckhardt-Werthemann: Vom alten Basel und seinen Gä-
sten. Basel o. J.

233 August Kestners Tagebuch, zitiert nach Marie Jorns, S. 286; vgl.
S. 450.

234 Auguste Scheurer-Kestner: Souvenirs de jeunesse. Paris 1905.
Vgl. Siegfried Thalheimer: Die Affäre Dreyfus. dtv-documente,
Nr. 2954, München 1963.

235 Kestner-Köchlin, S. 343/348. Charlotte Kestner (Basel) an Heinrich Buff, 19. 5. 1872.

236 Ludwig Speidel: Werthers Leiden im Elsaß. In: Neue Freie Presse
(Wien), Nr. 8125 v. 10. 4. 1887.
Hermann Kestner-Köchlin: Ein deutsch-französisches Familienleben im Elsaß. In: Straßburger Post, Nr. 161, Mülhausen im Mai
1887.
Madeleine Fabre-Koechlin: Notre Heidwiller. Editions Aces
1996, Mazaretier, 38190 Froges (ausführliche Familiengeschichte des elsässischen Zweigs Kestner-Koechlin, reich illustriert, in
französischer Sprache).

237 HA, Bd. 6, S. 42.

Abkürzungen: HA   Hamburger Ausgabe der Werke Goethes
WA   Weimarer Ausgabe der Werke Goethes (Sophien-Ausgabe)
HGbl   Hannoversche Geschichtsblätter

Bildnachweis

gebührt vorrangig den Leitern und Mitarbeitern einschlägiger Bibliotheken und Museen, die in entgegenkommendster Weise bemüht waren, den Bitten der Verfasserin um Einsicht oder Reproduktion primärer Quellen nachzukommen und darüber hinaus mit ihrem fachlichen Rat nicht sparten. Der Leser möge bedenken, daß die nachfolgende Aufstellung von Instituten und Einzelpersonen in der alphabetischen Reihenfolge ihrer Orte lediglich als der etwas hilflose Versuch gilt, dankbarer Würdigung wenigstens eine gewisse Gerechtigkeit widerfahren zu lassen:

Historisches Museum Basel – Staatsarchiv des Kantons Basel-Stadt – Prof. em. Dr. K.-R. Biermann, Berlin-Buch – Goethe-Museum Düsseldorf – Freies Deutsches Hochstift, Frankfurt a. M. – Frau Gisela Baethge, Göttingen – Universitätsbibliothek Göttingen – Staats- u. Universitätsbibliothek Hamburg – Historisches Museum Hannover – Kestner-Museum Hannover – Niedersächs. Hauptstaatsarchiv Hannover – Niedersächs. Landesmuseum Hannover – Archivrat i. R. H. Zimmermann, Hannover – Prof. em. Dr. Erich Trunz, Kiel – Universitätsbibliothek Leipzig – Stadtarchiv Lüneburg – Cotta-Archiv (Stiftung der Stuttgarter Zeitung), Marburg/Lahn – Generalkonsulat der BRD in Nancy – Botschaft der BRD in Paris – M. et Mme. Coards, Paris – Archiviste et Professeur André Rohmer, Thann (Elsaß) – Goethe-Schiller-Archiv, Weimar – Frau Irmgard Rau, Wetzlar – Städtische Sammlungen, Wetzlar.

Aus dem Familienverband Buff-Kestner erhielt ich dankenswerterweise zahlreiche Hinweise, Autographen und Fotoreproduktionen von Gemälden aus Familienbesitz. Mein besonderer Dank gilt posthum Frau Dipl.-Architektin Melitta Laves (Zürich), der es leider nicht mehr vergönnt war, das Erscheinen dieses Buches zu erleben; aber auch ihrer Tochter, Frau Gracia Schicht (Zumikon), die weiterhin das große Familienbuch der Kestners von 1852 zur Verfügung stellte. Frau Boguszewski, geb. Laves (Leipzig), Urururgroßenkelin der Charlotte Buff-Kestner, gab mit liebenswürdiger Großzügigkeit Autographen und Porträtgemälde aus ihrem Besitz zur Reproduktion frei, während ihre Tochter, Frau Dr. Christel Thomczyk, und Herr Hartmut Thomczyk (Leipzig) die gewünschten Vorlagen freundlicherweise anfertigten. Herr Dr. Detlev Laves (Leipzig) erlaubte die Nutzung eines eigenen Vortrages aus dem Manuskript. Wertvolle Auskünfte erteilte mir jederzeit Frau Juliane Buff (Lippstadt).

Mit Übersetzungen aus dem Französischen war Frau Ingrid Kuhlmann (Ahlten b. Lehrte) behilflich, ebenso Herr Dr. René Jacques Baerlocher (Basel), dessen freundschaftlichen Rat und Beschaffung von Illustrationsvorlagen ich nicht hätte missen mögen.

Die Reinschrift des Manuskriptes und dessen kritische Durchsicht besorgte in bewährter Zuverlässigkeit Frau Gisela Wäßerling-Lodahl (Hannover).

Ruth Rahmeyer

Zu dieser Ausgabe

insel taschenbuch 2272: Der Text der vorliegenden Ausgabe folgt dem 1994 im Fackelträger-Verlag erschienenen Band: Ruth Rahmeyer, Werthers Lotte. Ein Brief – Ein Leben – Eine Familie. Die Biographie der Charlotte Kestner.

Biographien, Leben und Werk
im insel taschenbuch

Peter Altenberg. Leben und Werk in Texten und Bildern. Herausgegeben von Hans Christian Kosler. it 1854

Lou Andreas-Salomé: Lebensrückblick. Grundriß einiger Lebenserinnerungen. Aus dem Nachlaß herausgegeben von Ernst Pfeiffer. Neu durchgesehene Ausgabe mit einem Nachwort des Herausgebers. it 54

– Rainer Maria Rilke. Mit acht Bildtafeln im Text. Herausgegeben von Ernst Pfeiffer. it 1044

Elizabeth von Arnim: Elizabeth und ihr Garten. Aus dem Englischen von Adelheid Dormagen. it 1293 und Großdruck. it 2338

Angelika Beck: Jane Austen. Leben und Werk in Texten und Bildern. it 1620

Marian Brandys: Maria Walewska. Napoleons große Liebe. Eine historische Biographie. it 1835

Bertolt Brecht. Sein Leben in Bildern und Texten. Mit einem Vorwort von Max Frisch. Herausgegeben von Werner Hecht. it 1122

Die Schwestern Brontë. Leben und Werk in Texten und Bildern. Herausgegeben von Elsemarie Maletzke und Christel Schütz. it 814

Robert de Traz: Die Familie Brontë. Eine Biographie. Aus dem Französischen von Maria Arnold. Mit einem Beitrag von Mario Praz und zahlreichen Abbildungen. it 1548

Georg Büchner. Leben und Werk in Texten und Bildern. Von Reinhold Pabst. it 1626

Hans Carossa: Ungleiche Welten. Lebensbericht. it 1471

Benvenuto Cellini: Leben des Benvenuto Cellini florentinischen Goldschmieds und Bildhauers. Von ihm selbst geschrieben, übersetzt und mit einem Anhange herausgegeben von Johann Wolfgang Goethe. Mit einem Nachwort von Harald Keller. it 525

Cézanne. Leben und Werk in Texten und Bildern. Von Margret Boehm-Hunold. it 1140

George Clémenceau: Claude Monet. Betrachtungen und Erinnerungen eines Freundes. Mit farbigen Abbildungen und einem Nachwort von Gottfried Boehm. it 1152

Sigrid Damm: Cornelia Goethe. it 1452

– »Vögel, die verkünden Land.« Das Leben des Jakob Michael Reinhold Lenz. it 1399

Joseph von Eichendorff. Leben und Werk in Texten und Bildern. Herausgegeben von Wolfgang Frühwald und Franz Heiduk. it 1064

162/1/12.96

Biographien, Leben und Werk
im insel taschenbuch

Elisabeth von Österreich. Tagebuchblätter von Constantin Christo-
manos. Herausgegeben von Verena von der Heyden-Rynsch. Mit
Beiträgen von E. M. Cioran, Paul Morand, Maurice Barrès und Ludwig Klages. Mit zeitgenössischen Abbildungen. it 1536

Die Familie Mendelssohn. 1729 bis 1847. Nach Briefen und Tagebüchern herausgegeben von Sebastian Hensel. Mit einem Nachwort
von Konrad Feilchenfeldt. it 1671

Theodor Fontane: Kriegsgefangen. Erlebnisse 1870. Herausgegeben
von Otto Drude. Mit zahlreichen Abbildungen. it 1437

– Meine Kinderjahre. Autobiographischer Roman. Mit einem Nachwort von Otto Drude. it 705

Theodor Fontane. Leben und Werk in Texten und Bildern. Von Otto
Drude. it 1660

Frauen mit Flügel. Lebensberichte berühmter Pianistinnen. Von Clara
Schumann bis Clara Haskil. Herausgegeben und mit einem Nachwort von Eva Rieger und Monica Steegmann. it 1714

Sigmund Freud. Sein Leben in Bildern und Texten. Herausgegeben von
Ernst Freud, Lucie Freud und Ilse Grubrich-Simitis. Mit einer biographischen Skizze von K. R. Eissler. Gestaltet von Willy Fleckhaus.
it 1133

Dagmar von Gersdorff: Marie Luise Kaschnitz. Eine Biographie. Mit
zahlreichen Abbildungen. it 1887

Klaus Goch: Franziska Nietzsche. Eine Biographie. Mit zahlreichen
Abbildungen. it 1623

Goethe. Sein Leben in Bildern und Texten. Vorwort von Adolf Muschg.
Herausgegeben von Christoph Michel. Gestaltet von Willy Fleckhaus. it 1000

Manfred Wenzel: Goethe und die Medizin. Selbstzeugnisse und Dokumente. Herausgegeben von Manfred Wenzel. Mit zahlreichen Abbildungen. it 1350

Herman Grimm: Das Leben Michelangelos. it 1758

Gernot Gruber: Mozart. Leben und Werk in Texten und Bildern.
it 1695

Klaus Günzel: Die Brentanos. Eine deutsche Familiengeschichte. Mit
zahlreichen Abbildungen. it 1929

Adele Gundert: Marie Hesse. Die Mutter von Hermann Hesse. Ein Le-
bensbild in Briefen und Tagebüchern. Mit einem Essay von Siegfried
Greiner und Illustrationen von Gunter Böhmer. it 261

Heinrich Heine. Leben und Werk in Daten und Bildern. Von Joseph A.
Kruse. Mit farbigen Abbildungen. it 615

Biographien, Leben und Werk
im insel taschenbuch

Hermann Hesse. Sein Leben in Bildern und Texten. Mit einem Vorwort von Hans Mayer. Herausgegeben von Volker Michels. it 1111

Volker Michels: Hermann Hesse. Leben und Werk im Bild. Mit dem ›kurzgefaßten Lebenslauf‹ von Hermann Hesse. it 36

Hölderlin. Chronik seines Lebens mit ausgewählten Bildnissen. Herausgegeben von Adolf Beck. it 83

Eckart Kleßmann: E.T.A. Hoffmann oder Die Tiefe zwischen Stern und Erde. Eine Biographie. Mit zahlreichen Abbildungen. it 1732

Peter Huchel. Leben und Werk in Texten und Bildern. Herausgegeben von Peter Walther. it 1805

Kirsten Jüngling / Brigitte Roßbeck: Elizabeth von Arnim. Biographie. Mit zahlreichen Photographien. it 1840

Erhart Kästner. Leben und Werk in Daten und Bildern. Herausgegeben von Anita Kästner und Reingart Kästner. it 386

Marie Luise Kaschnitz: Tage, Tage, Jahre. Aufzeichnungen. it 1453

Katharina die Große: Memoiren. Aus dem Französischen und Russischen übersetzt von Erich Boehme. Mit einem Nachwort von Hedwig Fleischhacker. it 1858

Harry Graf Kessler: Tagebücher 1918-1937. Herausgegeben von Wolfgang Pfeiffer-Belli. it 1779

Gisela Kleine: Gabriele Münter und die Kinderwelt. Mit farbigen Abbildungen. it 1924

– Gabriele Münter und Wassily Kandinsky. Biographie eines Paares. Mit farbigen Abbildungen. it 1611

Eckart Kleßmann: Die Mendelssohns. Bilder aus einer deutschen Familie. Mit zahlreichen Abbildungen. it 1523

Werner Koch: Lawrence von Arabien. Leben und Werk in Texten und Bildern. Mit einem Bildteil und Lebensdaten von Michael Schroeder. it 1704

Cordula Koepcke: Lou Andreas-Salomé. Leben. Persönlichkeit. Werk. Eine Biographie. it 905

Oskar Kokoschka. Leben und Werk in Daten und Bildern. Herausgegeben von Norbert Werner. it 909

Monique Lange: Edith Piaf. Die Geschichte der Piaf. Ihr Leben in Texten und Bildern. Aus dem Französischen von Hugo Beyer. Mit einer Discographie. it 516

Mütter berühmter Männer. Zwölf biographische Porträts. Herausgegeben von Luise F. Pusch. it 1356

Jean Orieux: Das Leben des Voltaire. Aus dem Französischen von Julia Kirchner. Mit einer Zeittafel und einem kommentierten Personenregister. it 1651

Biographien, Leben und Werk
im insel taschenbuch

Ernst Penzoldt. Leben und Werk in Texten und Bildern. Herausgegeben von Ulla Penzoldt und Volker Michels. it 547

August von Platen: Memorandum meines Lebens. Herausgegeben von Gert Mattenklott und Hansgeorg Schmidt-Bergmann. it 1857

Renate Wiggershaus: Marcel Proust. Leben und Werk in Texten und Bildern. it 1348

Gwen Raverat: Eine Kindheit in Cambridge. Roman. Aus dem Englischen übertragen von Leonore Schwartz. it 1592

Requiem für eine romantische Frau. Die Geschichte von Auguste Bußmann und Clemens Brentano. Nach gedruckten und ungedruckten Quellen überliefert von Hans Magnus Enzensberger. Aus neuen Funden ergänzt und mit einem Capriccio als Zugabe. it 1778

Rainer Maria Rilke. Leben und Werk im Bild. Von Ingeborg Schnack. Mit einer biographischen Einführung und einer Zeittafel. it 35

George Sand. Leben und Werk in Texten und Bildern. Von Gisela Schlientz it 565

Ida Schöffling: Katherine Mansfield. Leben und Werk in Texten und Bildern. it 1687

Arthur Schopenhauer. Leben und Werk in Texten und Bildern. Herausgegeben von Angelika Hübscher. it 1059

Misia Sert: Pariser Erinnerungen. Aus dem Französischen von Hedwig Andertann. Mit einem Bildteil. it 1180

Margarete Susman: Frauen der Romantik. Mit zahlreichen Abbildungen. it 1829

Töchter berühmter Männer. Neun biographische Porträts. Herausgegeben von Luise F. Pusch. it 979

Siegfried Unseld: Hermann Hesse. Werk und Wirkungsgeschichte. Revidierte und erweiterte Fassung der Ausgabe von 1973. Mit zahlreichen Abbildungen. it 1112

Voltaire. Leben und Werk in Texten und Bildern. Von Horst Günther. it 1652

Wilhelmine von Bayreuth: Eine preußische Königstochter. Glanz und Elend am Hofe des Soldatenkönigs in den Memoiren der Markgräfin Wilhelmine von Bayreuth. Aus dem Französischen von Annette Kolb. Neu herausgegeben von Ingeborg Weber-Kellermann. Mit Illustrationen von Adolph Menzel. it 1280

Virginia Woolf. Leben und Werk in Texten und Bildern. Herausgegeben von Renate Wiggershaus. it 932

Stefan Zweig. Leben und Werk im Bild. Herausgegeben von Donald Prater und Volker Michels. it 532

Kulturgeschichte
im insel taschenbuch

Ernst Batta: Römische Paläste und Villen. Annäherung an eine Stadt. Mit zahlreichen Abbildungen. it 1324

Jean Anthèlme Brillat-Savarin: Physiologie des Geschmacks oder Betrachtungen über das höhere Tafelvergnügen. Ausgewählt, übersetzt und eingeleitet von Emil Ludwig. Mit Holzschnitten der Ausgabe von 1864. it 423

Das Duell. Der tödliche Kampf um die Ehre. Herausgegeben von Uwe Schultz. it 1739

Die Familie. Eine Kulturgeschichte der Familie. Herausgegeben von Ingeborg Weber-Kellermann. Mit zahlreichen Abbildungen. it 1839

Die großen Seuchen. Von Pest bis Aids. Von Kari Köster-Lösche. it 1681

Victor Hehn: Olive, Wein und Feige. Kulturhistorische Skizzen. Herausgegeben von Klaus von See unter Mitwirkung von Gabriele Seidel-Leimbach. Mit farbigen Abbildungen. it 1427

Christoph Wilhelm Hufeland: Die Kunst, das menschliche Leben zu verlängern. it 1706

Wolfgang Kaempfer: Zeit des Menschen. Das Doppelspiel der Zeit im Spektrum der menschlichen Erfahrung. it 1855

Adolph Freiherr von Knigge: Über den Umgang mit Menschen. Herausgegeben von Gert Ueding. Mit Illustrationen von Chodowiecki. it 273

Julius Marusz: Porzellan. Betrachtungen aus der Geschichte der ältesten Manufakturen Europas. Mit zahlreichen Abbildungen. it 1760

Günther Ohloff: Irdische Düfte - himmlische Lust. Eine Kulturgeschichte der Düfte. Mit farbigen Abbildungen. it 1777

Pantoffelhelden und Stiefelknechte. Über poetisches Schuhwerk. Herausgegeben von Franz Josef Görtz. Mit zahlreichen Abbildungen. it 1699

Salzburg. Ein Städte-Lesebuch. Herausgegeben von Adolf Haslinger. Mit zahlreichen Abbildungen. it 1326

Michael Schroeder: Kleine Wappenkunst. Mit farbigen Abbildungen. it 1281

Was wir gespielt haben. Erinnerungen an die Kinderzeit. Herausgegeben von Ingeborg Weber-Kellermann und Regine Falkenberg. Mit zahlreichen Abbildungen. it 1371

Wege ins Eis. Nord- und Südpolfahrten. Literarische Entdeckungen von Friedhelm Marx. it 1683

Wiener Adressen. Ein kulturhistorischer Wegweiser von Dietmar Grieser. it 1203

Das Wiener Kaffeehaus. Herausgegeben von Kurt J. Heering. Mit zahlreichen Abbildungen. it 1318

Klassische deutsche Literatur
im insel taschenbuch

Bettine von Arnim: Goethes Briefwechsel mit einem Kinde. Herausgegeben und eingeleitet von Waldemar Oehlke. Mit zeitgenössischen Abbildungen. it 767

– Die Günderode. Mit einem Essay von Christa Wolf. it 702

Ludwig Börne: Spiegelbild des Lebens. Aufsätze zur Literatur. Erweiterte Neuausgabe. Ausgewählt und eingeleitet von Marcel Reich-Ranicki. it 1578

Hermann Bote: Till Eulenspiegel. Ein kurzweiliges Buch aus dem Lande Braunschweig. Wie er sein Leben vollbracht hat. Sechsundneunzig seiner Geschichten. Herausgegeben, in die Sprache unserer Zeit übertragen und mit Anmerkungen versehen von Siegfried H. Sichtermann. Mit zeitgenössischen Illustrationen. it 336

Clemens Brentano: Rheinmärchen. In der von Guido Görres herausgegebenen Ausgabe von 1846. Mit Illustrationen von Edward Steinle. it 804

– Gedichte. Erzählungen. Briefe. Herausgegeben von Hans Magnus Enzensberger. it 557

Die Briefe von Goethes Mutter. Gesammelt und herausgegeben von Albert Körner. Mit einem Nachwort von Karl Riha. it 1550

Georg Büchner: Lenz. Erzählung. Mit Oberlins Aufzeichnungen ›Der Dichter Lenz‹, im Steinthale‹, ausgewählten Briefen von J. M. R. Lenz und einem Nachwort von Jürgen Schröder. it 429

– Leonce und Lena. Ein Lustspiel. Mit farbigen Illustrationen von Karl Walser und einem Nachwort von Jürgen Schröder. it 594

– Woyzeck. Nach den Handschriften neu herausgegeben und kommentiert von Henri Poschmann. it 846

Gottfried August Bürger: Wunderbare Reisen zu Wasser und zu Lande. Feldzüge und lustige Abenteuer des Freiherrn von Münchhausen, wie er dieselben bei der Flasche im Zirkel seiner Freunde selbst zu erzählen pflegt. Mit den Holzschnitten von Gustave Doré. it 207

Wilhelm Busch: Kritisch-Allzukritisches. Gedichte. Ausgewählt und mit einem Nachwort von Theo Schlee. Mit Illustrationen von Wilhelm Busch. it 52

Adelbert von Chamisso: Peter Schlemihls wundersame Geschichte. Nachwort von Thomas Mann. Illustriert von Emil Preetorius. it 27

Matthias Claudius: Der Wandsbecker Bote. Mit einem Vorwort von Peter Suhrkamp und einem Nachwort von Hermann Hesse. it 130

Annette von Droste-Hülshoff: Geistliches Jahr. Gedichte. it 1885

– Die Judenbuche. Ein Sittengemälde aus dem gebirgichten Westfalen. Mit Illustrationen von Max Unold. it 399

Klassische deutsche Literatur
im insel taschenbuch

Annette von Droste-Hülshoff: Sämtliche Erzählungen. Herausgegeben von Manfred Häckel. it 1521
– Sämtliche Gedichte. Mit einem Nachwort von Ricarda Huch. it 1092

Marie von Ebner-Eschenbach: Dorf- und Schloßgeschichten. Mit einem Nachwort von Joseph Peter Strelka. it 1272

Johann Peter Eckermann: Gespräche mit Goethe in den letzten Jahren seines Lebens. 2 Bde. Herausgegeben von Fritz Bergemann. it 500

Joseph von Eichendorff: Aus dem Leben eines Taugenichts. Mit Illustrationen von Adolf Schrödter und einem Nachwort von Ansgar Hillach. it 202
– Gedichte. Mit Zeichnungen von Otto Ubbelohde. Herausgegeben von Traude Dienel. it 255
– Gedichte. In chronologischer Folge herausgegeben von Hartwig Schultz. it 1060
– Novellen und Gedichte. Ausgewählt und eingeleitet von Hermann Hesse. it 360

Theodor Fontane: Briefe an Georg Friedlaender. Herausgegeben und mit einem Nachwort versehen von Walter Hettche. it 1565
– Cécile. Mit einem Nachwort von Walter Müller-Seidel. it 689
– Effi Briest. Mit 21 Lithographien von Max Liebermann. it 138 und Großdruck. it 2340
– Frau Jenny Treibel oder ›Wo sich Herz zum Herzen findt‹. Roman. Mit einem Nachwort von Richard Brinkmann. it 746
– Grete Minde. Mit einem Nachwort von Peter Demetz. it 1157
– Herr von Ribbeck auf Ribbeck. Gedichte und Balladen. Herausgegeben von Gottfried Honnefelder. it 1446
– Irrungen, Wirrungen. Mit einem Nachwort von Walther Killy. it 771
– Jenseit des Tweed. Bilder und Briefe aus Schottland. Mit zahlreichen Abbildungen und einem Nachwort herausgegeben von Otto Drude. it 1066
– Kriegsgefangen. Erlebnisse 1870. Herausgegeben von Otto Drude. Mit zahlreichen Abbildungen. it 1437
– Mathilde Möhring. Mit einem Nachwort von Peter Demetz. it 1107
– Meine Kinderjahre. Autobiographischer Roman. Mit einem Nachwort von Otto Drude. it 705
– Die Poggenpuhls. Roman. it 1271
– Schach von Wuthenow. Erzählung aus der Zeit des Regiments Gendarmes. Mit einem Nachwort von Benno von Wiese. it 816
– Ein Sommer in London. Mit einem Nachwort von Harald Raykowski. it 1723

Klassische deutsche Literatur
im insel taschenbuch

Theodor Fontane: Ein Sommer in London. Mit einem Nachwort von Harald Raykowski. it 1723

– Der Stechlin. Mit einem Nachwort von Walter Müller-Seidel. it 152

– Stine. Roman. Mit einem Nachwort von Peter Demetz. it 899

– Unwiederbringlich. Roman. it 1593

– Vor dem Sturm. Roman, aus dem Winter 1812 auf 13. Mit einem Nachwort von Hugo Aust. it 583

Georg Forster: Reise um die Welt. Herausgegeben und mit einem Nachwort von Gerhard Steiner. it 757

Johann Wolfgang Goethe: Erotische Gedichte. Gedichte, Skizzen und Fragmente. Herausgegeben von Andreas Ammer. it 1225

– Faust. Erster Teil. Nachwort von Jörn Göres. Illustrationen von Eugène Delacroix. it 50

– Faust. Zweiter Teil. Mit Federzeichnungen von Max Beckmann. Mit einem Nachwort zum Text von Jörn Göres und zu den Zeichnungen von Friedhelm Fischer. it 100

– Gedichte. Sämtliche Gedichte in zeitlicher Folge. Herausgegeben von Heinz Nicolai. it 1400

– Hermann und Dorothea. Mit Aufsätzen von August Wilhelm Schlegel, Wilhelm von Humboldt, Georg Wilhelm Friedrich Hegel und Hermann Hettner. Mit zehn Kupfern von Catel. it 225

– Italienische Reise. Mit vierzig Zeichnungen des Autors. Herausgegeben und mit einem Nachwort versehen von Christoph Michel. it 175

– Tagebuch der Italienischen Reise 1786. Notizen und Briefe aus Italien. Mit Skizzen und Zeichnungen des Autors. Herausgegeben und erläutert von Christoph Michel. it 176

– Die Leiden des jungen Werther. Mit einem Essay von Georg Lukács und einem Nachwort von Jörn Göres. Mit zeitgenössischen Illustrationen von Daniel Nikolaus Chodowiecki und anderen. it 25

– Märchen. Der neue Paris. Die neue Melusine. Das Märchen. Herausgegeben und erläutert von Katharina Mommsen. it 825

– Der Mann von funfzig Jahren. Mit einem Nachwort von Adolf Muschg. it 850

– Maximen und Reflexionen. Text der Ausgabe von 1907 mit den Erläuterungen und der Einleitung Max Heckers. Nachwort von Isabella Kuhn. it 200

– Novellen. Herausgegeben und mit einem Nachwort versehen von Katharina Mommsen. Mit Federzeichnungen von Max Liebermann. it 425

161/3/12.96

Klassische deutsche Literatur
im insel taschenbuch

Johann Wolfgang Goethe: Rameaus Neffe. Ein Dialog von Denis Dide-
rot. Übersetzt von Goethe. Zweisprachige Ausgabe. Mit Zeichnungen von Antoine Watteau und einem Nachwort von Horst Günther.
it 1675

- Reineke Fuchs. Mit Stahlstichen nach Zeichnungen von Wilhelm
Kaulbach. it 125

- Römische Elegien und Venezianische Epigramme. Herausgegeben
von Regine Otto. it 1150

- Sollst mir ewig Suleika heißen. Briefwechsel mit Marianne und Johann Jakob Willemer. Herausgegeben von Hans-J. Weitz. it 1475

- Verweile doch. 111 Gedichte mit Interpretationen. Herausgegeben
von Marcel Reich-Ranicki. it 1775

- Die Wahlverwandtschaften. Ein Roman. Erläuterungen von Hans-J.
Weitz. Mit einem Essay von Walter Benjamin. it 1 und it 1639

- West-östlicher Divan. Mit Essays zum ›Divan‹ von Hugo von Hofmannsthal, Oskar Loerke und Karl Krolow. Herausgegeben und mit
Erläuterungen versehen von Hans-J. Weitz. it 75

- Wilhelm Meisters Lehrjahre. Herausgegeben von Erich Schmitt. Mit
sechs Kupferstichen von Catel, sieben Musikbeispielen und Anmerkungen. it 475

- Wilhelm Meisters Wanderjahre oder die Entsagenden. Mit einem
Nachwort von Adolf Muschg. it 575

Goethe für junge Leser. Mit einem Vorwort und allerlei Kommentaren
und Zwischenreden des Herausgebers Jörg Drews. it 1825

Goethes Briefe an Charlotte von Stein. 3 Bde. in Kassette. Herausgegeben von Julius Petersen. it 1125

Goethes Gedanken über Musik. Eine Sammlung aus seinen Werken,
Briefen, Gesprächen und Tagebüchern. Herausgegeben von Hedwig
Walwei-Wiegelmann. Mit achtundvierzig Abbildungen, erläutert von
Hartmut Schmidt. it 800

Goethes Liebesgedichte. Herausgegeben von Hans Gerhard Gräf mit
einem Nachwort von Emil Staiger. it 275

Der Briefwechsel zwischen Schiller und Goethe. 2 Bde. Herausgegeben
von Emil Staiger. Mit Illustrationen. Bildkommentar von Hans-
Georg Dewitz. it 250

Johann Wolfgang Goethe / Friedrich von Schiller: Sämtliche Balladen
und Romanzen in zeitlicher Folge. Herausgegeben von Karl Eibl.
it 1275M

Manfred Wenzel: Goethe und die Medizin. Selbstzeugnisse und Dokumente. Herausgegeben von Manfred Wenzel. Mit zahlreichen Abbildungen. it 1350

161/4/12.96

Klassische deutsche Literatur
im insel taschenbuch

Jeremias Gotthelf: Die schwarze Spinne. Mit Illustrationen von Renate Sendler-Peters. it 991

Hans Jakob Christoffel von Grimmelshausen: Der abenteuerliche Simplicissimus. Mit Zeichnungen von Fritz Kredel. it 739

Grimms Märchen, wie sie nicht im Buche stehen. Herausgegeben und erläutert von Heinz Rölleke. it 1551

Karoline von Günderode: Gedichte. Herausgegeben von Franz Josef Görtz. it 809

Johann Christian Günther: Die Gedichte. Herausgegeben von Franz-Heinrich Hackel. it 1702

Wilhelm Hauff: Märchen. Erster Band. Herausgegeben von Bernhard Zeller. Mit Illustrationen von Theodor Weber, Theodor Hosemann und Ludwig Burger. it 216

Johann Peter Hebel: Kalendergeschichten. Ausgewählt und mit einem Nachwort von Ernst Bloch. Mit neunzehn Holzschnitten von Ludwig Richter. it 17

– Schatzkästlein des rheinischen Hausfreundes. Nachdruck der Ausgabe von 1811 sowie sämtliche Kalendergeschichten aus dem »Rheinländischen Hausfreund« der Jahre 1808-1819. Herausgegeben und mit einem Nachwort versehen von Jan Knopf. it 719

Heinrich Heine: Buch der Lieder. Mit zeitgenössischen Illustrationen und einem Nachwort von E. Galley. it 33

– Deutschland. Ein Wintermärchen. Mit einem Nachwort von Joseph Peter Strelka. Anhang mit Bibliographie und einer Zeittafel. it 723

– Gedichte aus Liebe. In einer Auswahl von Thomas Brasch. it 1444

– Italien. Mit farbigen Illustrationen von Paul Scheurich. it 1072

– Neue Gedichte. it 1055

– Der Rabbi von Bacherach. Ein Fragment. Mit Illustrationen von Max Liebermann und einem Nachwort von Joseph A. Kruse. it 811

– Reisebilder. Mit einem Nachwort von Joseph A. Kruse und zeitgenössischen Illustrationen. it 444

– Romanzero. Mit einem Nachwort von Joseph A. Kruse und zeitgenössischen Illustrationen. it 538

Johann Gottfried Herder: Lesebuch. Zum 250. Geburtstag. Herausgegeben von Siegfried Hartmut Sunnus. Mit zahlreichen Abbildungen. it 1609

Friedrich Hölderlin: Gedichte. Herausgegeben und mit Erläuterungen versehen von Jochen Schmidt. it 781

– Hyperion oder Der Eremit in Griechenland. Herausgegeben und mit einem Nachwort versehen von Jochen Schmidt. it 365

161/5/12.96

Klassische deutsche Literatur
im insel taschenbuch

Friedrich Hölderlin: Die schönsten Gedichte. Ausgewählt und mit einem Nachwort versehen von Jochen Schmidt. it 1508

Hölderlin. Chronik seines Lebens mit ausgewählten Bildnissen. Herausgegeben von Adolf Beck. it 83

E. T. A. Hoffmann: Die Abenteuer der Silvester-Nacht. Mit farbigen Illustrationen von Monika Wurmdobler. it 798

– Die Elixiere des Teufels. Mit Illustrationen von Hugo Steiner-Prag. it 304

– Das Fräulein von Scuderi. Erzählung aus dem Zeitalter Ludwig des Vierzehnten. Mit Illustrationen von Lutz Siebert. it 410

– Die Geheimnisse. Mit einem Nachwort von Eckart Kleßmann. Mit farbigen Illustrationen von Knut V. Neumann. it 1852

– Der goldne Topf. Ein Märchen aus der neuen Zeit. Mit 13 Illustrationen von Karl Thylmann. Herausgegeben und mit einem Nachwort von Jochen Schmidt. it 570

– Lebensansichten des Katers Murr nebst fragmentarischer Biographie des Kapellmeisters Johannes Kreisler in zufälligen Makulaturblättern. Mit Illustrationen von Maximilian Liebenwein. Mit Anmerkungen. it 168

– Nachtstücke. Mit einem Nachwort von Lothar Pikulik und Illustrationen von Renate Sendler-Peters. it 589

– Nußknacker und Mausekönig. Mit farbigen Illustrationen von Monika Wurmdobler. it 879

– Der Sandmann. Mit Illustrationen von Hugo Steiner-Prag und einem Nachwort von Jochen Schmidt. it 934

– Spukgeschichten. Mit farbigen Illustrationen von Monika Wurmdobler. it 1880

Alexander von Humboldt: Über das Universum. Die Kosmos-Vorträge 1827/28 in der Berliner Singakademie. Herausgegeben von Jürgen Hamel und Klaus-Harro Tiemann. it 1540

Jean Paul: Flegeljahre. Eine Biographie. Mit einem Nachwort von Hermann Meyer. it 873

– Leben des vergnügten Schulmeisterlein Maria Wutz in Auenthal. Eine Art Idylle. Mit einem Nachwort von Peter Bichsel. it 1685

– Siebenkäs. Blumen-, Frucht- und Dornenstücke oder Ehestand, Tod und Hochzeit des Armenadvokaten F. St. Siebenkäs im Reichsmarktflecken Kuhschnappel. Mit einem Nachwort von Hermann Hesse. it 980

– Titan. Mit einem Nachwort von Ralph-Rainer Wuthenow. it 671

Das kalte Herz. Und andere Texte der Romantik. Mit einem Essay von Manfred Frank. it 330

161/6/12.96

Klassische deutsche Literatur
im insel taschenbuch

Gottfried Keller: Der grüne Heinrich. Erste Fassung. 2 Bde. Mit Zeichnungen Gottfried Kellers und seiner Freunde. it 335

– Die Leute von Seldwyla. Vollständige Ausgabe der Novellensammlung. Mit einem Nachwort von Gerhard Kaiser. it 958

– Romeo und Julia auf dem Dorfe. Mit einem Kommentar und einem Nachwort von Klaus Jeziorkowski. it 756

Justinus Kerner: Die Reiseschatten. Herausgegeben und mit einem Nachwort von Gunter E. Grimm. it 1826

Heinrich von Kleist: Dramen I. Die Familie Schroffenstein. Robert Guiskard. Der zerbrochne Krug. Amphitryon. it 981

– Die Erzählungen. it 1785

– Die Marquise von O... Mit Materialien und Bildern zu dem Film von Eric Rohmer und einem Aufsatz von Heinz Politzer. Herausgegeben von Werner Berthel. Übersetzungen aus dem Französischen von Werner Berthel. it 299

– Michael Kohlhaas. Aus einer alten Chronik. Mit einem Nachwort von Jochen Schmidt. it 1352

– Der zerbrochne Krug. Ein Lustspiel. it 171

August Klingemann: Nachtwachen von Bonaventura. Mit Illustrationen von Lovis Corinth. Herausgegeben und mit einem Nachwort versehen von Jost Schillemeit. it 89

Johann C. Lavater: Von der Physiognomik und Hundert physiognomische Regeln. Herausgegeben und mit einem Nachwort von Karl Riha und Carsten Zelle. Mit zahlreichen Abbildungen. it 1366

Gotthold Ephraim Lessing: Dramen. Mit einem Nachwort herausgegeben von Kurt Wölfel. it 714

Georg Christoph Lichtenberg: Aphorismen. In einer Auswahl. Herausgegeben und mit einem Nachwort versehen von Kurt Batt. it 165

– Sudelbücher. Herausgegeben von Franz H. Mautner. Mit einem Nachwort, Anmerkungen zum Text, einer Konkordanz der Aphorismen-Nummern und einer Zeittafel. it 792

Liselotte von der Pfalz: Briefe. Herausgegeben und eingeleitet von Helmuth Kiesel. Mit zeitgenössischen Portraits. it 428

Märchen der Romantik. Mit zeitgenössischen Illustrationen. Herausgegeben von Maria Dessauer. it 285

Meister Eckhart: Das Buch der göttlichen Tröstung. Ins Neuhochdeutsche übertragen von Josef Quint. it 1005

Conrad Ferdinand Meyer: Jürg Jenatsch. Eine Bündnergeschichte. Mit einem Nachwort von Reto Hänny. it 862

161/7/12.96

Klassische deutsche Literatur
im insel taschenbuch

Eduard Mörike: Die Historie von der schönen Lau. Mit Illustrationen von Moritz von Schwind und einem Nachwort von Traude Dienel. it 72

– Maler Nolten. Novelle in zwei Teilen. Erste Fassung. Mit zeitgenössischen Illustrationen und einem Nachwort von Wolfgang Vogelmann. it 404

– Mozart auf der Reise nach Prag. Eine Novelle. Mit Illustrationen von Hugo Steiner-Prag und einem Nachwort von Traude Dienel. it 376

– Mozart auf der Reise nach Prag. Novelle. Mit Illustrationen von Gunter Böhmer. Großdruck. it 2320

– Eduard Mörikes schönste Erzählungen. Ausgewählt und mit einem Nachwort versehen von Hermann Hesse. Redaktion: Volker Michels. it 1290

Karl Philipp Moritz: Anton Reiser. Ein psychologischer Roman. Mit einem Nachwort von Max von Brück. it 433

Friedrich de la Motte-Fouqué: Undine. Ein Märchen von Friedrich de la Motte-Fouqué. Musik von E. T. A. Hoffmann. Mit Bildern von Karl Friedrich Schinkel. Mit einem Essay von Ute Schmidt-Berger. it 1353

Wilhelm Müller: Die Winterreise und andere Gedichte. Herausgegeben von Hans-Rüdiger Schwab. Mit einem Vorwort von Christian Elsner. it 901

Johann Karl August Musäus: Rübezahl. Für die Jugend von Christian Morgenstern. Mit Illustrationen von Max Slevogt. it 73

Johann Nepomuk Nestroy: Komödien. Herausgegeben von Franz H. Mautner. it 1742

Friedrich Nietzsche: Gedichte. Herausgegeben von Karl Riha. it 1622

Novalis: Aphorismen. Herausgegeben von Michael Brucker. it 1434

– Gedichte. Die Lehrlinge zu Sais – Dialogen und Monolog. Mit einem Nachwort von Jochen Hörisch. it 1010

– Heinrich von Ofterdingen. Herausgegeben von Jochen Hörisch. Mit zeitgenössischen Abbildungen. it 596

August von Platen: Memorandum meines Lebens. Herausgegeben von Gert Mattenklott und Hansgeorg Schmidt-Bergmann. it 1857

August von Platen: Wer wußte je das Leben? Ausgewählte Gedichte. Herausgegeben und mit einem Nachwort von Rüdiger Görner. it 1713

Hermann von Pückler-Muskau: Andeutungen über Landschaftsgärtnerei. Verbunden mit der Beschreibung ihrer praktischen Anwendung in Muskau. Herausgegeben von Günter J. Vaupel. Mit den 44 Ansichten, 4 Grundplänen und einem farbigen Bildteil. it 1024 und it 1819

161/8/12.96

Klassische deutsche Literatur
im insel taschenbuch

Hermann von Pückler-Muskau: Briefe eines Verstorbenen. Ein fragmentarisches Tagebuch. 2 Bände in Kassette. Herausgegeben von Günter J.Vaupel. Mit zahlreichen Abbildungen. it 1219

Wilhelm Raabe: Die Akten des Vogelsangs. it 888
– Die Akten des Vogelsangs. it 1845
– Die Chronik der Sperlingsgasse. Mit Handzeichnungen Wilhelm Raabes. it 370
– Hastenbeck. it 1846
– Das Odfeld. it 1843
– Pfisters Mühle. Die Innerste. it 1842
– Stopfkuchen. it 1844
– Zum wilden Mann. Novellen. it 1841

Leopold von Ranke: Die großen Mächte. Politisches Gespräch. Herausgegeben und mit einem Nachwort versehen von Ulrich Muhlack. it 1776

Friedrich Rückert: Kindertodtenlieder. Mit einer Einleitung neu herausgegeben von Hans Wollschläger. it 1545
– Werke. Zwei Bände in Kassette. Ausgewählt und herausgegeben von Annemarie Schimmel. it 1022

Ferdinand von Saar: Novellen aus Österreich. it 906

Friedrich von Schiller: Der Geisterseher. Und andere Erzählungen. Mit einer Einleitung von Emil Staiger und Erläuterungen von Manfred Hoppe. Mit zeitgenössischen Illustrationen. it 212
– Wallenstein. Ein dramatisches Gedicht. Wallensteins Lager – Die Piccolomini – Wallensteins Tod. Herausgegeben von Herbert Kraft. Mit einem Nachwort von Oskar Seidlin. it 752

Friedrich Schlegel: Lucinde. Ein Roman. Mit Radierungen von M. E. Philipp und einem Nachwort von Wolfgang Paulsen. it 817

Arthur Schopenhauer: Aphorismen zur Lebensweisheit. Vollständige Ausgabe mit Erläuterungen und Übersetzung der fremdsprachigen Zitate. Mit einem Nachwort von Hermann von Braunbehrens. Mit 16 Daguerreotypien und Fotos und Bilderläuterungen von Arthur Hübscher. it 223

Heinrich Seidel: Leberecht Hühnchen. Prosa-Idyllen. it 786

Adalbert Stifter: Aus dem alten Wien. Zwölf Erzählungen. Herausgegeben von Otto Erich Deutsch. Mit farbigen Abbildungen. it 959
– Bergkristall. Und andere Erzählungen. it 438
– Erzählungen. Ausgewählt und mit einem Nachwort versehen von Hermann Hesse. it 1314
– Der heilige Abend. Mit farbigen Illustrationen von Monika Wurmdobler. it 699

Klassische deutsche Literatur
im insel taschenbuch

Adalbert Stifter: Der Hochwald. Mit einem Nachwort von Wolfgang Frühwald. it 1197

– Die Mappe meines Urgroßvaters. Mit einer Einleitung und Anmerkungen von Peter Suhrkamp und einem Nachwort von Wolfgang Frühwald. it 1743

– Der Nachsommer. Mit einem Essay von Hugo von Hofmannsthal. it 653

Theodor Storm: Gesammelte Werke. 6 Bände. Herausgegeben von Gottfried Honnefelder. it 731-736

  – Band 1: Gedichte. it 731
  – Band 2: Immensee und andere Novellen. it 732
  – Band 3: Pole Poppenspäler und andere Novellen. it 733
  – Band 4: Carsten Curator und andere Novellen. it 734
  – Band 5: Hans und Heinz Kirch und andere Erzählungen. it 735
  – Band 6: Der Schimmelreiter. it 736

– Am Kamin und andere unheimliche Geschichten. Mit Illustrationen von Roswitha Quadflieg. Ausgewählt und mit einem Nachwort von Gottfried Honnefelder. it 143

– Der Schimmelreiter. Mit Zeichnungen von Hans Mau und einem Nachwort von Gottfried Honnefelder. Großdruck. it 2318

– Unter dem Tannenbaum. Mit Illustrationen der Erstausgabe von Otto Speckter und Ludwig Pietsch. Herausgegeben von Gottfried Honnefelder. it 1042

161/10/12.96